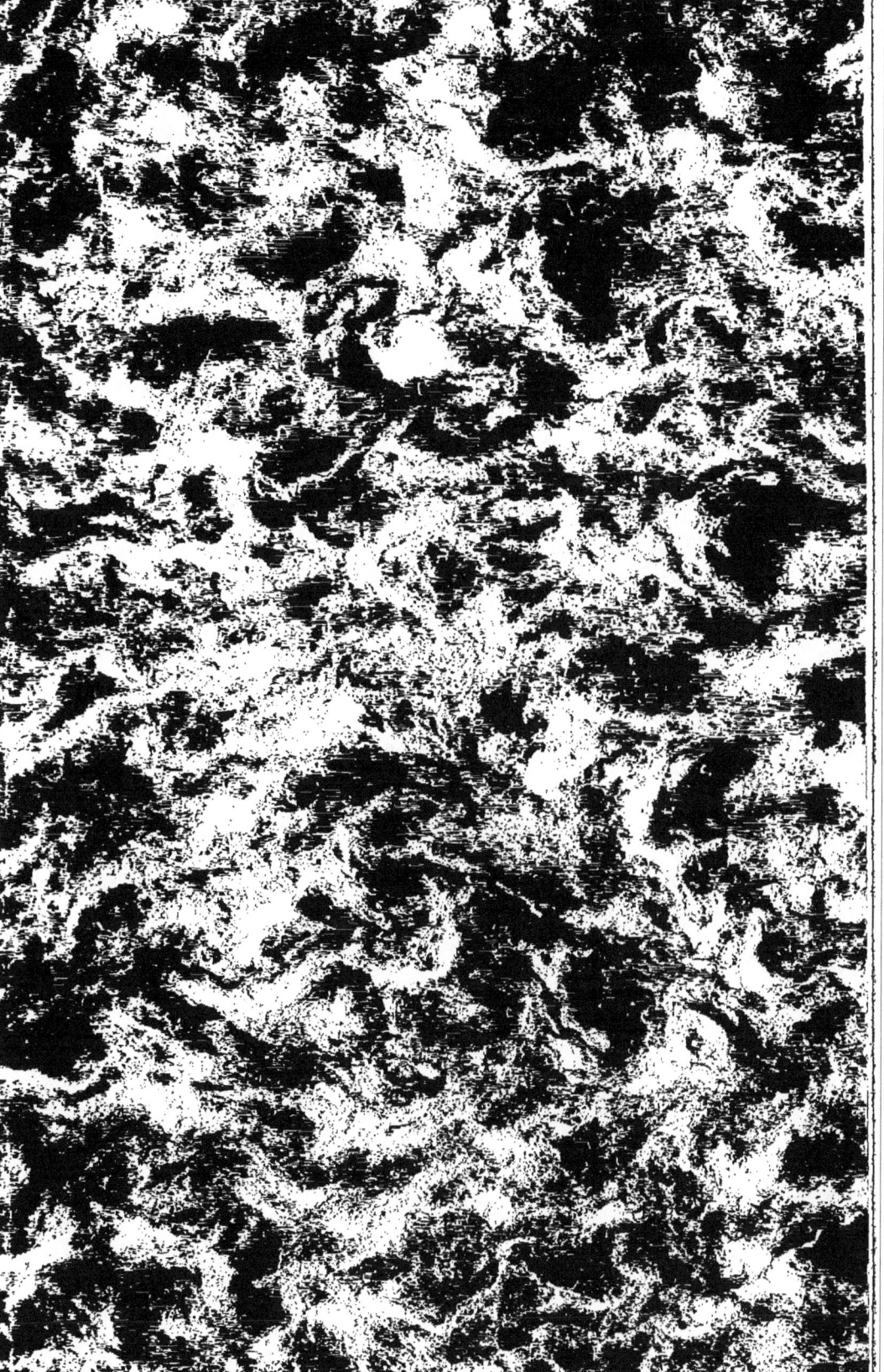

MOLINIE 1084

# NOTICES

SUR QUELQUES

# ARTISTES FRANÇAIS

ARCHITECTES, DESSINATEURS, GRAVEURS

## DU XVIe AU XVIIIe SIECLE

Philibert de Lorme, J. Androuet du Cerceau, J. Barbet, P. Collot, J. Marot, J. Lepautre, P. Lepautre, | Le Moyne, Bérain, D. Marot, Boulle, Robert de Cotte, Meissonnier, Cuvilliés, Lalonde, Delafosse, Salembier, &c.

### Par H. DESTAILLEUR
architecte du Gouvernement.

### PARIS
RAPILLY, LIBRAIRE ET MARCHAND D'ESTAMPES
quai Malaquais, 5.

M D CCC LXIII.

# NOTICES

SUR QUELQUES

# ARTISTES FRANÇAIS.

*Droits de traduction & de reproduction réservés.*

Extrait de l'ouvrage intitulé : *Recueil d'eſtampes relatives à l'ornementation des appartements.*

LYON. — IMPRIMERIE DE LOUIS PERRIN.

# NOTICES

SUR QUELQUES

# ARTISTES FRANÇAIS

ARCHITECTES, DESSINATEURS, GRAVEURS

DU XVIᵉ AU XVIIIᵉ SIECLE

Philibert de Lorme, J. Androuet du Cerceau, J. Barbet, P. Collot, J. Marot, J. Lepautre, P. Lepautre, Le Moyne, Berain, D. Marot, Boulle, Robert de Cotte, Meiffonnier, Cuvillies, Lalonde, Delafoffe, Salembier, &c.

## Par H. DESTAILLEUR

architecte du Gouvernement.

*PARIS*

RAPILLY, LIBRAIRE ET MARCHAND D'ESTAMPES

quai Malaquais, 5.

M D CCC LXIII.

# PREFACE

La France eſt un des pays où la décoration des appartements intérieurs a été le plus appréciée, grâce aux artiſtes habiles qui, pour chaque époque, ont trouvé le ſecret de ſatisfaire & de diriger le goût public.

On peut dire que notre pays eſt le plus riche de l'Europe en modèles deſſinés ou gravés par les maîtres des différentes écoles.

Malheureuſement l'étude de ces maîtres a toujours été négligée; c'est à peine si l'on s'est occupé d'énumérer leurs œuvres gravées. Quant à leur vie, elle restera toujours très-peu connue; les documents à cet égard manquent presque absolument ou bien sont des plus rares.

Avant 1789 nos artistes avaient des moyens d'étudier qui ne se trouvent plus aujourd'hui; sans parler des monuments, des objets d'art, maintenant détruits ou dispersés, il existait beaucoup de familles d'artistes (1) chez lesquelles se transmettaient de père en fils, avec des traditions précieuses, des collections de dessins, de livres, qui leur permettaient d'étudier avec fruit les époques antérieures. L'école de David & de Percier rompit si brutalement avec les anciennes traditions françaises que les noms mêmes de la plupart des maîtres du XVIII<sup>e</sup> & du XVII<sup>e</sup> siècle tombèrent dans le plus profond oubli. Depuis un quart de siècle environ,

---

(1) Les Marot, les Lepautre, les Bérain, les de Cotte, les Gabriel, les Coypel, les Cochin.

le goût de la curiosité s'est emparé du public, &
ne fait que s'accroître chaque jour; ce goût très-
vif, très-impérieux, est venu surprendre les artistes
ornemanistes, élevés pour la plupart dans les errements de l'école de Percier. Obligés d'étudier les
styles des siècles précédents, ils éprouvent de grandes
difficultés par l'ignorance où ils se trouvent des documents à consulter. C'est dans le but de faciliter
ces études que l'éditeur a entrepris la publication
de ce recueil (1). Les planches reproduisent avec
une scrupuleuse exactitude les pièces gravées les
plus rares de chaque époque, qu'il est maintenant
presque impossible de se procurer. Quant au texte
il est fort incomplet, malgré toutes les recherches
auxquelles il a donné lieu. Mais si l'on veut bien
considérer que les documents bibliographiques qui
en forment, nous le croyons, la partie la plus in-

---

(1) Le succès qu'il a obtenu l'a encouragé à donner une seconde
partie contenant le même nombre de planches.

Publié primitivement sans un plan très-arrêté, il existe dans l'ouvrage beaucoup de lacunes qui pourront ainsi disparaitre.

téreſſante, ſont inédits pour la plupart, que la majeure partie des œuvres indiquées n'exiſtent pas dans les bibliothèques publiques, & qu'il a fallu les rechercher dans les collections particulières (1), les catalogues de vente ; il ſera permis de réclamer l'indulgence pour un travail qui, tout en laiſſant beaucoup à déſirer, peut rendre ſervice aux artiſtes & aux amateurs.

(1) Je ſaiſis cette occaſion pour remercier mes confrères Meſſieurs Armand & Leſoufache qui ont bien voulu m'aider dans mes recherches, l'un en me communiquant les notes qu'il avait recueillies ſur l'œuvre de J. Lepautre, l'autre en mettant à ma diſpoſition ſa précieuſe collection. Je dois auſſi à M. Meaume des notes fort intéreſſantes ſur la famille des Bérain.

# RECUEIL D'ESTAMPES

RELATIVES

## A L'ORNEMENTATION DES APPARTEMENTS.

### PHILIBERT DELORME,

*Né en ...... † 1570.*

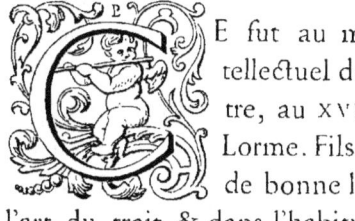E fut au milieu du grand mouvement intellectuel dont la ville de Lyon devint le centre, au xvɪᵉ fiècle, que naquit Philibert de Lorme. Fils d'un conſtructeur (1), il atteignit de bonne heure une grande habileté dans l'art du trait & dans l'habitude de diriger les travaux (2).

---

(1) On trouve dans les comptes du château de Gaillon, publiés par M. Deville, deux maîtres maçons du nom de de Lorme, Pierre & Touſfaint ; ils appartiennent probablement à la même famille.

(2) Voires dès l'âge de 15 ans, auquel temps je commençay à avoir charge, & commander tous les jours à plus de 300 hommes (*Architecture*, livre X, au verfo de la page 307, édition de 1626).

Il est probable qu'en voyant les rois de France pendant leurs fréquents séjours à Lyon, attirer & rechercher les artistes italiens, Philibert de Lorme sentit la nécessité d'aller au delà des Alpes poursuivre ses études artistiques ; il est au moins positif qu'il fit un assez long séjour à Rome, occupé à y dessiner & mesurer les principaux monuments de l'antiquité.

Rien de plus intéressant à lire, dans son *Architecture*, que le récit de sa rencontre avec le cardinal Sainte-Croix, alors simple évêque, depuis pape sous le nom de Marcel II, & de voir avec quelle bienveillance ce prélat & un gentilhomme romain nommé *Vincencio Rothalano*, se plaisent à aider & à diriger les études du jeune artiste français. La date de ce voyage d'Italie se trouve heureusement à peu près fixée par un autre passage du même livre, lorsqu'après avoir raconté la découverte qu'il fit du tracé de la volute Ionique sur un chapiteau inachevé, il ajoute : « *du temps que j'étais à Rome, il y a 30 ans.* » De Lorme ayant publié son livre en novembre 1567, l'écrivit probablement pendant les années précédentes, ce qui fixerait à 1535 ou 1536 la date de son séjour à Rome. Je mettrais plus volontiers 1535, parce que de retour à Lyon, il construisit, rue de la Juiverie, n° 8, pour M. Bailloud, receveur de Bretagne, une galerie terminée par deux trompes (1) & qu'il fixe lui-même à l'année 1536 la date de cette construction. « *Je fis faire tel œuvre*, écrit-il, *l'an 1536, à mon retour de Rome & voyage d'Italie, lequel j'avois entrepris pour la poursuite de mes études & inventions pour l'architecture.* » Cette galerie, qui existe encore, eut un grand succès ;

---

(1) Il parle, à propos de ce travail, d'une façon de petite trompe & d'un petit corps d'hostel qu'il a fait faire à Paris, rue de la Savaterie, pour un banquier nommé Patoillet, en faveur de quelque plaisir qu'il lui avoit fait de son état.

elle indiquait la réunion de deux qualités précieuses, la science du constructeur & le goût de l'artiste. De Lorme fut ensuite chargé de travaux importants à l'église Saint-Nizier, mais il n'eut pas même le temps d'achever le portail.

Le cardinal Jean du Bellay, un des esprits les plus distingués de son époque, charmé des talents de Philibert de Lorme, qu'il avait peut-être déjà connu & apprécié à Rome, l'appelait à Paris, dont il était évêque. Le cardinal était parvenu à réunir les biens de l'abbaye de Saint-Maur-les-Fossés à l'évêché de Paris, & avait l'intention d'y installer des chanoines.

C'était pour la construction de bâtiments destinés à cette chanoinerie, comme l'appelle Androuet du Cerceau (1), que Philibert de Lorme avait quitté sa ville natale. Les travaux ne purent commencer qu'en 1537; on en ignore la durée, mais on doit présumer, par la complaisance avec laquelle il les cite, qu'ils lui firent grand honneur.

Il est assez difficile de suivre Philibert de Lorme pendant la période qui s'écoula de 1537 à 1548, mais sa réputation est assez grande à cette époque pour que Jean Goujon (2), après avoir parlé de Serlio & de ses écrits sur Vitruve, ajoute : *Toutefois j'en coignois plusieurs autres qui sont capables de ce faire, néanmoins ils ne s'en sont encore mis en peine, & pourtant ne sont dignes de petites louenges. Entre ceulx là se peut compter le seigneur de Clagny, Parisien; si faict aussi maistre Philibert de Lorme, lequel a assez suf-*

---

(1) Androuet du Cerceau, livre II des *Bâtiments de France*, page 5.

(2) *Architecture, ou Art de bien bâtir*, de Marc Vitruve, Pollion, Artheur, romain antique, mis de latin en françois par Jean Martin, secrétaire de Monseigneur le cardinal de Renoucourt, pour le roy très-chrétien Henri II. Paris, avec privilége du roy; on les vend chez Jacques Gazeau, 1547, in-f°.

fifamment conduict un édifice que monfeigneur le cardinal du Bellay a faict faire en fon lieu de Saint-Mor-les-Fossés. Enfin, par lettres-patentes données à Fontainebleau le 3 avril 1548, le roi Henri II commet & députe maiftre Philibert de Lorme, fon architecte ordinaire de Fontainebleau, Saint-Germain-en-Laye, Villiers-Cotterets, Yerre, le Bois de Boulogne, *afin de favoir comme le feu roi a été fervi en fes bâtiments. A cette caufe, dit-il, pour la bonne & entière confiance que nous avons de voftre perfonne, de vos fens fuffifants, loyauté & grande expérience en l'art d'architecture, prud'hommie & bonne diligence.* Ces lettres finiffent en le chargeant de faire réédifier le château de Saint-Léger, en la forêt de Montfort-l'Amaury.

En janvier 1549, le roi Henri II comprend le lieu de la Muette, qui avait été omis dans la commiffion du 3 avril 1548. A partir de ce moment, le nom de Philibert de Lorme apparaît dans tous les marchés qui ont lieu dans les bâtiments royaux. Depuis les lambris du cabinet du roi, à Fontainebleau, jufqu'aux fines fculptures du tombeau de François I<sup>er</sup>, tout paffe par fes mains, & rien ne fe fait fans fa direction. Afin de ne laiffer aucun doute fur la pofition occupée alors par Philibert de Lorme, je citerai textuellement quelques articles de ces marchés (1):

Meffire Philibert de Lorme, abbé d'Ivry, confeiller, aufmofnier ordinaire & architecte du roy, commiffaire député fur le fait de les édifices, pour des marchés pour les lambris du cabinet du roy, la peinture & la dorure de la grande cheminée de la falle de bal.

(1) Tous ces détails font empruntés à l'ouvrage de M. le comte de Laborde, *la Renaiffance des arts à la cour de France; études fur le feizième fiècle*, &c. Paris, 1850, in-8°, voir à la Table, p. 558.

## TOMBEAU DU ROY FRANÇOIS.

Ordonné diverses sommes pour ouvrages de taille faits en pierre de marbre, & pour les enrichissements de la corniche du tombeau du feu roy François.

Il fait marché avec Ambroise Perret & Jacques Chanterel, tailleurs en marbre, de faire & parfaire bien & duement pour la sépulture du feu roy François, que Dieu absolve, les ouvrages qui s'ensuivent. C'est assavoir pour achever les seize pilastres depuis la hauteur de dessus l'imposte jusqu'au dessous de l'arquitrave qui ont de hauteur deux pieds neuf pouces & demy.

Item de faire dedans la dite hauteur de deux pieds neuf pouces & demy, huit épitaphes entre les pilastres, taillés de moulures & enrichis, & dessus les dits épitaphes une corniche enrichie comme leur sera monstrée par le dit sieur architecte.

Item faire les deux plafonds pour couvrir les deux allées d'icelle sépulture qui ont de longueur cinq pieds & demy sur la largeur de deux pieds un pouce & un tiers de pouce, & y faire tailler des enrichissements comme leur sera monstré par le dit architecte.

Item faire la voulte en berceau qui couvrira les gisands, laquelle aura neuf pieds sept poulces de rotondité, & de longueur treize pieds & demi.

*Compte des Bâtiments du Roy.* — 1557.

Divers marchés de maçonnerie, charpenterie, menuiserie, ferrurerie, ordonnés à Fontainebleau par maistre Philibert de

Lorme, conseiller du roy, & maistre ordinaire de la Chambre des comptes & architecte du roy.

*Autre dépense faite pour la sépulture du feu Roy.*

Marché fait avec Ambroise Perret & Jacques Chanterel, tailleurs de marbre, avec Pierre Bontemps, maistre sculpteur, bourgeois de Paris, pour les ouvrages de basse taille qu'il convient de faire en pierre de marbre blanc ou fillobastre entre la corniche & basse d'icelle, &c., &c., & pour le faire fournir & livrer par le dit P. Bontemps.

Les modelles de terre de la proportion des personnages descripts & pourtraits sous la conduite de tels qu'il plaira ordonner par le dit architecte.

Ce marché fait moyennant la somme de 1,679 livres.

L'an 1552, ce jeudi 6 octobre.

*Compte des Bâtiments.* — 1559.

Divers marchés de maçonnerie, charpenterie, couverture, menuiserie, serrurerie pour Fontainebleau.

## SEPULTURE DU ROY FRANÇOIS.

Ambroise Perret, maître tailleur de marbre, 150 livres à lui ordonnées par le dit de Lorme, pour faire & parfaire, outre & pardessus le premier ordre, de la corniche du tombeau de la sépulture du roy François, un ornement de marbre gris de la hauteur d'un pied ou environ, enrichy d'une petite moullure, &

au-deſſus de la voulte qui eſt faitte, de faire des fauls arcs par bois.

Marché avec Germain Pilon, ſculpteur demeurant à Paris.
Paſſé multiple ce vendredi 10 de febvrier 1558.

Je ne penſe pas qu'après la lecture de ces documents, on puiſſe nier la part priſe par Philibert de Lorme aux plus belles œuvres d'architecture que la Renaiſſance nous ait laiſſées.

Les travaux du roi n'étaient pas les ſeuls dont Philibert de Lorme avait la direction. Il conſtruiſit à Paris, rue des Deux-Portes, quartier Saint-Opportune, une chapelle pour la communauté des Orfèvres. Les projets, devis, marchés, furent ſignés le 31 décembre 1550, mais les travaux ne furent terminés qu'en 1566.

Le cardinal Charles de Lorraine chargea Philibert de lui conſtruire un château à ſa terre de Meudon, achetée par lui en décembre 1552; mais dont il ne fit prendre poſſeſſion par de Thou qu'en janvier 1553. Il ne reſte plus rien de cette conſtruction qui, d'après les gravures d'Iſraël Silveſtre, paraît avoir été d'un ſtyle beaucoup plus élégant que Saint-Maur.

Peut-être n'eſt-il pas ſans intérêt de faire remarquer, à propos de Meudon, que Rabelais & Philibert de Lorme ſe trouvent réunis dans les mêmes lieux pour la troiſième fois. Eſt-ce un haſard, ou n'eſt-ce pas plutôt le réſultat d'une amitié commencée à Rome, lorſque Rabelais y accompagnait Monſeigneur du Bellay & y préparait ſon livre : *Topographia antiquæ Romæ* (1).

Rabelais, chanoine de Saint-Maur juſqu'en 1550, ne fut-il

---

(1) Topographia antiquæ Romæ, Joanne Bartholomæo Marliano, Patritio Mediolanenſi, autore, apud Seb. Gryphium, Lugduni, 1534, in-12.

pour rien dans la bienveillance avec laquelle le cardinal du Bellay confia les travaux de Saint-Maur à de Lorme? N'a-t-il pas fait des efforts du même genre près du cardinal de Lorraine, lorsqu'il fut pourvu de la cure de Meudon? Cela est possible, mais n'ayant rien pu trouver de positif à cet égard, je me contente de signaler ces faits.

Enfin les travaux d'Anet, le chef-d'œuvre de Philibert de Lorme, étaient presque finis en mars 1554, puisque la cloche de l'Horloge porte cette inscription : *Diane Pictivif. Valent. Ducis, jussu conflatum* 10 *mart.* 1554.

Un seul homme ne peut suffire à d'aussi grandes entreprises, il lui faut au moins un auxiliaire, & Philibert de Lorme eut le bonheur de le rencontrer dans sa propre famille. Son frère, Jean de Lorme, maistre général des œuvres de maçonnerie en 1552 (1), fut choisi par lui pour l'aider dans tous ses travaux; il fut nommé par le roi commissaire député sur le fait de ses édifices & bastiments. Jusqu'ici rien de mieux, mais ce qui est blâmable, c'est que, tout en voulant avoir un auxiliaire, de Lorme n'entendait pas le payer sur ses propres appointements. Dans une requête adressée en janvier 1559 au roi François II par François Gannat, contrôleur général des dépenses, on voit que Philibert de Lorme, alors superintendant de tous les bâtiments, avait réduit à 600 livres les gages de Jean Bullant, prédécesseur de François Gannat, afin de donner les 600 autres à Jean de Lorme, son frère, pour ordonner en son absence.

On peut supposer que Philibert de Lorme se rendit coupa-

---

(1) Jean de Lorme était alors en Italie avec M. de Termes, lieutenant général en ce pays, afin d'y faire le service du fait des fortifications des places fortes.

ble de plusieurs autres méfaits du même genre, car il avoue lui-même qu'il eut beaucoup d'ennemis. Dans son *Architecture*, il se déclare vexé par aucuns malicieux & envieux (1).

Le moment du reflux allait arriver pour lui comme pour tous les hommes qui ont occupé pendant un certain temps des positions importantes. La mort du roi Henri II fut une occasion saisie avec ardeur par ses ennemis. Le 12 juillet 1559, deux jours après son avénement, François II nomma François Primatici de Boullongne à la superintendance des bastiments, & en déchargea Philibert de Lorme, abbé d'Ivry (2), & Jean de Lorme son frère : *Primatici est nommé pour la visitation des bastiments commencés sous François I*ᵉʳ *et Henri II & à sçavoir comment ils ont été conduits & maniez & de quel soin, diligence & légalité notre dit seigneur & père y a été servi*. Ces dernières phrases indiquent suffisamment le caractère de la nomination du Primatice.

Il faut en remarquer la date, elle est importante ; elle indique l'époque où les Italiens, déjà bien établis parmi nous, exercèrent une influence directe sur le mouvement des arts en France.

En 1559 la Renaissance avait produit ses chefs-d'œuvre ; elle allait maintenant commencer son mouvement de dégénérescence.

Sous l'impulsion des trois derniers princes de la maison de Valois, à qui leur mère, Catherine de Médicis, avait inspiré des goûts très-libéraux, les arts allaient prendre à la cour de France une direction différente. La gravité des événements politiques obligeait ces princes à ne songer qu'au présent. Ce n'était plus à des constructions durables qu'on était occupé, c'était à

---

(1) *Architecture*, 317.
(2) Il était de plus abbé de Giveton & de St-Barthélemy-lez-Noyon depuis 1548.

des fêtes, à des bals, à ces décorations intérieures qui doivent être exécutées rapidement.

Le génie fouple & varié du Primatice, peintre & ornemanifte très-habile, le rendait plus propre à remplir cette tâche que Philibert de Lorme, artifte un peu fpécial, qui avait en outre le tort d'appartenir au règne précédent.

Catherine de Médicis ne fe laiffa pas influencer par des intrigues de cour; elle continua d'employer Philibert de Lorme, quoique celui-ci fût auffi l'architecte de fa rivale, Diane de Poitiers. Elle fit exécuter de grands changements à Saint-Maur-les-Foffés, acquis en 1564, & le chargea enfin de lui faire des projets pour le palais qu'elle projetait un peu hors Paris, à la Porte-Neuve, fur des terrains occupés par des tuileries. Le projet de Philibert de Lorme a été reproduit en entier par du Cerceau; il paraît bien conçu comme enfemble, c'eft tout ce qu'on en peut dire, ignorant complètement la deftination des pièces. Jean Bullant, durant fes travaux, paraît avoir fecondé Philibert de Lorme; c'eft au moins ce qui a toujours été écrit; les comptes de dépenfe de la reine Catherine pourront feuls nous donner des renfeignements pofitifs fur la pofition qu'il occupait. Jean Bullant s'était déjà trouvé fous les ordres de Philibert de Lorme, comme contrôleur général des baftiments & il n'avait pas eu beaucoup à s'en louer, ainfi que je l'ai raconté plus haut.

Suivant le dire de Philibert de Lorme, la reine Catherine aurait pris un grand intérêt à cette conftruction. *Vous même prenez la peine de portraire & efquicher les baftiments qu'il vous plait commander être faits fans y omettre les mefures des longueurs & largeurs*, écrit-il en lui dédiant fon premier traité de l'*Architecture*. Philibert de Lorme commença les fondations en mai 1564; mais il n'éleva que le rez-de-chauffée & une partie du premier étage; fa mort, arrivée en 1570, l'a privé de l'honneur de terminer ce palais.

Tous les biographes, depuis Binet, parlent d'une fatire de Ronfard intitulée *la Truelle croffée*, dirigée contre Philibert de Lorme. On ajoute que celui-ci fit refufer un jour l'entrée des Tuileries au poète, qui écrivit fur la porte ces trois mots : FORT. REVERENT. HAB., que notre architecte, peu verfé dans la langue latine, prit pour une raillerie ; il s'en plaignit à la reine, mais Ronfard, en expliquant que ces mots étaient le commencement abrégé d'un diftique d'Aufone, qui confeille la modeftie à l'homme que la fortune élève : *Fortunam reverenter habe quicumque repente dives ab exili progredi loco*, mit tous les rieurs de fon côté. Cette anecdote peut être vraie ; mais, quant à la fatire de Ronfard, elle n'exifte pas dans fes œuvres. M. Blanchemain (1) cite quelques ftances extraites des manufcrits de l'Etoile, qui peuvent fe rapporter à ce fait, les voici :

> J'ai vu trop de maçons
> Baftir les Tuileries
> Et en trop de façons
> Faire les momeries.

Philibert de Lorme nous a laiffé, dans fon *Architecture*, un livre unique par les détails qui s'y trouvent contenus. Tout ce qui a rapport à la conftruction y eft traité avec un grand fens & dénote dans l'auteur beaucoup d'expérience & d'habileté. Les chapitres relatifs à la coupe des pierres, à fon ingénieux fyftème de charpente, jufqu'aux précautions qu'il indique pour conftruire des cheminées, tout indique dans Philibert de Lorme un praticien confommé ; mais fon livre eft furtout précieux par les dé-

---

(1) *OEuvres inédites de Ronfard*, recueillies par P. Blanchemain. Paris. 1855, in-12 ; Aubry, libraire.

tails d'intérieur qu'il donne naturellement quand il indique les dispositions des chambres, des cheminées, la hauteur des portes suivant l'importance du logis, l'arrangement des lits, &c., &c. On est même très heureux que son amour-propre l'ait entraîné souvent à citer ses travaux et les difficultés qu'il y a vaincues; car ces travaux sont ceux de Saint-Maur, de la Muette, de Madrid, d'Anet, de Fontainebleau, des Tuileries, c'est-à-dire de toutes les belles constructions dont nous admirons les restes.

Philibert de Lorme termine son œuvre par des conseils que son expérience peut encore rendre utiles de nos jours; il y ajoute les portraits de l'architecte infidèle & de l'architecte docte, qui méritent d'être reproduits : « Véritablement tels ressemblent à
« figure d'un homme, lequel je vous propose cy après habillé
« ainsi qu'un sage, toutefois fort eschauffé & hasté comme s'il
« couroit à grande peine & trouvoit quelques testes de bœuf
« seiches en son chemin (qui signifient gros & lourd esprit)
« avecques plusieurs pierres qui le font chopper, & buissons
« qui le retiennent & deschirent sa robbe. Le dit homme n'a
« point de mains, pour monstrer que ceux qu'il représente ne
« sçauroient rien faire. Il n'a aussi aucuns yeux en la teste, pour
« voir & cognoistre les bonnes entreprises ; ny oreilles, pour
« ouïr & entendre les sages, n'y aussi guères de nez pour n'a-
« voir sentiment des bonnes choses. Bref, il a seulement une
« bouche pour bien babiller & mesdire, & un bonnet de sage
« avecques l'habit de mesme, pour contrefaire un grand doc-
« teur, & tenir bonne mine, afin que l'on pense que c'est quel-
« que grande chose de luy, & qu'il entre en quelque réputation
« & bonne opinion envers les hommes.

« ..... Mais pour revenir à nostre sage représentant l'archi-
« tecte, iceluy figure d'abondant quatre mains, pour monstrer
« qu'il a à faire & manier beaucoup de choses en son temps,

« s'il veut parvenir aux fciences qui luy font requifes. Davan-
« tage il tient un mémoire & inftruction en fes mains, pour en-
« feigner & apprendre ceux qui l'en requerront, avecques une
« grande diligence & fédulité repréfentée par les ailes qu'il a
« aux pieds, qui démonftrent auffi qu'il ne veut qu'on foit lâche
« & pareffeux en fes affaires & entreprifes. Il monftre outre ce
« qu'à tous ceux qui le vififteront où iront voir à fon jardin,
« il ne célera fes beaux tréfors de vertu, fes cornucopies rem-
« plies de beaux fruits, fes vafes pleins de grandes richeffes &
« fecrets, fes ruiffeaux & fontaines de fciences, ny fes beaux
« arbres, vignes & plantes qui fleuriffent & portent fruicts en
« tous temps. Vous voyez auffi en la dicte figure plufieurs beaux
« commencements d'édifices, palais & temples, defquels le fus
« dit fage & docte architecte, monftrera & enfeignera la ftruc-
« ture avec bon & parfaicte méthode, ainfi qu'il eft manifefté
« par la dicte figure, en laquelle auffi vous remarquez un adolef-
« cent aprentif, repréfentant jeuneffe qui doit chercher les fa-
« ges & doctes pour eftre inftruicte tant verbalement que par
« mémoires, efcritures, deffeings & modelles ; ainfi qu'il vous
« eft figuré par le mémoire mis en la main de l'adolefcent do-
« cile & cupide d'apprendre & cognoiftre l'architecture (1).

Philibert de Lorme était, dans les dernières années de fa vie, aumofnier du Roi, abbé de Saint-Serges-lez-Angiers (2) & chanoine de Notre-Dame-de-Paris.

La date exacte de fa mort nous a été confervée dans un des

---

(1) OEuvres de Philibert de Lorme. Paris, 1626, in-folio. Conclufion, folios 328 recto & 330.

(2) Il avait cédé, en 1560, l'abbaye d'Ivry à Jacques de Poitiers, frère de M$^{me}$ de Valentinois.

regiſtres capitulaires de Notre-Dame (1). Philibert de Lorme mourut, dans ſa maiſon du Cloître (2), le dimanche 8 janvier 1570, vers ſept heures du ſoir. Il fut enterré le mercredi ſuivant avec les cérémonies ordinaires. La reine-mère donna des ordres pour que divers plans & modèles, probablement ceux des Tuileries, qui ſe trouvaient chez de Lorme, fuſſent réſervés.

(1) M. Berty a donné ces curieux détails dans la *Gazette des Beaux-Arts*, tom. IV, pag. 78-140.

(2) Philibert de Lorme avait une autre maiſon rue de la Ceriſaye; elle exiſte en partie au n° 22. Les plans & élévations qu'il en donne dans ſon *Architecture*, folios 253 & ſuivants, ſont au moins bizarres.

# BIBLIOGRAPHIE.

NOUVELLES INVENTIONS POUR BIEN BASTIR ET A PETITS FRAIS, trouvées naguères par Philibert de Lorme, Lyonnais, architecte, conseiller, & aulmosnier ordinaire du feu Roy Henry & abbé de Saint-Eloy-lez-Noyon. A Paris, de l'imprimerie de Frédéric Morel, rue Saint-Jean-de-Beauvais, au *Franc Meurier*, M. D. L. X. I. Petit in-folio, avec privilége du Roy & dédicace au très-chrétien & très-puissant Roy de France Charles, neuvième de ce nom.

La deuxième édition parut en 1568; la troisième, en 1578, avec le portrait de Philibert de Lorme.

A l'avant-dernière feuille se trouve le nom de Hierosme de Marnef & celui de Guillaume Cavellat, avec la date de 1576, ce qui indiquerait une autre édition.

Les *Nouvelles Inventions* forment ensuite le $X^e$ & le $XI^e$ livre de l'*Architecture* de Philibert de Lorme, publiée par Regnault Chaudière, à Paris, en 1626.

L'ARCHITECTURE (tome $I^{er}$) de Philibert de Lorme, conseiller & aulmosnier ordinaire du Roy & abbé de Saint-Serge-lez-Angiers. A Paris, chez Frédéric Morel, rue Saint-Jean-de-Beauvais, 1567, avec privilége du Roy. Achevé d'imprimer le $XXIX^e$ jour de novembre 1567. In-folio. — Epître dédicatoire à Madame Catherine, Royne de France, mère du Roy très-chrétien Charles $IX^e$ de ce nom.

L'ARCHITECTURE ($2^e$ édition). Semblable à la première. Paris, H. de Marnef, 1576.

L'ARCHITECTURE ($3^e$ édition) de Philibert de Lorme, conseiller & aulmosnier ordinaire du Roy & abbé de Saint-Serge-lez-Angiers, œuvre entière, contenant onze livres, augmentée de deux, & autres figures non encore veues, tant pour desseins qu'ornements de maisons; avec une belle invention pour bien bastir & à petits frais, très-utile pour tous architectes & maiftres jurez audit art, ufant de la règle & du compas; dédiée au Roy. A Paris, chez Regnault Chaudière, rue Saint-Jacques, à l'Efcu de Florence, M. D. C. XXVI. In-folio; édition la plus complète. La dédicace eft celle des *Nouvelles Inventions*, qui, comme nous l'avons dit, forment les livres X & XI de cette édition.

Voici les pièces ajoutées à l'édition de 1626 :

1° Après le livre VI, un arc de triomphe en ruines.

2° Livre VIII, une porte dorique, en regard de la porte des aurengières d'Anet.

3° Folio 254, la coupe de la chapelle d'Anet.

4° Au verfo du folio 256, une compofition d'architecture repréfentant une façade de palais, avec colonnes, &c.; à droite & à gauche, deux pyramides.

5° Après le livre VIII fe trouvent placées dix pièces fur trois feuilles, fans aucune indication. La première contient : 1° l'élévation d'un baptiftère de forme circulaire, conftruit en briques & pierres ; 2° un petit édifice circulaire auffi & entouré d'eau; la conftruction en quartiers de roche à peine taillés, laiffe suppofer que c'eft une grotte; 3° au verfo, un projet de phare.

Sur la deuxième fe trouvent : 1° l'extérieur du Colyfée, à Rome; 2° une élévation poftérieure de la chapelle d'Anet; 3° au verfo, la coupe du baptiftère, folio 3.

On voit fur la troifième feuille : 1° deux cariatides d'ordre dorique ; 2° deux cariatides d'ordre ionique, il y en a une de profil; 3° au verfo, un plan d'Hôtel-Dieu, l'intérieur du Colyfée.

Au verfo du folio 266, un projet de phare ou de cheminée.

Au verfo du folio 267, le temple de Saint-Pierre in Montorio.

L'ARCHITECTURE (4ᵉ édition). Rouen, David Ferrand, 1648. Elle n'offre aucune différence avec la précédente.

# JACQUES ANDROUET

DIT DU CERCEAU.

1515 — 1585.

Je n'ai pas le deſſein de donner ici une biographie complète de Jacques Androuet dit *du Cerceau;* je cherche ſeulement à préſenter un réſumé exact des documents recueillis juſqu'à préſent ſur cet artiſte. Cette méthode, à vrai dire, m'oblige de laiſſer quelques lacunes, mais j'ai du moins l'avantage de ne pas égarer ceux qui liront mon travail.

J'ai ſenti, par moi-même, combien ma tâche eût été plus facile ſi les biographes qui m'ont précédé s'étaient bornés à donner leurs ſuppoſitions, en les appuyant ſur des documents, au lieu de diſpoſer ces documents de manière à faire valoir leurs ſuppoſitions.

On ignore juſqu'ici la date de la naiſſance de du Cerceau, mais on peut, ſans craindre de trop s'écarter des probabilités, la placer vers 1515. Suivant La Croix du Maine (1), il était

---

(1) *Bibliothèque de La Croix du Maine.* Abel Langelier, Paris, 1584, page 173.

Parifien ; fon nom de famille était Androuet ; *du Cerceau* était un furnom motivé par un cercle ou cerceau qui, fuivant l'ufage de l'époque, fervait à diftinguer la maifon qu'il habitait.

D'Argenville (1) prétend que fon père était un marchand de vin ayant pour enfeigne un cercle d'or ; & que ce fut là l'origine de ce furnom.

Le même auteur dit pofitivement qu'Androuet fut au nombre des architectes français qui, à la faveur du cardinal d'Armagnac (2), allèrent en Italie fe perfectionner par l'étude des antiquités ; quoique d'Argenville ne cite aucune pièce à l'appui de fon affertion, ce voyage paraît probable, car toutes les premières productions d'Androuet fe rapportent aux monuments antiques reftés encore debout à Rome.

Il eft certain qu'il vint s'établir à Orléans un peu avant 1549, puifqu'il y publia fes premiers ouvrages d'architecture de 1549 à 1551. Mariette ajoute qu'il y reçut des leçons du célèbre *Etienne de Laune*.

Cependant fa manière fe rapproche plus encore de *Léonard Thiry* & des graveurs de l'école de Fontainebleau. Les deux faits ne font pas inconciliables ; malgré les leçons qu'il avait re-

---

(1) D'Argenville, *Vie des fameux Architectes*. Paris, 1787, page 317.

(2) Georges d'Armagnac, fils de Pierre d'Armagnac, fut élevé par les foins de fon parent, Louis d'Amboife, frère du cardinal Georges d'Amboife, le créateur du château de Gaillon. Il fut fucceffivement évêque de Rodez, ambaffadeur à Venife, à Rome. Il fut créé cardinal en 1544 par Paul III, & mourut en 1588, âgé de 84 ans, à Avignon, dont il occupait le fiége depuis 1577. Il faifait connaître à François Ier les artiftes qu'il avait diftingués, & montra toujours un grand amour pour les arts. Il faut lire à ce fujet, dans les Mémoires de Condé, les lettres de reproches qu'il écrivit à la reine Jeanne d'Albret pour avoir laiffé détruire, dans l'églife de Lefcars, les tableaux, ornements, fonts baptifmaux, &c.

çues, Androuet s'étant mis à reproduire un grand nombre de décorations exécutées à Fontainebleau par le *Rosso*, le *Primatice* & leurs élèves, a très-bien pu imiter la manière de graver de ces maîtres.

Depuis l'époque où du Cerceau commence à publier ses ouvrages, l'on possède un fil conducteur qui permet de suivre pas à pas cette vie d'artiste si laborieuse & si féconde.

En 1549, il donne, à Orléans, une suite d'Arcs de triomphe antiques accompagnés de quelques Temples; un an plus tard, il publie un volume de Temples dont la préface mérite d'être signalée, à cause des détails intéressants qu'elle renferme sur la position & les projets de l'auteur à cette époque.

Après avoir exposé que la manière de construire les Temples chez les anciens était complètement différente de la nôtre, il dit qu'il a pensé être agréable aux amateurs d'antiquités, en leur montrant la forme & l'aspect de ces Temples, afin de leur faire mieux saisir la différence des deux systèmes de construction; il ajoute qu'ayant trouvé quelques modèles de Temples antiques, il les a reproduits très-exactement & donnés séparément avec leurs inscriptions, ainsi que plusieurs autres que lui-même a composés; ces détails sont suivis de plusieurs lignes curieuses que je traduis textuellement : *Dans les livres précédemment sortis de notre atelier* (ex officina), *j'avais donné trois ou quatre modèles d'Edifices de ce genre, mêlés à des Arcs & à des Pyramides, mais dorénavant je suis résolu à classer de telle sorte les ouvrages qui sortiront de notre atelier, qu'un livre spécial sera consacré à chaque genre d'Edifices. C'est ce que j'ai déjà fait pour les Arcs. Ainsi un livre sera consacré aux Temples, un aux Tombeaux, un aux Fontaines, un autre aux Cheminées, un autre encore aux Châteaux, Palais, Résidences royales & Edifices du même genre.*

Plusieurs faits importants sont à noter ici : d'abord la position de du Cerceau à la tête d'un atelier de gravure est clairement indiquée ; ce n'est pas un architecte qui fait connaître, comme Philibert de Lorme, ce que l'expérience & l'étude lui ont appris dans sa longue carrière, c'est un architecte qui se fait graveur, ouvre un atelier, met au jour non-seulement ses compositions, mais encore celles des autres, comme nous le verrons bientôt, & obtient assez de succès pour songer à la publication de nombreux ouvrages relatifs à son art.

Mais ce recueil de Temples ne suffit pas à l'activité d'Androuet; dans la même année & la même ville, il met au jour les ouvrages suivants :

Une suite de fragments antiques qu'il déclare avoir copiés fidèlement de *Léonard Théodoric*, aveu dont il faut lui savoir gré, car généralement il oublie de donner le nom du maître qu'il copie (1).

Puis son *Livre des Grotesques*, une des plus charmantes interprétations de l'Antique par la Renaissance. Dans sa préface, tout en reconnaissant que son travail est imité de l'antique, il réclame à juste titre, dit-il, une partie du mérite de cet ouvrage (2).

En 1551, toujours à Orléans, il publie une suite de vues

---

(1) Virgilius Solis, qui copia ce Recueil de fragments antiques, donne aussi quelques renseignements sur Androuet; dans la préface, en langue allemande, jointe à ses planches, comme tous les reproducteurs, il commence par dire que c'est pour rendre à ses compatriotes le même service rendu par Jacobus aux Français, qu'il s'est décidé à publier ce travail, puis il ajoute: « Le livre lui-même vient de Léonard Théodo-« ric ; j'indique ceci, afin qu'il ait aussi l'éloge dû à son mérite. »

(2) Mariette déclare que ces planches sont gravées d'après le Primatice & autres peintres qui travaillaient en France au temps de François Ier.

d'Optique. Dans la préface, Androuet annonce en termes pompeux que cet ouvrage de perspective a été très-élaboré & perfectionné par lui; mais ce qu'il ne dit pas, c'est qu'il l'a copié du livre de *Michel Crecchi* intitulé *Prospectiva & Antichita di Roma*.

En voyant cette activité, qui ne laisse pas même à l'artiste le temps de composer, mais le plus souvent l'oblige à copier les œuvres de ses contemporains, on doit croire qu'il y avait là un intérêt industriel à satisfaire, le besoin d'alimenter un atelier établi peut-être à grands frais, & qui ne pouvait rester inactif.

Pendant une période de huit ans on est surpris de ne trouver aucune œuvre signée de Jacques Androuet. Il est difficile d'admettre qu'un artiste aussi laborieux n'ait rien produit sous le règne d'Henri II, une des époques les plus brillantes de la Renaissance. Cependant le nom de du Cerceau n'est attaché à aucune des grandes constructions élevées sous ce règne ; c'est pourquoi on peut fixer avec de grandes probabilités, à cette période, où il était dans toute la force de son talent, la publication des meubles, des cartouches, des trophées d'armes, de la serrurerie, des modèles d'orfévrerie, de marqueterie, de damasquinerie, &c., qui ont paru sans nom d'auteur, sans date, & qui forment certainement la partie la plus remarquable de son œuvre.

En 1559, du Cerceau se trouve à Paris, publiant ce qu'il nomme son premier *Livre d'Architecture*. Dans sa dédicace à Henri II, il lui rappelle qu'autrefois *il a pris plaisir à voir & contempler aucuns petits plans & pourtraicts de bâtiments de Temples & Logis domestiques par lui deffignés & imprimés*. Il s'agit probablement du recueil de Temples & d'Habitations ; recueil composé de 52 planches rangées par ordre alphabétique de

𝒜 à ℬ inclusivement, dont la date peut être placée entre 1550 & 1559.

Il témoigne ensuite le regret d'avoir été empêché par ses occupations de terminer plus tôt ce volume de cinquante Bâtiments tous différents, pouvant servir aux princes, grands seigneurs, gens de moyens & petits états. Il termine en disant : *Ce royaume s'embellit de tant beaux & somptueux édifices que dorénavant vos subjets n'auront occasion de voyager en estrange pays, pour en voir de mieux composés. Et davantage votre majesté prenant plaisir & delectation même, à l'entretenement de si excellents ouvriers de votre nation, il ne sera plus besoing avoir recours aux estrangiers.*

Cette dernière phrase mérite d'être citée, elle indique la confiance que les artistes français avaient dès lors en eux-mêmes.

En 1560 parut sans indication de lieu, mais avec date, un livre nouveau renfermant un nombre considérable de bâtiments de toute ordonnance, tirés soit des anciens, soit des modernes. Les mêmes planches avaient été déjà publiées au trait ; mais du Cerceau, les ayant fait ombrer par ses élèves, en donne ici un second tirage. Vers la même époque parut aussi une suite de vues de monuments antiques de Rome, qui n'était qu'une copie réduite du livre de *Baptiste Piton* (1).

En 1561, Jacques Androuet, poursuivant avec persévérance les projets annoncés dans sa préface des Temples, met au jour, à Paris, un second *Livre d'Architecture* qui contient, par suites

---

(1) Præcipua aliquot Romanæ antiquitatis ruinarum monimenta vivis prospectibus ad veri imitationem affabre designata ; in alma Venetiarum civitate per Baptistam Pitonem Vicentinum, mense septembre, anno MDLXI.

féparées, des cheminées, des lucarnes, des portes, des puits, des pavillons, des tombeaux.

Il le dédie au roi Charles IX, *qu'il prie d'agréer cette œuvre de plufieurs inventions grandement utiles & néceffaires à orner & embellir toutes fortes de baftiments, en attendant ung autre felon qu'il m'a été permis & ordonné par vos prédéceffeurs Rois, tant des deffeins & œuvres fingulières de voftre ville de Paris, comme de vos palais & baftiments royaux, avec aucuns des plus fomptueux qui fe trouvent entre les aultres particuliers de voftre noble royaume.*

C'eft donc feulement vers 1561 qu'Androuet commença fon ouvrage des *Baftiments de France*; quant au volume fur Paris, il n'en a jamais paru que des pièces ifolées.

Il a dû certainement fortir de l'atelier de gravure établi par du Cerceau à Orléans, un grand nombre de planches deftinées à l'ornement des ouvrages publiés à cette époque. Malheureufement, peu d'écrivains l'ont indiqué, comme l'a fait Jacques Beffon, qui, dans l'épiftre aux bénévoles lecteurs de fon *Livre des Inftruments mathématiques & mécaniques*, écrit : *Donnez louanges à maiftre Jacques Androuet, dict du Cerceau, architecte du Roy & de M$^{me}$ la Ducheffe de Ferrare, d'autant que ftimulé de bonne & franche volonté, ores qu'il fût infiniment occupé d'ailleurs, a voulu convenir avec moi, non feulement de pourtraire, mais de maifmement fculpter & repréfenter (pour voftre contentement) toutes nos inventions & ordonnances néceffaires à la conftruction de cefte œuvre.*

Le privilége eft daté d'Orléans, 25 juin 1569.

L'énumération du titre donné dans cette épître à Jacques Androuet montre combien il était apprécié par fes contemporains.

Ses ouvrages furtout lui avaient probablement fait obtenir le titre d'architecte du roi, titre plus honorifique que réel, &

qui fe bornait à lui faire toucher une penfion ; j'ai en vain cherché la preuve d'une conftruction importante élevée par Androuet.

Quant à fa pofition auprès de Madame la duchefle de Ferrare, c'eft un fait important à conftater. Madame Renée de France, duchefle de Ferrare, une des princefles les plus favantes de fon époque, paffait pour appartenir à la religion luthérienne.

Du Cerceau, comme proteftant & comme artifte de talent, avait double droit à fa bienveillance. Madame la duchefle de Ferrare habitait fouvent le château de Montargis, voifin d'Orléans, centre des occupations de du Cerceau.

Ce dernier, en outre des vues qu'il en a données dans fes *Baftiments de France*, a gravé féparément le combat d'un chien contre un gentilhomme, affaffin de fon maiftre, d'après une peinture qui fe trouvait au-deffus de la cheminée de la grande falle du château. Dans le troifième *Livre d'Architecture*, il rappelle au roi Charles IX une converfation qu'il a eue avec lui à Montargis. Ces diverfes circonftances & la pofition d'architecte qu'il occupait auprès de Madame Renée de France, donnent à croire que Jacques Androuet du Cerceau dut trouver dans cette princefle une protectrice.

A ce propos, je rappellerai ce que dit Brantôme (1) :

*J'ay ouy dire à aucuns de fes gens qu'eftant de retour en France, & s'eftant retirée en fa ville & maifon de Montargis, quand les guerres civiles fe venoient à efmouvoir, tant qu'elle a vécu, elle retiroit chez elle une infinité de peuples de ceux de fa religion, qui eftoient perdus & bannis de leurs biens & maifons; elle les aidoit,*

---

(1) OEuvres complètes de Brantôme. Paris, 1823, in-8, 8 vol., tome I, page 217.

*fecondoit & nouriffoit de tout ce qu'elle pouvoit.* Et plus loin : *Nous paffâmes à Montargis. Les chefs & les principaux gentilshommes, nous lui allâmes faire notre révérence (à Madame Renée de France), comme notre devoir nous le commandoit. Nous vifmes dans le château, je crois, plus de trois cents perfonnes de fa religion qui de toutes parts du pays s'y eftoient retirées. Un vieux maiftre d'hoftel qu'elle avoit, fort honnête gentilhomme que j'avois cogneu à Ferrare & en France, me jura qu'elle nouriffoit tous les jours plus de trois cents bouches de ces perfonnes retirées.*

Le troifième Livre d'Architecture de du Cerceau parut en 1572; il eft dédié à Charles IX, à qui Androuet rappelle qu'eftant à Montargis, il voulut bien difcourir avec lui fur divers baftiments du royaume, & lui demander s'il parachevoit les Livres de Baftiments. *Mon âge & indifpofition,* écrit-il, *ferviront de légitime excufe, n'ayant moyen, fans votre libéralité, de me tranfporter fur les lieux, afin de prendre les deffins pour après les mettre en lumière & fatisfaire à vos commandements. La volonté ne m'eft en rien diminuée, mais l'efect & les moyens manquent fans l'aide de Voftre Majefté.*

Il revient encore, en terminant, faire appel à la générofité du roi, *attendant que, par voftre moyen, je puiffe vifiter les chafteaux & excellents baftiments qui reftent à être par moy veus & imprimés pour fatisfaire au contentement de vos royales vertus.*

On s'explique que l'âge & les difficultés de toutes efpèces qui furgiffent autour du pauvre artifte l'empêchent de montrer fon activité habituelle, car la ducheffe de Ferrare était morte en 1575. Ce n'eft qu'après un efpace de quatre ans qu'Androuet publie, à Paris, fes Leçons de Perfpective pofitive, dédiées à la reine Catherine (1). Il s'excufe de n'avoir pas encore fa-

(2) Voici ce que Jehan Uredman Uries dit de cet ouvrage : « Jac-

tisfait la volonté de la reine qui lui a commandé un livre des plus excellents Palais, Maifons royales & Edifices du royaume, *mais que l'injure du temps & les troubles qui ont cours ont empêché fon accès & veue des chafteaux & maifons qu'elle a defiré être comprins dans ce Livre ; qu'en attendant, il s'eft occupé à ce Livre de perfpective, efperant qu'elle le recevra avec un vifage auffi gracieux qu'elle a ci-devant fait pour les autres œuvres qui viennent de fa part es mains de Voftre Majefté.* Dans la Préface de l'autheur, il parle encore de fon *Livre des Baftiments de France,* « *qu'avec l'aide de Dieu je délibère en bref mettre en lumière.* »

En effet, la même année parut, à Paris, le premier volume des *Plus excellents Baftiments de France.*

Il le dédie à Catherine de Médicis, mais en des termes où l'on fent percer le découragement de l'artifte, en parlant de l'état de la France. La reine Catherine fut toujours, malgré les préoccupations de la politique, la Providence des artiftes. J'ai déjà fait voir les hommages rendus par Philibert de Lorme à fon goût éclairé pour les arts. Ecoutons maintenant Androuet du Cerceau terminant fa préface :

*Proteftant, Madame, fi d'iceux il en peut venir à la France quelque honneur contentement ou profit qu'il vous foit tout attribué, n'ayant entrepris ce long & pénible ouvrage que fuyvant voftre commandement & pourfuivi par voftre libéralité.*

En 1578, il donne la copie du plan de Rome antique de *Pirrho Ligorio.*

En achevant fon fecond volume des *Baftiments de France,*

---

ques Androuet a auffi, quoique très-expert, donné dans fa Perfpective différentes chofes inexactes. » Architecture oder Bawng der Antiquen Auff. dem Vitruvius, &c. Johannes Uredman, inventor, anno 1577, Autwerpiæ.

en 1579, il s'excuse, dans sa dédicace à la reine Catherine, *de ne l'avoir pas sitôt parachevé comme j'eusse bien désiré pour ce qu'il est besoin se transporter sur les lieux pour en prendre les plans & desseings avec leurs mesures, ce qui ne se peut faire qu'avec un long temps, mesme en mon endroit. D'autant que la vieillesse ne me permet de faire telle diligence que j'eusse faite autrefois.*

Le petit *Traité des Cinq Ordres* qu'il mit au jour à Paris, vers 1583, montre que du Cerceau ne se faisait pas illusion & commençait à ressentir l'effet de l'âge. La gravure des planches est très-inférieure à tout ce qu'il a produit jusqu'alors. Il faut noter la phrase suivante de sa préface : *Et d'autant que naguères j'ai mis en lumière quelques Livres d'Architecture, je me suis persuadé n'estre hors de raison de laisser couler cette petite instruction pour les accompagner.*

Cette dernière phrase paraîtrait indiquer de la part de du Cerceau, l'intention de compléter quelques ouvrages donnés antérieurement, tels que les Etudes d'ordres, fragments & corniches, qui ont été données sans titre ni texte.

Enfin parut en 1584, sans indication de lieu, le *Livre des Edifices antiques romains.* En le dédiant à messire Jacques de Savoie, duc de Genevois & de Nemours (1), il lui dit : *Dès longtemps vous m'avez fait l'honneur de m'accepter pour vostre, & de m'entretenir par vostre libéralité ; je vous supplie le recevoir de même œuil & faveur qu'avez par ci-devant fait quelques autres miennes petites inventions.*

Cet ouvrage, ainsi que le *Traité des Ordres,* se ressent évidemment de l'âge de l'auteur.

Plusieurs biographes ont fait mourir Jacques Androuet à

---

(1) Jacques de Savoie avait épousé Anne d'Este, veuve du duc de Guise & fille de Madame Renée de France, duchesse de Ferrare.

Turin (1); j'ai cherché vainement quelques documents à l'appui de cette opinion; fi elle ne provient que du nom du dernier protecteur de du Cerceau, ce ferait une erreur : Jacques de Savoie n'était pas duc de Savoie; il mourut à Annecy en 1585, après avoir confacré fes dernières années à la culture des lettres, des fciences & des arts. Il eft poffible que du Cerceau fe foit réfugié près de lui; mais il faudrait quelques preuves de ce fait.

Suivant Polluche (2), il mourut à Orléans, en 1585, ce qui ferait affez probable en le fuppofant né en 1515. P. de l'Etoile (3) fixe à la même époque le départ de la cour de Baptifte du Cerceau, fils de Jacques, & architecte du roi Henri III (4). Cette abfence n'aurait duré que bien peu de temps, ou n'aurait eu lieu qu'en 1586, car dans les comptes des Baftiments on trouve, de 1582 à 1586, à l'article *gaiges & appointements : Meffire Baptifte Androuet, fieur du Cerceau, pour fes gaiges d'ordonnateur de la fépulture du roy Henri II & de la reyne Catherine, 200 livres.*

Quoi qu'il en foit, on peut fixer vers 1585 la date de fa mort.

Il a laiffé, comme graveur, une œuvre très-confidérable.

---

(1) Callet, *Notice hiftorique fur quelques architectes français du feizième fiècle.* Paris, 1843, in-8, page 97.

(2) *Effai hiftorique fur Orléans*, page 193, édition de 1778.

(3) *Regiftre-Journal de Henri III* (1585), page 193. Edition Michaud & Pouyoulat, Paris, 1587, gr. in-8.

(4) Les deux du Cerceau père & fils ont été des meilleurs architectes de notre temps par la connaiffance qu'ils avaient du deffin. (Blaife de Vignères, *les Images ou Tableaux de platte, peinture des deux Philoftrates.* Paris, 1614, in-fol.)

Voici ce que M. l'abbé de Marolles en dit dans son catalogue (1) :

« *L'œuvre de ce maistre architecte, & l'un des plus fameux de son temps, consiste en 4 volumes, le premier desquels est des plus excellents Bastiments de France. Ce Livre imprimé à Paris par le mesme auteur, en* 1596, *auquel sont ajoutez d'autres dessins de Bastiments par le mesme, contient* 193 *pièces.*

*Le deuxième volume consiste en* 622 *pièces de cartouches, fleurons & autres pièces de menuiserie découpée, de thermes, de pilastres, de trophées, moresques, grotesques, frises composées, en vases, coupes fermées, bas-reliefs, enchâssures de diamants & autres pierreries, clefs, serrures, enseignes de maisons, marteaux, broderies, émaillures, compartiments & plafonds. Il y a aussi l'histoire de Psiché d'après Raphaël, deux pièces de Fables d'amour, une Pomone, sept figures de gens vestus à la mode de la cour d'Henri III, des statues dans des niches & des figures emblématiques.*

*Le troisième volume est de* 261 *pièces d'édifices antiques de Rome, de ruines, de pièces d'architecture en perspective, dans des ronds, de plafonds ornés de représentations maritimes, de compartiments de jardinage, de cheminées, fenestrages, portes, buffets, tables, chalits, chaises, fontaines, puits, épitaphes, tombeaux.*

*Le quatrième volume est de* 307 *pièces, de leçons de perspective positive, dont il y a un livre entier imprimé chez Mamert Patisson, en* 1576.

*Un autre volume de Bastiments avec leurs plans, des ruines d'an-*

---

(1) Catalogue des livres d'estampes & de figures en taille-douce avec un dénombrement des pièces qui y sont contenues, fait à Paris en l'année 1666, par M. de Marolles, abbé de Villeloin. A Paris, chez Frédéric Léonard, rue St-Jacques, à l'Escu de Venise, MDCLXVI, in-8, page 123.

ciens édifices, des temples & des monuments antiques. Un second livre d'architecture, un autre de portiques & d'arcs triomphaux, un autre de petits temples & d'autres édifices, des dômes, des fontaines, la grande salle du Palais de Paris avant qu'elle ne fût brûlée, & la façade d'un palais.

C'est en tout 1,386 pièces.

Du Cerceau a dû laisser un grand nombre de dessins ; la plupart de ceux que j'ai vus sont faits à la plume, sur peau de vélin, avec beaucoup de finesse, les ombres sont indiquées très-légèrement à l'encre de Chine. Voici ceux que je connais :

A la Bibliothèque Impériale on trouve : 1° 24 dessins sur vélin, provenant de la bibliothèque Callet ; ils sont décrits dans le catalogue de cette vente.

2° Un manuscrit in-folio de 148 feuilles de vélin numérotées en haut & à gauche ; les plats de la reliure ont été conservés & portent la date de 1560.

Voici ce que renferme ce précieux volume : Sur soixante & onze feuilles, sont dessinés avec plus ou moins d'adresse des projets d'habitations, dont quelques-uns sont inédits ; les autres sont gravés.

Vingt-neuf feuilles représentent les cheminées, lucarnes, portes, pavillons, fontaines, puits, sépultures du *Livre d'Architecture* de 1561. Quelques-uns des dessins offrent des différences avec les gravures.

Neuf feuilles montrent une partie des dessins des gravures du petit *Traité des cinq Ordres*, 1583.

Vingt feuilles sont consacrées aux figures du *Livre de la Perspective positive;* mais les dessins les plus intéressants du volume se trouvent sur les dix-huit dernières feuilles ; ils représentent ou des lieux connus ou des détails de décoration inédits. J'y ai remarqué une étude du rez-de-chaussée de la cour du Louvre, une vue de Chambord & trois deſſins relatifs à Madrid, dont une vue latérale inédite. Et parmi les motifs d'ornementation, trois lucarnes, cinq cheminées, une ſépulture, un arc de triomphe. Quant à l'auteur de ce manuſcrit, l'attribution d'Androuet paraît ſeule raiſonnable en voyant les différences qui exiſtent ſouvent entre le deſſin du manuſcrit & la gravure exécutée. Cependant la main du deſſinateur eſt bien ſouvent lourde & maladroite. Peut-être ſont-ce des copies d'eſquiſſes de du Cerceau, miſes au net ſous ſes yeux & qu'il n'aurait fait que retoucher ; car on y trouve quelquefois des détails parfaitement traités à côté de parties très-maladroitement touchées.

M. Vivenel indique dans ſon catalogue 49 deſſins originaux exécutés ſur vélin & repréſentant des vaſes. D'après le titre, qui eſt aux armes de Henri VIII, ces deſſins auraient été compoſés pour ce prince. Je n'ai pu les voir, ainſi que l'œuvre d'Androuet recueillie par cet amateur ; je le regrette vivement.

Il exiſte à la Bibliothèque Ste-Geneviève un recueil de deſſins dont l'authenticité ne peut être miſe en doute : le talent de du Cerceau s'y révèle dans les moindres détails. Ils ſont très-finement exécutés à la plume, les ombres ſont légèrement indiquées à l'encre de Chine.

Ils ſont renfermés dans un volume in-folio relié en veau avec la ſuite des pièces gravées au trait & quelques autres deſſins de diverſes écoles.

Je vais en donner le détail :

Sept couronnements de cheminées d'une très-riche ornementation, ſur ſept feuilles.

Trois autres couronnements pour cheminées iſolées avec motifs de lanterne à pans coupés & incruſtations d'ardoiſes comme à Chambord, ſur trois feuilles.

Six gargouilles pour rejeter les eaux pluviales, fur deux feuilles.

Une lucarne, au bas du deffin on lit & d'une écriture du temps : *Pour une lucarne.*

Une cheminée.

Deux fontaines & une vafque d'un beau ftyle, fur trois feuilles.

Un puits dont la compofition mérite qu'on s'y arrête : quatre cariatides portées fur des confoles foutiennent l'entablement & une galerie à jour ; elles font féparées par des arcades. Un dôme furmonté d'un lanternon couronne le tout.

Quatre thermes, je les crois gravés.

Quatre études de pieds ou griffes pour meubles.

Huit études de frifes d'ornements, fur deux feuilles.

Deux vafes fur une feuille ; ils font gravés.

Un vafe au bas duquel on lit : *Vafe à la mode Ditallie ;* il eft gravé.

Quatre coupes ; on lit au bas des deffins & d'une écriture du temps : *Pour Couppes à la mode d'Allemaigne.*

Dans le même volume & mêlés aux pièces gravées au trait, j'ai vu trois deffins de coupes fur vélin qui paraiffent de la main du maître.

Je poffède auffi quatre deffins fur vélin de vafes gravés par du Cerceau. Ils font un peu plus grands & offrent quelques différences avec la gravure.

# BIBLIOGRAPHIE.

LA CARTE DU COMTE' DU MAINE, pour l'ouvrage de Mathieu de Vaucelles, publié au Mans en 1539, & en 1575.

LE CHRIST DESCENDU DE LA CROIX, compofition de dix-huit figures. Sur une pierre, à gauche, on lit la date de 1543 ; plus loin, au même côté, R. *Urbin inv.* ; & plus bas, N. J. *Vissher exc.* Le nom de Raphaël paraît avoir été ajouté par Vissher. Zani déclare avoir vu une épreuve fans nom. Il attribue le deffin au Roffo & la gravure à Fantuzzi ; mais elle paraît être d'Androuet.

HIERUSALEM CIVITAS, 1543. Largeur, 296 millimètres ; hauteur, 178. Pièce anonyme.

ARCS.— *Iacobus Androuetius du Cerceau lectoribus fuis. En vobis, candidi lectores & architecturæ ftudiofi, quinque & vigenti exempla arcuum....* Orléans, 1549.

Dans un piédeftal d'architecture très-riche fe trouve une table renfoncée, fur laquelle on a gravé le titre latin dont j'ai reproduit les premières lignes.

Voici la défignation des planches :

Arc de Titus, à Romme.—Arc d'Ancône.—Arc de Bénévente.—Arc de Paule, en la ville d'Alixandrie en Italie. — Arc de Véronne, par Vitreuve l'architecteur. — L'arc de Sufe. — L'arc de Sévère, à Rome. — L'arc de Ravenne. — Arcs felon l'ordre dorique, 3 pl. — Arcs felon l'ordre ionique, 2 pl. — Arcs felon l'ordre de Corinthe, 9 pl. — Arcs felon l'ordre falomonique, 2 pl. — Total, 125 pl. fans numéros. In-folio.

On trouve dans le catalogue Hurtault, n° 332, l'indication d'une autre édition : *Jac. Androuetii du Cerceau, XXX exempla arcuum, partim ab ipfo inventa, partim ex veterum fumpta monumenta. Aureliæ*, 1549. 29 pl. numérotées à la main.

Grande table. A gauche, on lit : *Jac. And. du Cerc. Aureliæ*, 1550. A droite, on lit : *Pour une table ralonger.* On peut regarder comme ayant été publiés à la même époque : deux grands dreffoirs ; le deffin d'un lambris de menuiferie, avec un banc qui règne au pourtour.

GROTESQUES (1<sup>re</sup> édition). — Le frontifpice fe compofe de motifs arabefques paraiffant former un arc. La hauteur de l'impofte & de la bafe eft occupée par deux frifes. Dans l'efpace qui les fépare, on lit : *Iacobus Androuetius du Cerceau, lectoribus S. Nihil aliud femper cogitanti & molienti mihi........ Valete & noftra fcripta veftris ponderibus benevolè examinate. Aureliæ*, 1550.

Il eft fort rare de trouver ce recueil dans fon état primitif, ce qui fixerait les doutes qui exiftent fur le nombre de planches qui le compofent : Mariette, dans fes notes, le fixe à 54. Toutes celles que j'ai rencontrées m'ont paru faibles comme épreuves. Eft-ce un fimple hafard, ou bien les planches n'ont-elles pas été gravées de manière à tirer longtemps ? Je l'ignore. Mais une feconde édition parut douze ans plus tard. L'efpace me manque pour décrire féparément chacune des pièces de ces deux éditions, & en montrer les différences : mais je puis fignaler affez de remarques pour qu'il foit facile de diftinguer les deux éditions. Dans la première, le graveur a pris le parti de mettre des hachures dans prefque tous fes fonds. Les planches font toujours un peu plus grandes ; enfin la compofition eft moins étudiée, moins finie. Les planches ont 105 millimètres de hauteur fur 67 millimètres de largeur.

GROTESQUES (2<sup>e</sup> édition). — Le frontifpice eft formé par un cadre dans lequel on lit : *Lectori, en noftrum tibi denuò prodit opus de ludicro picturæ genere, quod varias rerum commifcet fpecies (grotefcham vulgò dicunt), multis figuris auctum & complectatum. Vale & fruere. Lutetiæ, anno Domini* 1562. — I. A. D. C. — 60 planches, 100 millimètres de hauteur fur 62 millimètres de largeur.

Mariette poffédait les cuivres de l'édition de 1562, & il en fit tirer un grand nombre d'exemplaires, mais fans le titre. Ils paffèrent enfuite entre les mains de Jombert, qui en fit un nouveau tirage qu'il inféra dans fon *Répertoire des Artiftes*, publié en 1752. Les planches font numérotées. Il a infcrit fon nom & fon adreffe dans un cartouche de la deuxième planche. Voici le titre : *Livre d'ornements grotefques & arabefques ;* à Paris, chez Jombert, rue Dauphine. On lit au bas de la planche : *J. A. du Cerceau, inv. & fc.*

Les *Grotefques* ont été copiés, en 1594, par Jean Siebmacher de Nuremberg. Il a pris pour modèle l'édition de 1562; ce qu'il eſt facile de vérifier en comparant à la fois quelques pièces des trois éditions. On verra que Siebmacher a toujours ſuivi les motifs de l'édition de 1562 quand ils diffèrent de celle de 1550. La gravure en eſt maigre & manque de ſentiment. Les planches ſont numérotées; elles ont 65 millimètres de largeur ſur 101 millimètres de hauteur.

Il doit exiſter une édition italienne; j'ai vu un titre au bas duquel on lit : *Luca Bertelli formis*.

TEMPLES. — *Iacobus Androvetius du Cerceau lectoribus ſuis. Quoniam apud veteres alio ſtructuræ genere Templa fuerunt ædificata, quam ea quæ noſtra ætate paſſim conſpiciuntur* . . . . . . . . . . . . *Aureliæ*, 1550.

Ce titre eſt gravé ſur le dé d'un piédeſtal. 35 planches & le titre; 95 millimètres de hauteur ſur 135 millimètres de largeur; format in-4°. Il exiſte de cette ſuite une copie dont j'ignore le titre. Dix-ſept des planches qui compoſent ce recueil ont ſeules leur déſignation gravée dans la marge en petits caractères. On trouve ſouvent des exemplaires portant les déſignations écrites à la main.

FRAGMENTS ANTIQUES. — *Iacobus Androvetius du Cerceau lectoribus ſuis. Cum nactus eſſem duodecim fragmenta ſtructuræ veteris commendata monumentis à Leonardo Theodorico* . . . . . . . . *Valete. Aureliæ*, 1550.

Ce titre eſt gravé ſur une table entourée d'un cadre à croſſettes, avec corniche & ſoubaſſement. Après le titre, il y a deux centimètres laiſſés en blanc. 13 pièces y compris le titre; 157 millimètres ſur 97 millimètres. In-4°.

Il exiſte une autre édition. Les caractères du titre ſont plus gros & occupent entièrement l'eſpace; les planches ſont gravées dans le même ſens que la ſuite précédente, d'une manière plus fine, mais dans un ſentiment tout différent. — Elle eſt datée de 1565; 155 millimètres ſur 96 millimètres. Virgilius Solis en a fait une copie gravée en ſens contraire; 160 millimètres ſur 10 centimètres.

VUES D'OPTIQUE. — *Iacobus Androuetius lectoribus ſuis. Veteri conſuetudine inſtitutoque noſtro novos ſubindè* . . . . . *Valete. Aureliæ*, 1551.

Quoique le titre n'indique que 20 pièces, cette ſuite ſe compoſe de 21. Il y a deux états : dans le premier état, les planches, qui ſont de forme ronde, ont en moyenne 178 millimètres de diamètre, tandis que dans le ſecond, elles n'ont plus que 168 millimètres. Il eſt probable que les bords des cuivres ayant été altérés, Androuet les a fait diminuer, ce qui sert à constituer un nouvel état, car le titre est le même. En outre, une planche a été entièrement refaite. Je vais la décrire : elle représente la perspective d'une cour dont les dalles sont arrondies à leurs extrémités. On voit à droite un portique de quatre piliers isolés d'ordre toscan & de forme carrée ; au fond, deux arcades dont l'une, entièrement ouverte, laisse apercevoir dans le lointain des galeries. A gauche, mais plus en retraite, l'entrée d'un second portique dont l'ordonnance est semblable à celui de droite.

Dans la première planche, les intervalles des carreaux sont hachés très-légèrement dans le sens des lignes de perspective, & l'on en compte quatorze rangs. De plus, le premier pilier de droite n'a pas de base.

Dans la planche refaite, les hachures des intervalles de dallage vont de droite à gauche, & l'on compte quinze rangs de carreaux. Enfin, la base du premier pilier de droite se voit en partie.

Quelques autres planches offrent des différences dans les fonds ou dans les détails, mais j'ai indiqué la seule planche entièrement refaite.

C'est à l'ouvrage de Michel Crecchi, *Prospectiva & Antichita di Roma*, dédié au cardinal Sforza, que du Cerceau a emprunté cette suite. Michel Crecchi a gravé 26 planches qui ont 23 centimètres de hauteur sur 13 centimètres de largeur.

Dans les pièces au trait dont je parlerai plus bas, il y a encore 3 planches copiées de Michel Crecchi.

Le catalogue Gay, n° 194, donne un titre que je n'ai jamais vu : *Volumen continens vetustissimas optices, quam perspectivam nominant. Viginti figuras, à Jac. Androuet du Cerceau. — Aureliæ*, 1551. Petit in-folio, fig., demi-rel., dos de v. — Est-ce le titre du second tirage, ou n'est-ce qu'une fantaisie du rédacteur du catalogue d'arranger un titre ?

COMPOSITIONS D'ARCHITECTURE.—Ces pièces sont fort rares ; je n'en connais que cinq dont deux sont datées. La première est copiée de la planche 13 du Recueil de Crecchi, mais dans un format in-folio. Les proportions ayant changé, il ne reste plus de la composition primitive que les grandes lignes. Aussi du Cerceau a-t-il pu déployer dans les détails toute la richesse de son imagination. On lit au bas & à gauche : *Iacobus Androuetius du Cerceau fecit.—Aureliæ*, 1551. — 46 centimètres sur 31 centimètres.

La deuxième représente la façade d'une villa. Au rez-de-chaussée, des arcades, repofant fur des colonnes accouplées d'ordre dorique, forment un large promenoir. Le premier étage eft décoré de charmantes cariatides d'ordre ionique, & les fenêtres font furmontées de lucarnes en pierre reliées entre elles par des baluftrades à jour. J'oubliais de mentionner le motif de corniche dorique au rez-de-chauffée, qui eft fort original. — Les proportions, les détails, tout eft parfait dans cette œuvre du maître. Dans le piédeftal des deux dernières colonnes de gauche on lit : *Iacobus Androuetius du Cerceau fecit. — Aureliæ*, 1551. — 475 millimètres fur 275 millimètres.

Les trois autres planches qui les accompagnent repréfentent deux élévations d'édifices dont la deftination paraît peu indiquée, & une façade d'églife infpirée de la chartreufe de Pavie.

LIVRE D'ARCHITECTURE de Jacques Androuet du Cerceau, contenant les plans & deffaings de cinquante baftiments tous différents,&c. — Imprimé à Paris par Benoift Prévoft, rue Frementel, 1559. Cet ouvrage a paru à la fois en français & en latin. Titre & dédicace au Roy Henri II; 14 pages de texte non numérotées & 171 pièces fur 69 planches in-folio. — 2ᵉ édition, 1582. — 3ᵉ édition, à Paris, chez Jean Berfon, imprimeur-libraire, 1611.

ARCS ET MONUMENTS ANTIQUES D'ITALIE ET DE FRANCE. — *Iacobi Androuetii du Cerceau liber novus, complectens multas & varias omnis ordinis, tam antiquorum quam modernorum fabricas, jam recens editus anno MDLX*. — Sur la même feuille, au-deffous, fe trouve un arc d'ordre dorique accompagné de colonnes accouplées.

Voici l'indication des planches :

1. Arc d'Ancône — 2. Arc de Titus. — 3. Arc de Vérone. — 4. Le Forum de Trajan. — 5. Arc de Pola. — 6. Arc de Sufe. — 7. Arc de Befançon. — 8. Arc de Conftantin. — 9. Aiguille de Pilate, à Vienne. — 10. — Temple de Minerve, à Athènes. — 11. Le Colyfée, à Rome. — 12. Le dedans du Colyfée. — 13. Monument de St-Remy, près d'Avignon. — 14. Le Panthéon. — 15. Le Temple de la Paix. — 16. Le Palais Confulaire de Bordeaux (Perrault, dans fon *Vitruve* de 1683, fignale cette planche de du Cerceau). — 17. La Maifon-Carrée de Nifmes. — 18. L'Amphithéâtre de Vérone.

Je connais deux états : le premier, avec les planches au trait, fans les fonds & fans numéros; le fecond, les mêmes planches ombrées avec les fonds & portant des numéros au milieu de la planche & en haut. Je fuppofe que du Cerceau a donné d'abord la fuite au trait; puis qu'enfuite il fit terminer les planches par fes élèves, & en fit un nouveau tirage. — Voici les feules planches terminées par du Cerceau : n<sup>os</sup> 7, 8, 9, 11, 12, 13; les autres font ombrées fi lourdement, qu'une partie des détails, fi finement indiqués par du Cerceau dans les épreuves au trait, a complètement difparu.

J'ignore fi la fuite au trait a paru avec un titre, je ne l'ai jamais vu.

SECOND LIVRE D'ARCHITECTURE, par Jacques Androuet du Cerceau, contenant plufieurs & diverfes ordonnances de cheminées, lucarnes, portes, fontaines, puits & pavillons pour enrichir tant le dedans que le dehors de tous édifices; avec des deffins de dix fépultures différentes. A Paris, de l'imprimerie d'André Wechel, 1561.

L'ouvrage a paru en latin & en français. Il y a eu deux éditions : celle que je viens de décrire, & une autre dont le titre feul diffère. Au milieu fe trouve un fleuron, & plus bas on lit : *Imprimé pour Iacques Androuet du Cerceau*. — Le livre eft toujours compofé de même : vingt ordonnances de cheminée; plus, une coupe. — Douze manières de lucarne. Quatorze portes de diverfes ordonnances. — Six fontaines avec le plan raccourci de chacune. — Six pavillons avec leurs plans. — Dix fépultures. In-folio, 68 feuilles, dont deux de texte.

LIVRE DE GROTESQUES. — Paris, Wechel, 1566. In-folio de 2 feuilles de texte & 35 planches. Il y a trois tirages : dans le premier, les ombres & les fonds font d'un travail très-fimple & très-tranfparent; dans le deuxième, le graveur a refait des hachures dans toutes les parties ombrées, ce qui leur donne un afpect beaucoup plus lourd. Je n'ai jamais connu le titre de cette deuxième édition. Jombert en a enfin donné un dernier tirage dans fon *Répertoire des Artiftes*.

LIVRE I<sup>er</sup> DES INSTRUMENTS MATHEMATIQUES ET MECHANIQUES, fervant à l'intelligence de plufieurs chofes difficiles & néceffaires à toutes républiques; inventées entre autres avec infinis labeurs, par Jacques Beffon, Dauphinois, profeffeur & ingénieur ès-fciences mathématiques, avec privilége du Roy. On lit à la fin du privilége : Donné à Orléans, l'an 1569, le 27<sup>e</sup> jour de juin. In-folio. — Dans cette édition, toutes les planches font de du Cerceau. Dans les éditions fuivantes, à partir de celle donnée à Lyon en 1579, les planches 17 & 51 font de René Boyvin. Il y a eu de ce livre des traductions latines, italiennes, efpagnoles, allemandes, & je crois même anglaifes.

LIVRE D'ARCHITECTURE de Jacques Androuet du Cerceau, auquel font contenues diverfes ordonnances de plans & élévations de baftiments pour feigneurs, gentilshommes & autres qui voudront baftir aux champs. A Paris, pour Jacques Androuet du Cerceau, 1572. Titre & dédicace au Roy Henri III; 26 pages de texte numérotées & 38 feuilles fur lefquelles fe trouvent 118 pièces. — 2ᵉ édition, 1582. — 3ᵉ édition, 1615. — 4ᵉ édition, chez la veuve François Langlois dit Chartres, 1648.

LEÇONS DE PERSPECTIVE POSITIVE, par Jacques Androuet du Cerceau, architecte. A Paris, par Mamert Patiffon, imprimeur, 1576. 11 feuilles de texte & 60 planches; in-4°. Il y a eu une feconde édition, avec les mêmes planches, en 1676.

LE Iᵉʳ VOLUME DES PLUS EXCELLENTS BASTIMENTS DE FRANCE, auquel font défignés les plans de quinze baftiments & de leur contenu, enfemble les élévations & fingularités d'un chacun, par Jacques Androuet du Cerceau, M. D. LXXVI. Le titre & le texte, 8 feuilles.

*Maifons royales :* 1. Le Louvre, 10 pièces fur 9 pl. — 2. Vincennes. 2 pièces fur 2 pl. — 3. Chambord, 3 pièces fur 3 pl. — 4. Boulogne, dit Madrid, 10 pièces fur 9 pl. — 5. Creil, 2 pièces fur 1 pl. — 6. Couffy, 7 pièces fur 4 pl. — 7. Folembray, dit le Pavillon, 2 pièces fur 2 pl. — 8. Montargis, 5 pièces fur 4 pl. — 9. St-Germain, 7 pièces fur 5 pl. — 10. La Muette, 2 pièces fur 2 pl.

*Maifons particulières :* 1. Vallery, 5 pièces fur 5 pl. — 2. Verneuil, 10 pièces fur 10 pl. — 3. Auffy-le-Franc, 5 pièces fur 3 pl. — 4. Gaillon, 9 pièces fur 7 pl. — 5. Maune, 2 pièces fur 2 pl.

LE IIᵉ VOLUME DES PLUS BEAUX BASTIMENTS DE FRANCE, auquel font défignés les plans de quinze baftiments & de leur contenu..... A Paris, M. D. LXXIX. — Autre tirage, même titre, fauf l'adreffe qui eft changée. A Paris, chez Gilles Beys, libraire Iuré, rue St-Jacques, à l'enfeigne du *Lis blanc*. M. D. LXXIX. — Le titre & le texte, 7 feuilles.

*Maifons Royales :* 1. Blois, 5 pièces fur 5 pl. — 2. Amboife, 3 pièces fur 3 pl. — 3. Fontainebleau, 7 pièces fur 7 pl. — 4. Villiers-Cofterets, 3 pièces fur 3 pl. — 5. Charleval, 5 pièces fur 5 pl. — 6. Les Thuileries, 4 pièces fur 3 pl.—7. Sainct-Maur, 3 pièces fur 3 pl. — 8. Chenonceau, 4 pièces fur 4 pl.

*Maifons Particulières :* 1. Chantilly, 9 pièces fur 7 pl. — 2. Anet, 10 pièces fur 7 pl. — 3. Efcouan, 5 pièces fur 7 pl. — 4. Dampierre, 4 pièces fur 4 pl. — 5. Challuau, 3 pièces fur 2 pl. — 6. Beauregard, 3 pièces fur 3 pl. — 7. Bury, 4 pièces fur 3 pl.

LE I<sup>er</sup> ET LE II<sup>me</sup> VOLUME DES PLUS EXCELLENTS BASTIMENTS DE FRANCE (2<sup>me</sup> édition), auxquels font défignés les plans de trente baftiments & de leur contenu, enfemble les élévations, & fingularités d'un chafcun, par Jacques Androuet du Cerceau. Paris, 1607.

LIVRE D'ARCHITECTURE de Jacques Androuet du Cerceau (3<sup>me</sup> édition des *Plus excellents Baftiments de France*). A Paris, chez P. Mariette, rue St-Jacques, à l'*Efpérance*. M.D.C.XLVIII.

M. Brunet annonçait à la fin de cet ouvrage des planches non citées, repréfentant le Luxembourg ; c'eft une erreur, ces planches avaient été ajoutées par hafard à l'exemplaire vu par M. Brunet. Elles font de Jean Marot & portent, avec l'adreffe d'Ifraël Silveftre, la date de 1661.

PLAN DE ROME, en fix feuilles in-fol., de 325 millimètres de hauteur fur 49 centimètres de largeur. En haut fe trouve une table avec encadrement de perles & de triglyphes. On lit : *Antiquæ urbis imago accuratiffime ex vetuftis monumentis formata*. A droite, un cartouche, avec la date de 1578 ; à gauche, le même cartouche, mais vide. Au bas du plan, on lit, dans un cadre qui fe termine par un arrangement de piaftres affez original : *Effigies antiquæ Rome ex veftigiis ædificiorum & ruinarum teftimonio veterum auctorum fide, numifmatum, monumentis, æneis, plumbeis, faxis, tegulinifque collecta, atque in hanc tabellam redacta & quam fideliffime compendiofiffimeque fieri potiat defcripta, per XIIII regiones in quas urbem divifit Imp. Cæfar Aug.*

PETIT TRAITÉ DES CINQ ORDRES DE COLONNES, par Jacques Androuet du Cerceau. Au lecteur : Encor que plufieurs excel-

lents perfonnaiges ayent par cy devant traité de cette matière............
A Paris, pour Jacques Androuet du Cerceau, 1583 ; petit in-fol., quatorze feuilles, dont deux feuilles de texte.

LIVRE DES EDIFICES ANTIQUES ROMAINS, contenant les ordonnances & deffeings des plus fignalés & principaux baftiments qui fe trouvaient à Rome du temps qu'elle était en fa plus grande fleur ; partie defquels baftiments fe voit encore à préfent, le refte aïant efté ou du tout ou en partie ruiné. Par Jacques Androuet du Cerceau, MDLXXXIIII. 105 pièces en 98 planches fur 48 feuilles in-fol.

Il y a eu deux éditions de cet ouvrage, mais elles font affez difficiles à diftinguer. Voici cependant les remarques à faire dans le fecond tirage : Le cuivre de la planche qui repréfente le *Theatrum Palatinum* manque totalement à gauche ; la planche intitulée *Collis hortulorum* a été refaite avec beaucoup de changements ; on a fupprimé à droite & à gauche, dans le haut, deux cours plantées d'arbres avec portiques autour. La gravure eft en outre très-pâteufe.

MONUMENTS ANTIQUES. — Cette fuite fe trouve prefque toujours avec le volume d'Arcs de 1560. Les défignations que je donne font prifes fur des notes d'une écriture du temps que j'ai trouvées fur un volume.

Il y a 20 planches de format in-fol. dont je donne le détail : Temple antique. — Temple de la Liberté. — Temple de Bacchus. — Maufolée. — St-Pierre in Montorio, à Rome. — Temple de Jupiter. — L'Arc du Palais antique. — Temple antique de Claudius. — Arc antique. — Portique du Temple de Jupiter. — Temple antique. — Temple d'Antonin-le-Pieux. — Temple de Vénus. — Arc antique. — Temple d'Antonin-le-Pieux. — Temple antique. — Le Palais de Vérone. — Les Arcs de Langres. — Le Pont du Gard.

Du Cerceau a, je crois, copié cette fuite dans l'ouvrage de Jean Blum, dont voici le titre traduit de l'allemand : *Defcription exacte & repréfentation des cinq ordres d'après les proportions de l'Architecture, tirée des antiquités & exactement reproduite comme on ne l'a pas encore fait, par Jean Blum de Francfort-fur-le-Mein, pour la grande utilité & profit de tous les architectes, maçons, tailleurs de pierre, peintres, fculpteurs, orfèvres, menuifiers, & de tous ceux qui font ufage du compas & de l'équerre*. A Zurich, chez Chriftophe Froshover, M.D.LVIII. In-fol.

A la fin de ce volume & fupérieurement gravée fur bois, fe trouve la fuite reproduite par du Cerceau, & dont je viens de donner le détail.

PRAECIPUA ALIQUOT ROMANAE ANTIQUITATIS RUINARUM MONIMENTA VIVIS PROSPECTIBUS AD VERI IMITATIONEM AFFABRE DESIGNATA. — Recueil de vues de monuments antiques de Rome, fans date; 25 planches in-4°. — Temple de la Paix, 2 pl. — Colyfée, 9 pl. — Palais de l'empereur Septime-Sévère, 1 pl. — Capitole, 1 pl. — Pont des Quatre-Arches, 1 pl. — Palais des empereurs, 4 pl. — Thermes d'Antonin, 2 pl. — Thermes de Dioclétien, 1 pl. — Quelques ruines incertaines d'antiquités, 3 pl. — Un titre. In-4° de 176 millimètres de longueur fur 142 millimètres de largeur.

Cette fuite eft une copie réduite du livre fuivant : *Præcipua aliquot romanæ antiquitatis ruinarum monimenta vivis profpectibus ad veri imitationem affabre defignata; in alma Venetiarum civitate per Baptiftam Pitonem Vicentinum, menfe feptembre, anno* M.DLXI. In-fol.

PALAIS, RUES, PORTES DE VILLE, COUR DE PALAIS, GALERIES, PONTS, CANAUX, JARDINS, MAISONS, VILLAS, PORTIQUES, CARREFOURS, PLACES EN PERSPECTIVE; 28 pièces qui varient de 110 à 115 millimètres de largeur fur 80 à 83 millimètres de hauteur.

Ce font des copies de plus petite dimenfion des gravures d'Vries, dont voici le titre : *Variæ architecturæ formæ : à Joanne Vredmanni Vrefio magno artis hujus ftudioforum commodo inventæ Antwerpia. Excudebat Joannes Galleus*. 47 pièces.

Ces copies font gravées dans le même fens que la fuite d'Vries; feulement dans les copies, le rayon de lumière vient de droite & les ombres font à gauche.

Il y a une autre fuite, gravée en fens contraire de la fuite de du Cerceau, dont elle paraît être une copie. Les planches ont 11 centimètres de hauteur fur 8 de hauteur.

TEMPLES, HABITATIONS FORTIFIEES. — 52 planches rangées par ordre alphabétique de A à R incluſivement & repréſentant des temples antiques, des habitations fortifiées, &c., &c. Chaque lettre contient un plan, une coupe & une élévation ; la lettre A feule a deux élévations. En moyenne, elles ont de hauteur 30 centimètres fur 20 de largeur, fans titre, texte, ni date; format in-fol.

Cette fuite a été gravée par Androuet, format in-8, & fans aucun autre changement que quelques tranfpofitions. En moyenne, les planches ont 93 millimètres de hauteur fur 65 millimètres de largeur.

PLAN DE PARIS. — J'emprunte la defcription de ce plan à l'ouvrage de M. Bonnardot (1) :

« Il fe compofe de quatre feuilles. Les deux du haut ont environ 41
« centimètres fur 39 ; celles du bas, plus étroites, 41 fur 29. J'ignore
« fi un texte y était annexé. Il eft gravé à l'eau-forte avec une hardieffe
« & une touche particulière qui peuvent le faire attribuer, avec raifon,
« au célèbre architecte Jacques Androuet du Cerceau, ou du moins à
« celui qui gravait fes pièces d'architecture ; car, à ma connaiffance, il
« n'exifte aucune preuve pofitive que du Cerceau ait gravé lui-même.
« Je n'oferais affirmer, malgré la grande analogie de cette eftampe avec
« les pièces de cet architecte, qu'elle fut pofitivement fon œuvre, mais
« je le préfume fortement. L'effentiel pour nous, c'eft de rechercher
« l'époque précife de l'état de Paris qu'elle repréfente. Je vais la décrire
« dans fon enfemble :

« Ce plan eft levé à vol d'oifeau & orienté comme ceux décrits ci-
« deffus ; à chaque coin eft un Vent qui fouffle. Les noms des rues (noms
« qui ne font pas toujours identiques à ceux infcrits fur la tapifferie) font
« tracés, au milieu de ces rues, en écriture fine ou en petites majuf-
« cules, felon leur largeur. Au fommet de la carte eft le titre infcrit fur
« un ruban qui flotte : *La Ville, Cité & Univerfité de Paris*. A gauche,
« l'écuffon de France avec la couronne ouverte ; à droite, le blafon de
« la ville. Au bas, trois cartouches carrés, avec ornement fur les côtés,
« renferment plufieurs diftiques latins en petites majufcules.

« Celui de gauche commence par ce vers :

« *Non modo Francigenæ hæc eft regia gentis.*

(1) *Etudes archéologiques fur les anciens plans de Paris*, des XVI<sup>e</sup>, XVII<sup>e</sup> & XVIII<sup>e</sup> fiècles, par A. Bonnardot, Parifien. Paris, à la librairie ancienne de de Florenne, quai de l'Ecole, 16. — 1851. — In-f°, p. 57.

« Celui de droite par les mots fuivants :

« *En bene turba parens.....*

« L'infcription du milieu eft en profe, & s'étend fur les deux feuilles
« du bas : *En tibi ftudiofe graphica & linearis pictura urbis civitatis & aca-*
« *demiæ in qua omnes vici, angiportus, templa... continentur, &c.* »

M. Bonnardot penfe qu'on peut fixer l'époque de ce plan à 1560. Quant au doute qu'il émet fur l'auteur, il ne peut exifter pour les perfonnes qui ont étudié l'œuvre de du Cerceau.

FONTAINE DES SAINTS-INNOCENTS. — Les deux élévations de la Fontaine des Saints-Innocents dans fon état primitif.

Cette planche ainfi que celles de la Baftille, du bâtiment près de l'Hôtel-Dieu, du Pont St-Michel & de la grande falle du Palais, ont probablement été compofées par du Cerceau pour fon troifième volume des *Bâtiments de France*. 40 centimètres de longueur fur 225 de hauteur.

LA BASTILLE. — On lit en haut de la planche : *Vetus ad Antonii portam propugnaculam cui* (la Baftille) *vulgo nomen eft*. 44 centimètres de longueur fur 175 millimètres de hauteur.

BATIMENT CONSTRUIT RECEMMENT ENTRE LE PETIT-PONT ET L'HOTEL-DIEU. — Je dois fignaler une planche fort rare qui repréfente un bâtiment à deux étages, furmonté de lucarnes. Deux écuffons aux armes de France & deux aux armes de la ville de Paris, décorent le premier étage. Le rez-de-chauffée fe compofe d'arcades entre les pieds droits defquelles fe trouvent des portes avec frontons furmontés d'œils de bœuf. On lit : *AEdium inter Ptochodochæum & Ponticulum recens extructarum orthographia*.

Je ne vois de bâtiments récemment conftruits à cette époque, entre le Petit-Pont & l'Hôtel-Dieu, que les agrandiffements ordonnés par le cardinal Antoine Duprat en 1531. 49 centimètres de longueur fur 16 de hauteur.

Cette planche & celle qui repréfente la Baftille font réunies fur une feuille in-folio.

LE PONT ST-MICHEL. — Du Cerceau a fupprimé une partie des

rangées de maifons bâties fur le pont, afin d'en faire voir le plan, la perfpective & l'élévation intérieure de la rangée oppofée. A droite, il a, au contraire, laiffé fubfifter l'élévation extérieure, ce qui nous permet de remarquer que chaque maifon avait à rez-de-chauffée un appentis en encorbellement, foutenu au-deffus de la rivière par des confoles. 47 centimètres de longueur fur 19 de hauteur. In fol.

PERSPECTIVE DE L'INTERIEUR DE LA GRANDE SALLE DU PALAIS, A PARIS. — Cette pièce n'eft pas terminée; toute la foule de plaideurs, d'avocats & de juges qui peuple la grande falle n'eft que très-fpirituellement efquiffée. L'architecture en eft heureufement affez avancée pour qu'on y retrouve ces ftatues de rois de France fi célèbres dans les defcriptions de l'ancien Paris. On regrette feulement que les deux extrémités de la falle foient reftées en blanc. 44 centimètres de longueur fur 26 de hauteur. In-fol.

LE COMBAT D'UN CHIEN CONTRE UN GENTILHOMME QUI AVAIT TUE SON MAISTRE, FAICT A MONTARGIS. — Le titre eft en haut de la planche. Plus bas, on voit, au milieu du champ-clos, le chien faififfant fon adverfaire à la gorge. Tous les fpectateurs font indiqués avec infiniment d'efprit. 33 centimètres fur 30.

LYON (La cité de). — Largeur, 726 millimètres; hauteur, 280 millimètres. Planche anonyme, rare & curieufe.

ANTWERPIA IN BRABANTIA. — Largeur, 897 millimètres; hauteur, 350 millimètres. Planche anonyme, rare & curieufe.

BIJOUX. — AGRAFES. — BAGUES. — BROCHES, — PENDELOQUES. — BRACELETS. — COLLIERS. — Il y a 33 pièces avec un feul filet d'encadrement, & 14 avec quatre filets d'encadrement.

M. Lefoufâcher en poffède 48 pièces, mais il eft impoffible de favoir à quelles fuites elles appartiennent, parce qu'elles font rognées au trait.

CARTOUCHES. — 36 pièces. Mariette dit, en parlant de cette fuite : « Un autre fuite de deffins d'ornements dans le même goût &

« d'après les mêmes peintres, qui les ont prefque tous exécutés dans
« les chambres du château de Fontainebleau. » (Mariette vient de
parler, dans l'article précédent, du Primatice & des peintres qui travaillaient avec lui.)

Il y a eu certainement plufieurs éditions de cette fuite ; malheureufement je n'ai pu en réunir plufieurs exemplaires, afin de les comparer.

DIX FONDS DE COUPE, repréfentant le triomphe de Diane,
celui de Bacchus, celui d'Amphitrite, la chute de Phaëton, le Défaftre
maritime (fujet peint à Fontainebleau), motifs des *Grotefques*, &c., &c.

FLEURONS. — 12 pièces.

FRISE D'ENFANTS JOUANT DE LA TROMPETTE. —
Efpèce de bacchanale.

DEUX MOTIFS DE LUCARNES, des plus gracieux. — J'ignore
fi ces planches ont paru feules ou réunies à une fuite ; on m'a affirmé
les avoir trouvées fouvent jointes aux Meubles. 19 centimètres de hauteur fur 12 centimètres de largeur.

MARQUETERIE, pour incruftation de meubles, ou deffins pour
carrelages en marbre. 26 pièces fur 26 feuilles petit in-fol. — Il y a
deux états de cette fuite ; le premier fans numéros, le fecond avec
des numéros.

MEDAILLONS. — Il y en a de forme ronde & ovale. 23 pièces.

MEUBLES. — Cabinets, dreffoirs, 21 pièces fur 20 feuilles. —
Tables, 24 pièces fur 11 feuilles. — Chaife de chœur, 1 pièce fur 1
feuille. — Portes, 2 pièces fur 2 feuilles. — Lits, 8 pièces fur 6 feuilles.
— Deux gaînes & un panneau orné de fculptures, 3 pièces fur 1 feuille.
— Deffus de cheminée, 1 pièce fur 1 feuille. — Thermes vus de profil,
3 pièces fur 1 feuille. — Gaînes ou fcabellons, 8 pièces fur 2 feuilles.
— Total, 71 pièces fur 45 feuilles. 14 centimètres fur 19 centimètres.

BORDURES DITES PETITS NIELLES. — Cette attribution fe

trouve fur la fuite de la Bibliothèque impériale. Elle n'eft pas bonne ; ce font des baluftrades extérieures pour lucarnes, fenêtres, &c. Il y en a plufieurs où des parties à jour font évidemment réfervées. 38 pièces.

NIELLES. — C'eft le nom fous lequel ces fuites font défignées à la Bibliothèque impériale. Ce font des ornements deftinés, foit à la damafquinure, foit à être frappés fur des cuirs ornés, tels que coffres, étuis, fourreaux d'épée, reliures. Peut-être les plus petits étaient-ils à l'ufage des imprimeurs pour les fleurons & titres de page. — La première fuite fe compofe de 101 pièces fur 20 planches. — La deuxième, de 12 pièces fur 12 planches. 113 millimètres fur 8 centimètres. — La troifième, de 128 pièces fur 44 planches. 75 millimètres fur 4 centimètres.

DETAILS D'ORDRES D'ARCHITECTURE. — 30 planches grand in-fol. — Elles ont en moyenne 23 centimètres de largeur fur 30 centimètres de hauteur. — Beaucoup de ces planches font très-infpirées des gravures des maîtres italiens de l'époque.

DETAILS D'ORDRES D'ARCHITECTURE. — 111 pièces fur 30 planches. 20 centimètres fur 16, en moyenne. Dans cette fuite de format petit in-fol, au-deffus d'une bafe dorique en perfpective, avec un détail de profil, & avec le mot *dorico*, fe trouve la fontaine de Verneuil. On lit fur cette planche, à gauche : *Fons horto deftinata*, & à droite : *Verneuil, fontaine pour le jardin*. Plufieurs des pièces de cette fuite ne font que des copies réduites des *Détails d'ordres* format in-fol.

ORNEMENTS AU TRAIT. — Je vais réunir fous un article une férie de pièces au trait gravées par du Cerceau dans fes commencements, je crois.

J'ignore fi ce font des effais de graveur ; mais on retrouve dans la fuite des Vafes un affez grand nombre de pièces qui font une répétition de celles-ci. Je ne leur ai jamais connu ni titre ni texte : la collection la plus complète fe trouve à la Bibliothèque Sainte-Geneviève ; elle fe compofe de 101 pièces fur 46 feuilles.

En voici le détail : Urnes, Aiguières, Vafes à deux anfes, Vafes à boire, Salières, 38. — Détails d'ordres, 21. — Cierges, 8. — Reliquaires, Tabernacles, Ciboires, Oftenfoirs, Encenfoirs, 11. — Miroir, 1. — Ornements, 18. — Perspectives, 3. — Pièces d'orfèvrerie pouvant servir pour exposer des reliques, 1. — Arc, 1. — Il faut y ajouter huit perspectives, un Reliquaire, une Cheminée, qui manquent à la Bibliothèque Sainte-Geneviève, 10 pièces, & en déduire un Arc de triomphe qui appartient à la suite des Arcs; ce qui porterait le total des pièces connues à 110 sur 56 feuilles.

C'est un des recueils les plus remarquables & les moins connus de l'œuvre de du Cerceau.

PORTE D'ORDRE RUSTIQUE. — Elle est mentionnée dans les notes de Mariette.

SERRURERIE. — 1$^{er}$ état, sans titre ni texte. — 2$^{me}$ état, le nom de Mariette se lit au bas des planches. 65 pièces sur 20 feuilles. 16 centimètres de hauteur sur 10 centimètres de largeur. — Marteaux ou heurtoirs, 12 pièces sur 4 feuilles. — Heurtoirs pour tiroirs, 9 pièces sur 3 feuilles. — Clefs pour chef-d'œuvre, 20 pièces sur 5 feuilles. — Ecussons pour clefs, 12 pièces sur 3 feuilles. — Targettes pour verrous, 4 pièces sur 1 feuille. — Enseignes, 4 pièces sur 2 feuilles. — Détentes d'arquebuse, 4 pièces sur 2 feuilles.

THERMES. — 36 pièces sur 12 feuilles. 16 centimètres de hauteur sur 11 centimètres de largeur.

GRANDS TROPHEES D'ARMES, paraissant imités d'AEneas Vico. — Je n'en connais que deux pièces.

PETITS TROPHEES D'ARMES. — 40 pièces sur 21 planches. 7 centimètres sur 11 centimètres.

VASES. — 67 pièces sur 30 feuilles ; car, dans leur état de publication, il y a deux planches sur une feuille in-4°.

LE SERPENT D'AIRAIN, pièce anonyme attribuée par M. R. Dumesnil à du Cerceau. 20 centimètres sur 145 millimètres.

LA CHARITE. — Pièce anonyme. 20 centimètres sur 142 millimètres.

APOLLON ET LES ENFANTS DE NIOBE. (Primaticcio). - Largeur, 284 millimètres ; hauteur, 221 millimètres. Pièce anonyme.

LA NAISSANCE D'ADONIS. — Pièce anonyme. 295 millimètres fur 195.

LA DANSE EN ROND DE SIX FEMMES ANIMEES PAR TROIS SATYRES. — Pièce anonyme. 27 centimètres fur 19.

AMOUR PORTANT UN CARQUOIS. — Copie d'une eftampe italienne. Largeur, 172 millimètres ; hauteur, 131 millimètres.

AMOUR PORTANT UN BOUCLIER. — Copie d'une eftampe italienne. Largeur, 172 millimètres ; hauteur, 125 millimètres. Pièce anonyme.

APOLLON. (Roffo). — Hauteur, 262 millimètres ; largeur, 145 millimètres. Pièce anonyme.

LES DIVINITES DE LA FABLE. — Copie d'après Jacques Caraglio. Hauteur, 203 millimètres; largeur, 100 millimètres. Suite de 20 pièces anonymes, numérotées pour la plupart.

LES TRAVAUX D'HERCULE. — Copie des eftampes de Caraglio. Hauteur, 212 millimètres ; largeur, 176 millimètres. Suite de 6 pièces anonymes.

HISTOIRE DE PSYCHE. (Raff. Sanzio). — Largeur, 220 millimètres; hauteur, 193 millimètres. Suite de 32 pièces anonymes.

Il y a une copie allemande. Au bas de l'eftampe fe trouve un texte latin & allemand de quatre lignes.

ALLEGORIES. — Hauteur, 93 millimètres ; largeur, 74 millimètres. Suite de 10 pièces anonymes. — Beneficentia. — Defperatio. — Honor. — Melancholia. — Natura. — Pax. — Punitio. — Servitus. — Veritas. — Victoria.

SUITE DE DIX PIECES, repréfentant des animaux de toute

espèce : Lion, éléphant, cheval, chameau, cerf, chevreuil, ours, écureuil, tortues, léſard, ſerpents, ſinges, cigognes, perroquets, &c.

PAYSAGES. — Largeur, 172 millimètres ; hauteur, 108 millimètres. Suite de 25 pièces anonymes.

COSTUMES. — Hauteur, 186-235 millimètres ; largeur, 118-145. Suite de 8 pièces anonymes.

COMBATS DE CAVALERIE. — 6 pièces en long.

FRISES. — Jombert a publié dans le *Répertoire des Artiſtes*, n° 25, ſous le titre ſuivant : *Premier recueil d'Ornements groteſques & arabeſques, par Ducerceau*, 10 pièces repréſentant des friſes, ornements, &c., qui ont évidemment appartenu à des ſuites différentes. Malheureuſement je n'ai jamais rencontré les tirages primitifs.

# POMPEUS, 1612. — DIDIER TORNER, 1622. — MATHURIN JOUSSE, de 1626 à 1692,

J'ai réuni dans un feul article les notes que j'ai raffemblées fur ces trois graveurs, dont les œuvres font auffi groupées fur une même planche.

Les modèles de ferrurerie compofés par Androuet du Cerceau ont déjà pu donner une idée de l'importance artiſ_tique de cette partie de la conftruction ; cette importance s'eft affaiblie peu à peu, puis s'eft perdue entièrement de nos jours. Au XVIe & au XVIIe fiècle, il n'en était pas encore ainfi : les maîtres ferruriers qui forgeaient, martelaient ces fines rampes d'efcaliers, ces balcons que nous admirons tant; qui gravaient, découpaient & fculptaient ces entrées de ferrures, écuffons de clés, marteaux de portes, d'un goût fi original, étaient de véritables artiftes. Auffi compofaient-ils eux-mêmes leurs modèles ; il les gravaient enfuite; on en tirait un petit nombre d'épreuves qui circulaient dans les ateliers. Il était auffi d'ufage d'eftamper les entrées de ferrures, les écuffons de clés que les compagnons rencontraient dans leur tournée. Je poffède un volume composé de pièces gravées par des maîtres serruriers, & d'estampages recueillis en France ; en tête de quelques pages on lit, d'une écriture du temps : Angers, Tours, Rouen, &c.

Pompeus (1) vivait en 1612 & en 1614 ; les pièces qu'il a gravées avec goût sont d'un grand intérêt, parce qu'elles appartiennent à une époque de transition. Ce n'est plus la Renaissance, ce n'est pas encore le style dit *Louis XIII*. Tous les artistes qui ont étudié le mouvement des arts, savent combien il est difficile de préciser la date des changements de style ; ils apprécieront ces pièces que je détaillerai plus bas.

Je n'avais jamais eu jusqu'ici, entre les mains, que des pièces détachées des suites gravées par Didier Torner ; j'ai rencontré, il y a peu de temps seulement, une suite de seize pièces ; la première porte au bas, en très-gros caractères : *Guillaume le Lorrain*, & en haut, mais en lettres plus petites : *Didier Torner*. Je serais porté à croire, d'après la gravure, qui paraît être d'une main exercée, que *Didier Torner* a gravé les compositions de *Guillaume le Lorrain*, maître serrurier. Ces compositions variaient, comme date, de 1622 à 1625, — *Mathurin Jousse, de la Flèche* (2), est un de ces artistes laborieux qui se reposent en travaillant : on peut le citer comme type de ces maîtres serruriers, habitants de nos provinces, qu'ils ont remplies de tant d'œuvres remarquables.

Ses ouvrages dénotent un esprit cultivé, & la bibliographie de livres d'architecture qu'il donne dans la préface de son Livre de coupe de pierre, indique qu'il avait étudié les grands maîtres. Il paraît avoir trouvé aide & appui chez les R. P. Jésuites de

---

(1) Il écrit aussi Pompeius. Faut-il croire, d'après ce nom, à une origine italienne ? Je l'ignore.

(2) Il existe encore à la Ferté-Bernard, petite ville peu éloignée de la Flèche, une famille de constructeurs qui porte ce nom.

la Flèche, dont il était ferrurier ; c'est avec le concours de l'un d'eux, le P. Etienne-Martel Ange (1), qu'il a publié son premier ouvrage, & c'est aux Pères Jésuites de la Flèche qu'il dédie son Livre de ferrurerie.

Les conseils & les leçons d'un architecte comme le P. Ange Martel, les ressources que M. Jousse a dû trouver dans la bibliothèque du couvent, expliquent comment il a pu seul, & au fond d'une province, mettre au jour quatre ouvrages importants & qui ont dû exiger de longues études.

Son premier ouvrage est une traduction de la Perspective de VIATOR; *augmentée & illustrée par maistre Etienne-Martel Ange, de la Compagnie de Jésus, avec les figures gravées à la Flèche par Mathurin Jousse*, 1626, in-12. Par une singularité, que je ne m'explique pas, ce titre est imprimé sur une planche de du Cerceau représentant un reliquaire.

Dans la seconde édition de 1635, il y a cinq planches de du Cerceau; ce ne sont peut-être que des copies.

En 1627, parurent à la fois sa *Fidèle ouverture de l'art du ferrurier* & son *Théâtre de l'art de charpentier*, suivi d'un bref Traité des cinq Ordres, petit in-folio.

Son *Livre de Serrurerie* est très-curieux par les détails qu'il donne sur les procédés connus à cette époque pour traiter le fer, sur la fabrication des diverses espèces de ferrures, clés, verrous, targettes, heurtoirs, boucles, grilles, enseignes, ferrures de puits, machines, &c.

Son chapitre intitulé *Serrures antiques* est fort intéressant, mais ce qui rend le volume inappréciable, ce sont les planches

---

(1) Le père Etienne-Martel Ange fut un architecte fort distingué. On remarquait, parmi ses ouvrages, l'église du Noviciat des Jésuites, à Paris. Il était né en 1569 & mourut en 1641

qui fe trouvent dans le texte ; elles font gravées fur bois & à l'eau-forte ; j'ai remarqué que toutes celles qui ont rapport à l'ornementation font gravées de cette dernière façon.

En 1642, parut fon Traité de coupe de pierre, dont voici le titre : *Le fecret d'architecture découvrant fidèlement les traits géométriques*. Dans fa préface, après avoir cité tous les ouvrages des architectes célèbres à cette époque, M. Jouffe s'excufe de donner un Traité de coupe de pierre après Philibert Delorme, dont les démonftrations, dit-il, font enveloppées de tant de lignes & de paroles, que quoiqu'elles fuffent bonnes pour les doctes, elles ne peuvent fe comprendre aifément par beaucoup qui font profeffion de tailler & couper la pierre ; quant à lui, fon livre ne s'adreffe qu'aux artifans, & il déclare qu'il expliquera les figures le plus fimplement poffible.

On ignore l'époque de fa naiffance & celle de fa mort, mais on fixe la première dans les dernières années du XVI$^e$ fiècle &, quant à la feconde, l'édition de *l'Art de ferrurier*, de 1692, eft indiquée comme publiée après fa mort.

# BIBLIOGRAPHIE.

## POMPEUS.

UNE PIECE FORMANT FRISE, d'une belle ornementation.

SIX MODELES DE MANCHES DE POINÇONS, fur une pièce longue; le nom de Pompeus fe lit à l'envers.

UNE POIGNEE DE CLEF. On lit en haut : P. 1612.

ENTREE DE SERRURE, très-belle comme ornementation. On lit au bas : *Pompeius, inventor, fecit*, 1614.

ENTREE DE SERRURE. Au milieu, on lit : P. F.

ENTREE DE SERRURE avec le monogramme P.

ENTREES DE SERRURE. En bas, on lit : P. F. 12 pièces fur 7 planches.

## DIDIER TORNER ou TOUNOIER.

PIECES DE SERRURERIE. — Il a gravé au moins trois fuites qui ont été plus tard réunies en une feule, compofée de 16 planches numérotées, & confervant la date de leur publication. — Les n°˚ 4, 5, 7, portent la date de 1622. Les n°˚ 8, 10, 11, 13, 14, portent celle de 1624. — Sur le n° 15, on lit : 1625.

## MATHURIN JOUSSE.

LA PERSPECTIVE POSITIVE DE VIATOR, traduite de latin en français, augmentée & illuftrée par maiftre Eftienne-Martel Ange, de la Compagnie de Jéfus, avec les figures gravées à la Flèche, par Mathurin Jouffe, 1626.

Le titre fe trouve écrit dans une planche de du Cerceau repréfentant un reliquaire.

LA PERSPECTIVE POSITIVE DE VIATOR, latine & françaife, reveue, augmentée & réduite de grand en petit par Mathurin Jouffe de la Flèche. A la Flèche, chez Georges Griveau, 1635. — 2$^{me}$ édition, in-8°, 62 planches, parmi lefquelles 5 font copiées de du Cerceau.

LA FIDELE OUVERTURE DE L'ART DE SERRURIER, où l'on voit les principaux préceptes, deffeins & figures touchant les expériences & opérations manuelles du dict art, enfemble un petit traité de diverfes trempes. Le tout fait & compofé par Mathurin Jouffe de la Flèche. A la Flèche, chez Georges Griveau, imprimeur du roy, 1625. — In-fol.; 152 pages numérotées, plus un titre, une feuille de dédicace aux RR. PP. de la Compagnie de Jéfus & deux feuilles de table.

LE THEATRE DE L'ART DE CHARPENTIER, enrichi de diverfes figures avec l'interprétation d'icelles, fait & dreffé par Mathurin Jouffe, de la Flèche. A la Flèche, chez Georges Griveau, imprimeur du roy, avec privilège, 1627. — In-fol.; 176 pages numérotées, compris la table, plus un titre & une feuille de dédicace au marquis de la Varennes. A la fin de ce volume, fe trouve ordinairement un bref traité des cinq ordres de colonnes ; 14 pages numérotées.

L'ART DE CHARPENTERIE (2ᵐᵉ édition). La Flèche, 1692; in-fol. Cette édition fut donnée après la mort de l'auteur.

L'ART DE CHARPENTERIE (3ᵐᵉ édition), de Mathurin Jouffe, corrigé & augmenté par de la Hire. Paris, 1751; in-fol.

L'ART DE LA CHARPENTERIE, augmenté de l'ART DE SERRURERIE (4ᵐᵉ édition). Cette édition a été donnée par Jombert, en 1751.

LE SECRET D'ARCHITECTURE, découvrant fidèlement les traits géométriques, coupes & dérobements néceffaires dans les bâtiments. Enrichi d'un grand nombre de figures adjouftées fur chaque difcours pour l'explication d'iceux, par Mathurin Jouffe, de la ville de la Flèche, par Georges Griveau, imprimeur ordinaire du roy & du collége royal, MDCXLII, avec privilége de Sa Majefté. In-fol. de 227 pages numérotées, compris titre, dédicace au marquis Urban de Maillé-Brezé & table.

# STYLE LOUIS XIII.

### J. BARBET. — P. COLLOT, 1633.

L'étude la plus intéreffante dans l'hiftoire de l'art eft peut-être celle d'une époque de tranfition : époque où finit un ftyle & où en commence un autre. Il eft bien difficile de précifer, par des œuvres datées, un changement qui s'eft fait peu à peu, c'eft pourquoi je réclamerai l'indulgence du lecteur pour les erreurs qui peuvent fe gliffer dans un travail auffi minutieux.

Le goût faux & maniéré des artiftes italiens employés en France par les derniers Valois accéléra le mouvement de décadence déjà imprimé au ftyle dit de la *Renaiffance*. Les victoires & le règne de Henri IV ayant donné à notre pays quelques années de repos, la vogue fe tourna vers les artiftes flamands. Malgré l'influence exercée par la mode, chez nous comme ailleurs, il faut des années pour changer totalement les formes architecturales d'un pays. La fin prématurée de Henri IV, en 1610, vint arrêter malheureufement le grand élan qu'il avait imprimé à toutes les conftructions (1). Les troubles qui figna-

---

(1) En outre des travaux exécutés par fes ordres au Louvre, à Fontainebleau, à Saint-Germain, le nombre des conftructions civiles que l'on rencontre encore maintenant dans nos provinces & qui remontent à cette époque, eft très-confidérable.

lèrent la régence de la reine Marie de Médicis & l'influence italienne du favori *Concini* arrêtèrent de nouveau le mouvement qui fe produifait alors dans les arts ; auffi retrouve-t-on encore le fentiment du ftyle de la Renaiffance dans la façade de St-Etienne-du-Mont, dans les décorations arabefques de la chambre de Marie de Médicis, au Luxembourg, & dans quelques détails du portail de St-Gervais. Il faut citer cependant un projet de tombeau pour Henri IV, deffiné par Porbus, daté de 1613, tout à fait fuivant le ftyle adopté en Flandre ; mais c'eft dans les recueils d'ornements gravés de 1607 à 1624 que l'on fuit le plus facilement les variations apportées chaque année par la mode. Il faut avouer que, jufqu'en 1620, ces variations confervent un reflet de la Renaiffance (1). Un recueil de cartouches, écuffons, &c. (2), indique parfaitement la marche du nouveau ftyle. Les formes font flamandes, mais plus fines que quelques années après ; on peut s'en convaincre en comparant ces cartouches avec ceux de Jean Rabel, qui ont été publiés à Paris par le même éditeur, en 1632, dont les formes font déjà plus molles ; il fallait la direction vigoureufe apportée par le cardinal de Richelieu dans toutes les branches de fon adminiftration pour achever la révolution interrompue en 1610, & créer le ftyle infpiré des Flamands, qui a pris le nom de *Style Louis XIII*.

(1) Voir les fuites de bijouterie de Jehan Vovert, 1599, 1602 ; Jean Morien, 1612 ; Pierre G., 1615 ; Stephanus Carteron, 1619 ; Gédéon Légaré, 1625 ; celles de ferrurerie, gravées par Guillebaud, Pompeus, Didier Torner, de 1607 à 1625, & les modèles d'armurerie, par Antoine Jacquar, en 1624.

(2) *Différents compartiments & chapiteaux*, propres pour tous fculpteurs, peintres, graveurs, maçons & autres, MDCXIX. A Paris, chez Melchior Tavernier, graveur en taille-douce du roy, demeurant fur le Pont-Marchand.

Quoique P. Le Muet (1) & Francini (2) nous offrent déjà des modèles de cette architecture, ce n'est que dans les recueils de J. Barbet & P. Collot qu'on peut trouver une férie d'exemples de décorations assez complète, pour qu'il soit possible d'étudier le nouveau style. Il importe donc d'en bien préciser l'époque. Voici ce que dit lui-même J. Barbet dans sa préface : « *Ayant passé quelque temps à desseigner ce qu'il y a de beau dans Paris, je me suis exercé à faire ce petit ouvrage que je vous donne...* » Ainsi, l'ouvrage qu'il présente est un recueil des retables d'autels & des cheminées les plus nouvellement construits à Paris, c'est-à-dire dans les années précédentes. Il faut donc placer de 1623 à 1630 le moment où l'on abandonne tout à fait les formes bien dégénérées de la Renaissance pour l'ornementation un peu lourde du nouveau style.

Les divers exemples compris dans le recueil de Barbet ont été choisis par un homme de goût; les compositions sont originales & l'on y trouve souvent d'heureux agencements de détails ; j'ajouterai qu'elles sont gravées avec beaucoup de finesse par le plus habile artiste de l'époque, par A. Bosse.

Pierre Collot a donné la même année une suite de cheminées, portes & tabernacles gravés d'une manière plus libre par Antoine Lemercier. Quelques-unes de ces pièces sont fort remarquables comme composition, mais les détails en sont quelquefois négligés. Sur plusieurs, on remarque les armes de France, le chiffre de la reine, du cardinal de Richelieu, ou ce-

---

(1) *Manière de bastir pour toutes sortes de personnes*, par P. Le Muet architecte ordinaire du roy. A Paris, chez Melchior Tavernier, 1623; in-fol.

(2) *Livre d'architecture*, contenant plusieurs portiques de différentes inventions sur les cinq ordres de colonnes, par Alexandre Francine, ingénieur ordinaire du roy, dédié à Sa Majesté. A Paris, chez Melchior Tavernier, 1631.

lui d'autres perfonnages célèbres de l'époque. Il eft probable que les écuffons indiquent les palais ou hôtels qui renfermaient ces fragments de décorations.

Il eft bon de fignaler quelques modifications apportées vers cette époque, dans les intérieurs, par de nouvelles habitudes. Jufque-là rien n'avait été changé dans les diftributions ufitées au XVIe fiècle. On trouve toujours une entrée ou anti-falle, une falle commune près de la cuifine & la grande falle du logis fervant à la fois pour les réunions & les repas ; viennent enfuite des chambres placées dans les pavillons, les tours, ou les ailes du logis. Le Muet, dans fon ouvrage (1), précife par fes plans, les changements apportés à ces diftributions. Les efcaliers font mieux placés, l'ufage des ruelles eft bien clairement indiqué ; en général, il y a progrès.

On fait honneur à la célèbre marquife de Rambouillet de la plupart de ces améliorations imaginées par elle, lors de la conftruction de fon hôtel, qui eut lieu avant 1615. Tallemant des Réaux dit que la reine-régente envoya fon architecte Salomon de Broffe les voir, afin qu'il pût les introduire dans fon nouveau palais du Luxembourg. Sauval, dans la defcription qu'il fait de cet hôtel, donne les détails fuivants fur la diftribution intérieure:

« On y monte par un efcalier confiftant en une feule rampe, « large, douce, arrondie en portion de cercle, attaché à une « falle, claire, grande, qui fe dégage dans une longue fuite « de chambres & d'antichambres, dont les portes en correfpondance forment une très-belle perfpective. Quoiqu'il foit « orné d'ameublements fort riches, je n'en dirai rien néanmoins, parce qu'on les renouvelle avec la mode & je ne

---

(1) *Manière de baftir pour toutes fortes de perfonnes*, par P. Le Muet, architecte ordinaire du roy. A Paris, chez Melchior Tavernier, 1623; in-fol.

« parle que de chofes qui ne changent point. Je remarquerai
« feulement que la chambre bleue, fi célèbre dans les œuvres
« de Voiture, était parée de fon temps d'un ameublement de
« velours bleu rehauffé d'or & d'argent, & que c'était le lieu
« où Arthémife recevait fes vifites. Les fenêtres fans appui, qui
« règnent de haut en bas, depuis fon plafond jufqu'à fon par-
« terre, la rendent très-gaie & la laiffent jouir fans obftacle
« de l'air, de la vue & du plaifir du jardin (1). »

Grâce à Louis Savot (2), qui entre dans de grands détails fur la diftribution des intérieurs, la proportion des pièces, la hauteur & la largeur des portes & des fenêtres, &c., nous pouvons avoir une idée affez exacte des progrès apportés dans cette branche importante de l'architecture, mais ce n'eft que beaucoup d'années plus tard que commence l'art véritable de diftribuer une habitation.

J'ai cherché en vain quelques renfeignements biographiques fur J. Barbet, auteur du recueil cité plus haut; il eft préfumable que la mort l'a frappé avant qu'il n'ait eu le temps de fe produire; fans cela le cardinal de Richelieu, à qui fon œuvre eft dédiée, lui aurait certainement donné l'occafion de fe diftinguer dans les grands travaux qu'il commanda peu après. Barbet était fort jeune quand il publia fon livre. Voici comment il parle de lui-même dans fa préface : *Ce n'eft point par vanité, cher lecteur, mais pour fatiffaire au défir de mes amis, que je laiffe aller ce liure au jour; je connois trop bien mes défauts pour ne fçavoir pas que je pafferois pour téméraire, fi je me croyois exceller en mon art en l'aage où je fuis & après tant de bons architectes qu'on voit*

---

(1) *Hiftoire & recherches des antiquités de la ville de Paris*, &c. Paris, 1733, in-fol., 3 vol., t. II, p. 200.

(2) *L'architecture des Baftiments particuliers*, compofée par Louis Savot. A Paris, chez Sébaftien Cramoify, 1624; in-12.

*tous les jours en France; comme je les reconnois pour mes maiſtres, il me ſuffit de les imiter ſans me picquer de leur gloire.*

Quant à Pierre Collot, je n'ai pu trouver aucun renſeignement qui le concerne.

## BIBLIOGRAPHIE.

### J. BARBET.

LIVRE D'ARCHITECTURE, D'AUTELS ET DE CHEMINEES, dédié à Monſeigneur l'éminentiſſime cardinal duc de Richelieu, &c.; de l'invention & deſſin de I. Barbet, gravé à l'eau-forte par A. Boſſe. M. DC. XXXIII, à Paris. Et ſe vend chez l'autheur, en la vieille rue du Temple, proche la fontaine à l'*Image Notre-Dame*, & chez M. Tavernier, en l'Isle-du-Palais, au coin de la rue du Harlay. — Titre, dédicace, préface au lecteur; 37 planches, dont 5 retables d'autels & 12 cheminées; total 20 feuilles numérotées au bas.

Ce recueil eſt preſque toujours accompagné d'une autre ſuite que je vais décrire.

Le titre repréſente un retable d'autel; on lit au bas : A Paris, de l'imprimerie d'Herman Wergen, rue St-Jacques, à l'*Enſeigne St-Benoiſt*, près la poſte, avec privilége.

Le recueil ſe compoſe de 12 pièces numérotées à gauche & au bas, qui repréſentent, en outre du titre, 2 retables, le tombeau de Henri II, 1 pavillon de jardin pour grotte, 1 porte d'hôtel aux armes d'un cardinal, & enfin 6 cheminées. In-fol.

LIVRE D'ARCHITECTURE (2ᵐᵉ édition). On a ajouté au bas de la planche, l'adreſſe ſuivante : Et ſe vend à Paris chez Pierre Mariette, rue St-Jacques, à l'*Eſpérance*. Il exiſte une copie hollandaiſe.

## P. COLLOT.

PIECES D'ARCHITECTURE, où font comprifes plufieurs fortes de cheminées, portes, tabernacles, & autres parties avec tous leurs ornements & appartenances, nouvellement inventées par Pierre Collot, architecte, 1633. A Paris, chez Michel-Van-Lochon, rue St-Jacques, à à la *Rofe blanche couronnée;* in-fol. — Au bas, on lit : *Anthoine Lemercier fecit.* — 12 pièces non numérotées, comprenant 8 cheminées avec le titre fur 7 feuilles, 3 portes triomphales, 2 portes en menuiferie fur 1 feuille (l'une d'elles paraît être celle de la chapelle de Fontainebleau), enfin 1 tabernacle.

Une autre fuite de Collot porte pour titre : *P. Collo, inventor.* — *Ant. Lemercier infidit.* — Par privilége du Roy. — 12 pièces numérotées à gauche & au bas: 6 cheminées, 9 portes fur 6 feuilles. — 1<sup>re</sup> édition, chez Van Lochon. — 2<sup>e</sup> édition, chez Pierre Mariette.

# J. LEPAUTRE, 1617-1682.

Avant de m'occuper de J. Lepautre, dont les premières productions ne parurent que vers 1643, je crois utile de donner un tableau des arts en France, de 1633 à 1643, tracé par une plume contemporaine.

C'eft à Roland Fréart, fieur de Chambray, que nous le devons; attaché par la naiffance & les fervices à Mgr De Noyers de Dangu, furintendant des maifons royales & baftiments de France, de 1633 à 1643, Chambray voulut rappeler au public le fouvenir de l'adminiftration de M. De Noyers de Dangu, dans la préface de fon *Parallèle d'architecture* (1), ouvrage qu'il n'avait entrepris que par fes ordres.

Après avoir parlé des travaux exécutés aux fortifications, des

---

(1) *Parallèle de l'architecture antique & de la moderne*, avec un recueil des dix principaux auteurs qui ont écrit des cinq ordres. A Paris, de l'imprimerie d'Edme Martin, rue St-Jacques, au *Soleil-d'Or*, MDC. L, avec privilége. In-folio; feuille 2ᵉ de l'Epître dédicatoire.

améliorations apportées aux monnaies, & des encouragements donnés à l'imprimerie, il dit : *Au même temps on voyoit croiſtre le Louvre & la royale maiſon de Fontainebleau, qui doit aux ſoins de ce grand miniſtre, non-ſeulement une partie de ſes ornements, mais encore ſa conſervation & reſtauration entière, parce que ſans luy, elle ne ſeroit plus maintenant qu'une grande ruine, & un cadavre de baſtiment déſolé & inhabitable.*

*Les chaſteaux de St-Germain & de Verſailles, qui eſtoient alors & la demeure ordinaire & les délices du roy, portent auſſi quelques marques de la même main; le premier, par la conſtruction du plus beau manége qui ſoit en France, avec pluſieurs autres commoditez néceſſaires au logement d'une Cour royale ; & l'autre d'une terraſſe de greſſerie, qui eſt un très-rare ouvrage de cette eſpèce, avec un rondeau de ſoixante toiſes de diamètre.*

Et plus loin :

*Maintenant, pour ce qui eſt des ouvrages de peinture & de ſculpture, qui ſont comme les deux ſœurs de l'art que je vais traitter icy, ce ſeroit un long diſcours de les particulariſer l'un après l'autre ; outre qu'on ne le peut faire ſans quelque honte à noſtre nation, de laquelle on auroit ſujet de croire, en voyant la ceſſation de tant d'excellentes choſes, qu'elle n'avoit qu'un ſeul homme qui fût capable de ces belles productions. Il ſuffira donc de dire généralement que le Louvre eſtoit le centre des arts, & qu'il s'alloit rendre en peu d'années, par leur concours, le plus noble & le plus ſuperbe édifice du monde. Ce fut pour ce grand deſſein & pour la décoration des autres maiſons royales que l'illuſtre monſieur Le Pouſſin eut la gloire d'être mandé par le roy au commencement de l'année 1640. En ce temps-là, feu monſeigneur des Noyers nous dépeſcha vous & moy, mon trèscher frère, vers Sa Sainteté pour une affaire importante, avec ordre à notre retour d'ouvrir le chemin de France à tous les plus rares vertueux de l'Italie ; & comme il eſtoit leur calamité, il nous fut aiſé* d'en attirer un grand nombre auprès de luy dont le coryphée eſtoit ce fameux & unique monſieur Le Pouſſin, l'honneur des François en ſa profeſſion, & le Raphaël de noſtre ſiècle.

Pour le même effort, nous apportaſmes une grande diligence à faire former & à ramaſſer tout ce que le temps & l'occaſion de noſtre voyage nous put fournir des plus excellents antiques, tant d'architecture que de ſculpture, dont les principales pièces eſtoient deux grands chapiteaux, l'un d'une colonne, & l'autre d'un des pilaſtres angulaires du dedans de la Rotonde, que nous choiſiſmes comme les plus beaux modèles corinthiens qui ſoient reſtez de l'antiquité; deux médailles d'onze palmes de diamètre tirées de l'arc de triomphe de Conſtantin; ſoixante & dix bas-reliefs de la colonne Trajanne, & beaucoup d'autres d'hiſtoires particulières; quelques-uns deſquels furent mis en bronze dès l'année ſuivante; d'autres furent employez en manière d'incruſtation au compartiment de la voûte de la grande galerie du Louvre, auquel monſieur Le Pouſſin les introduiſit ingénieuſement & avec beaucoup d'adreſſe & de conſidération, pour ſe conformer à la demande que l'on luy fit d'un deſſein, non pas le plus magnifique ny le plus ſuperbe qu'il peuſt compoſer, mais d'un ornement dont l'exécution fuſt prompte & d'une dépenſe modérée, eu eſgard au temps & à l'humeur impatiente de noſtre nation.

Ces citations donnent une idée de l'intelligence & de l'activité déployées par les hommes qui prirent part à l'adminiſtration du cardinal de Richelieu; la mort de ce grand homme, arrivée en 1642, n'arrêta pas le développement qu'avaient pris les arts. Sous ſa protection éclairée, il s'était formé une génération d'artiſtes qui, s'éloignant à la fois des Italiens & des Flamands, allait donner enfin à l'ornementation une phyſionomie françaiſe.

Jean Lepautre eſt peut-être l'homme qui a le plus contribué à diriger le goût de ſon époque; auſſi ſes œuvres méritent-elles un examen attentif.

Né à Paris, en 1617, il fut mis de bonne heure en apprentissage chez un menuisier nommé Adam Philippon. Les biographes se sont facilement étonnés qu'un artiste aussi habile ait pu sortir de l'atelier d'un menuisier.

Adam Philippon n'était pas seulement menuisier, il prend aussi le titre d'ingénieur du roi, & paraît avoir joui d'une réputation méritée.

Dans un ouvrage publié par lui en 1645 (1), il donne des détails qui le font mieux connaître. Il s'exprime ainsi dans sa dédicace à la reine-régente :

*Madame, après avoir passé plusieurs années à Rome, où j'ai eu l'honneur de servir Sa Sainteté Urbain VIII, & plusieurs autres princes de l'Eglise, en qualité de menuisier & ingénieur, le défunt roi Louis XIII, d'heureuse mémoire, envoya par toute l'Italie faire rechercher des hommes les plus célèbres aux arts de peinture, sculpture & autres professions nécessaires aux décorations de ses palais, entre lesquels j'eus le bonheur d'avoir quelque employ, particulièrement la commission de faire passer de Rome à Paris beaucoup d'ouvriers, & grand nombre des plus beaux bas-reliefs & figures antiques, dont je me suis acquitté avec autant de satisfaction que de fidélité.*

*M. Desnoyers me donna ensuite en employ la menuiserie de la grande galerie du Louvre; mais le ciel envieux de notre bonheur, nous ravit bientôt après l'objet principal de notre bien, dont la mort a fait désister toutes les hautes entreprises.*

*Chacun s'estant alors retiré, me voyant sans employ, je m'occupay à mettre ensemble plusieurs beaux morceaux d'ornements antiques &*

---

(1) *Curieuses recherches de plusieurs beaux morceaux d'ornements antiques & modernes*, tant dans la ville de Rome que autres villes, & lieux d'Italie, dessinés & mis en lumière par moy Adam Philippon, menuisier & ingénieur ordinaire du roy. Chez l'auteur, proche la Porte-St-Martin, rue du Vert-Bois, au *Croissant*, avec privilège du roy, 1645.

*modernes, que j'ay deſſinés dans Rome & dans d'autres villes d'Italie ; ouvrage qui fera de très-grand ſervice à toute perſonne ſujette au deſſin, comme architectes, peintres, ſculpteurs, menuiſiers, maſſons & autres profeſſions.*

Il ajoute, un peu plus bas :

*Je ſupplie de rechef V. M. qu'il lui plaiſe de recevoir ces premiers fruits, & me permettre de vous dédier & conſacrer l'œuvre & l'ouvrier qui vous appartient déjà par dépendance, ayant eu le bonheur de naiſtre dans la ville où ſont encloſes les plus rares merveilles du monde.*

Ce premier recueil de Lepautre comprend le titre, l'épître dédicatoire, 49 pièces gravées, une autre ſuite numérotée de 2 à 36, & le privilége, dont voici un extrait : « Permis d'impri- « mer un livre intitulé *Curieuſes Recherches de pluſieurs beaux* « *morceaux d'ornements, tant antiques que modernes, &c.*; comme « auſſi quelques pièces détachées dudit livre pendant le temps « & eſpace de 10 ans. »

L'homme à qui était confiée, au moins en partie, la miſſion d'aller en Italie choiſir des décorateurs pour les palais du roi de France, était bien capable de former un jeune artiſte. On peut croire qu'il emmena ſon élève en Italie, car je ne vois pas à quelle autre époque de ſa vie Lepautre aurait pu faire ce voyage, puiſqu'à partir de 1643 les dates de ſes gravures permettent de le ſuivre année par année. Je citerai, du reſte, un peu plus bas un recueil d'études évidemment exécutées par lui en Italie.

Les premières pièces qu'il a gravées ſont relatives au baptême du dauphin, à St-Germain-en-Laye, le 21 avril 1643.

En 1644, parut, ſans titre, une ſuite de 50 & quelques pièces qui doivent être à la fois des eſſais de gravure & des souvenirs d'Italie. Elles repréſentent des ſujets religieux, des ſcènes populaires, des payſages, des études de têtes, des ornements à peine indiqués, &c., &c.

Lepautre, qui a évidemment cherché dans cette ſuite à imiter la manière de graver de *La Bella*, lui aura auſſi pris l'idée de ſes *Griffonnis* ; mais l'élève ſe montre ici ſupérieur au maître. Lepautre s'eſt placé de prime-abord parmi nos meilleurs graveurs ; il eſt impoſſible de voir une main plus fine, plus ſpirituelle.

Ces eſſais remarquables ont dû lui mériter l'approbation de ſon maître Adam Philippon, car ce dernier lui confia, en 1645, le ſoin de graver l'ouvrage que j'ai cité plus haut, ainſi que d'autres ſuites, dans l'une deſquelles ſe trouve ſon portrait(1). A partir de cette époque juſqu'à ſa mort, Lepautre produit avec une fécondité telle, qu'elle dépaſſe tout ce que l'on peut imaginer.

Mariette, dans ſes notes, dit *qu'il ſe donnoit à peine le temps de faire des deſſins de ce qu'il gravoit ; il ſe contentoit le plus ſouvent d'en tracer une légère penſée qu'il réformoit enſuite ſur le cuivre, ſuivant qu'il lui paraiſſoit convenable, & il ne ſe donnoit jamais la peine de retoucher les planches pour leur donner un air de propreté.* Malheureuſement, cette rapidité d'exécution nuiſit à ſes qualités de graveur, qui s'annonçaient d'une manière très-remarquable. Il ſe fit une manière de graver large & facile il eſt vrai, convenant parfaitement à l'ornementation, mais bien moins artiſte que celle qu'il avait montrée dans ſes premiers ouvrages.

(1) Au bas de ce portrait on lit les vers ſuivants :

> Amis, de bon cœur je vous donne
> Tout ce que j'ay appris à Rome,
> Et même depuis mon retour,
> Huit pièces que je mets au jour

Le burin de Lepautre a tout reproduit : Sujets religieux, événements historiques, scènes populaires, caricatures, topographie, almanachs, images de confrérie, enseignes de marchands, titres, illustrations de livres, thèses, &c., &c., sans parler de l'ornementation, dont il s'est occupé spécialement. Il est donc impossible de suivre Lepautre dans toutes les parties de son œuvre ; ce travail seul formerait un volume ; je me contenterai de parler des pièces ou des suites les plus remarquables, surtout de celles qui, par leur date, indiquent les variations de la mode & du talent du maître.

Depuis 1645 jusqu'en 1652, Lepautre paraît s'être livré à l'imagerie religieuse & à la reproduction des œuvres des peintres les plus goûtés du public. On peut citer un assez grand nombre de pièces gravées d'après le Titien, Carrache, le Guide & Nicolas Poussin. F. Bourlier est le peintre d'après lequel il a le plus gravé. Quant aux sujets religieux, il les entreprend, c'est le mot, sans distinction de grandeur, depuis *la Sainte-Famille* de 80 centimètres de hauteur, jusqu'aux illustrations des petits livres de piété in-12, tels que *le Pensez-y bien, la Prière du Chrétien*, &c. ; il faut signaler à part un magnifique entourage pour les commandements de Dieu.

En général, si ces gravures indiquent une grande facilité de main, elles manquent totalement de caractère ; ce défaut se fait surtout sentir dans les grandes pièces ; dans les petites, il paraît moins sensible ; il est racheté d'ailleurs par l'esprit avec lequel ces pièces sont dessinées.

Quand arrivèrent les troubles de la Fronde, Lepautre prit parti contre le cardinal de Mazarin, & publia, en 1652, une estampe intitulée *le Compliment de Mademoiselle en la ville d'Orléans aux Mazarins*. Mademoiselle de Montpensier, accompagnée de mesdames de Fiesques & de Frontenac, tient un balai avec lequel elle pousse le cardinal de Mazarin, qui est à terre.

Au bas, on lit :

> Ne manquez pas, peuple fidelle,
> De feconder Mademoifelle
> En de fi vigoureux efforts ;
> En France, on n'a de porte en porte
> Qu'à balayer de cette forte,
> Et l'ordure en fera dehors.

Voici ce que Mariette dit de cette pièce dans fes notes :
*Cette pièce, qui fut faite dans la plus grande chaleur de la Fronde, penfa coûter la vie à Jean Lepautre, qui en étoit le graveur auffi bien que l'inventeur. Elle fut fupprimée dans la fuite, & elle eft devenue fi rare, que l'on en a vu vendre en France des exemplaires jufqu'à la fomme de* 100 *livres. Elle eft en travers & a* 8° *de hauteur fur* 12° 3° *travers.*

*Le cardinal de Mazarin le fit venir, & comme il paraiffoit tout tremblant devant S. E., & qu'il lui demandoit grâce, elle le releva & dit : « C'eft la Pote qui a fait cela ; je lui pardonne. » Le nom de ce graveur mal prononcé fit rire toute l'affemblée, & il y en eut qui crurent que le cardinal l'avoit même fait à deffein, comme pour marquer que c'étoit un ouvrage de femme, & que cette pièce n'avoit été faite qu'à la follicitation de Mademoifelle. L'on fait ce que* POTTA *fignifie en italien.*

Ce fut probablement pour faire oublier fa conduite qu'il publia, en 1653 & 1654, diverfes pièces politiques relatives à la paix, telles que *le Roi offrant fa couronne à Notre-Dame de la Paix ; — le Trône de la Piété du Roy*, qui nous offre un charmant portrait du jeune Louis XIV ; — *le Vœu à Notre-Dame de la Paix*. Toutes ces pièces lui ont été commandées par E. du Pont, chapelain de la chapelle royale de Notre-Dame de la Paix, fondée au Louvre en 1653. Enfin parurent les trois belles pièces du facre du roi, accompagnées d'un texte explicatif.

Mais j'arrive à ce qui a fait la réputation de Lepautre, à ces décorations, si variées dans leur composition, si riches & si grandes dans leurs détails. Emporté par la fougue de son imagination, Lepautre est impossible à copier. Il faut savoir simplifier ce que cette ornementation a de trop exubérant. Les artistes seuls peuvent se servir utilement de ces compositions, à peu près inexécutables telles que le crayon de Lepautre les a tracées. Il n'a malheureusement daté qu'un fort petit nombre de ses suites d'ornements. La première que l'on connaisse avec une date est de 1657, sans nom d'éditeur, avec le titre suivant : *Frises ou montants à la moderne servant pour l'utilité des lambris inventés & gravés par Jean Lepautre*, 1657. Un certain nombre de pièces doivent être antérieures à cette époque ; d'abord les suites éditées par Lepautre lui-même, alors qu'il habitait rue du Vert-Bois, dans la rue & peut-être dans la maison de son maître, Adam Philippon ; ensuite, la plupart de celles qui portent le nom & l'adresse de Leblond, rue St-Denis, & après rue St-Jacques, à la *Cloche-d'Argent* (1).

Ces derniers recueils d'ornements méritent d'être signalés, car ils appartiennent à l'époque la plus brillante du talent de

---

(1) Il y a eu trois Leblond : Le premier, marchand imager à Paris, demeurait, je crois, rue St-Denis, & était l'oncle de Jean Leblond, qui en publiant une suite d'alcôves, les dédie à M. Charles Patin, médecin de Paris, en ces termes :

*Je veux succéder à l'amitié que mon oncle avait pour vous comme j'ai succédé à ses autres biens. Et j'en prends occasion de vous offrir ces magnifiques alcôves qui sont les premiers des ouvrages que j'ai fait graver & pour être les plus belles choses qu'ait jamais fait M. Lepotre. Vous en jugerez, Monsieur, & le public aussi ; cependant je vous assure, pour toujours, mes très humbles services. Jean Leblond.*

Jean Leblond était lui-même l'oncle de Jean-Baptiste-Alexandre Leblond, peintre architecte, auteur de la *Théorie & pratique du jardinage*, publiée à Paris en 1709. Mort à St-Pétersbourg en 1719, âgé de 40 ans.

Lepautre, & font gravés avec une vigueur & un entrain qu'il n'a jamais furpaffés. Je n'indiquerai que les principaux, tels que les cheminées, plafonds, alcôves, cartouches, frifes, rinceaux, torchères, vafes, grottes & fontaines. Plufieurs de ces fuites font accompagnées de magnifiques entourages dont l'ornementation eft prefque auffi importante que le motif principal. Elles n'ont aucune défignation; on lit feulement au bas, d'un côté le nom de Lepautre, de l'autre celui de Leblond avec fon adreffe. La plupart paffèrent entre les mains d'autres éditeurs, tels que Mariette, de Poilly, Langlois, qui fubftituèrent leurs adreffes à celle de Leblond. Ce n'eft qu'à partir de l'époque où P. Mariette fe fait l'éditeur de Lepautre, que les fuites font habituellement défignées & quelquefois datées.

En 1659, il publia, chez Nicolas Langlois & chez P. Mariette, des deffins de lambris à l'italienne, des clôtures de chapelle, des chaires de prédicateurs, & une belle fuite de vafes dits à la moderne. Il eft chargé enfuite, avec Jean Marot & Flamen, des planches qui accompagnent l'hiftoire de la triomphale entrée du roi & de la reine dans Paris, le 26 août 1660.

La naiffance du dauphin & la réparation de l'infulte faite par les Corfes à M. de Créquy, ambaffadeur à Rome, lui infpirèrent, en 1661, deux pièces auxquelles il faut ajouter huit fuites de cheminées, ornements pour placards, lambris, portes de chœur, avec leurs jubés, vafes, burettes, tombeaux, fontaines & jets d'eau, & une pièce pour la confrérie royale des bourgeois de Paris, qui repréfente le miracle arrivé rue aux Ours.

De 1663 à 1667, parurent cinq ou fix fuites d'ornements parmi lefquelles on remarquait les grandes cheminées à la romaine, les aubénitiers & les panneaux auffi à la romaine. J'ai cherché fans arriver à une folution fatisfaifante, ce que voulait dire, dans les titres de Lepautre, ces mots: *A la romaine, à l'italienne* dont il fe fert fréquemment. On peut trouver une explication quant aux autels, puisque encore maintenant l'autel dit à la romaine, contrairement aux retables d'autels ordinairement adossés aux murs du sanctuaire, est isolé des quatre côtés; mais pour les cheminées, les alcôves, les panneaux, les vases, la seule remarque que j'y ai pu faire, c'est que la composition en paraît plus riche.

On connaît en 1667, en outre des cartouches qui ornent les tables de géographie ancienne & nouvelle de Sanson, quelques almanachs & une pièce gravée pour la confrérie des maîtres menuisiers de Paris; l'on verra dans la bibliographie l'immense quantité d'ornements qu'il publia sans date, mais qui appartiennent à ces époques; car sa réputation toujours croissante l'ayant fait remarquer du roi & de la cour, en 1668, il fut chargé de graver les fêtes de Versailles, puis la magnifique audience donnée le 5 décembre 1669 à St-Germain-en-Laye par le roi très chrétien à Soliman-Aga, envoyé du Grand-Seigneur, & en 1670 le mausolée & le tombeau de Madame & celui du duc de Beaufort.

Enfin, la même année, le roi Louis XIV, sur les conseils de Colbert, afin d'encourager l'art de la gravure en France, décida que les événements de son règne, les fêtes, les vues de palais, de châteaux, de parcs, les fontaines, les bassins, vases, statues, tableaux, médailles, seraient reproduits sur le cuivre.

J. Lepautre fut chargé d'une partie de ce travail: depuis 1670, son nom se trouve au bas de beaucoup des planches de l'œuvre bien connue sous le nom de *Cabinet du Roi* (1).

Je puis citer, en 1671, parmi les ouvrages auxquels il a coo-

---

(1) L'*OEuvre du Cabinet du Roi* est le recueil des planches gravées par ordre de Louis XIV. Il formait vingt-trois volumes in-folio; les cuivres existent & appartiennent à la Calcographie, qui en tire encore de fort bonnes épreuves.

péré, la description des Invalides; en 1673, la grotte de Versailles; en 1674, les fêtes & divertissements de Versailles; de 1675 à 1679, une quantité de statues, groupes d'enfants, termes, vases de bronze, fontaines, bassins décorant les jardins du roi. Ces travaux officiels & son talent valurent à Jean Lepautre son entrée à l'Académie de peinture & de sculpture.

Afin de ne pas interrompre l'énumération des planches gravées pour l'*OEuvre du Cabinet du Roi*, j'ai passé sous silence deux recueils d'ornements parus en 1677 & en 1678, sur lesquels je dois revenir.

L'examen de ces recueils me permettra de résumer les progrès que Jean Lepautre a fait faire à l'ornementation. Le premier contient une suite de cheminées à l'italienne, le second, une suite d'alcôves à la française.

On est surpris, en étudiant ces suites, du peu de changements apportés pendant près de trente ans à la décoration intérieure. Le génie de Lepautre, si inventif, si souple quand il s'agit d'ornements, ne paraît pas avoir montré la même fécondité dans les dispositions d'intérieur; il satisfait aux besoins, mais il ne les devine pas.

Je retrouve encore les riches motifs de cheminées à cariatides en usage depuis la Renaissance. Quelquefois cependant leur couronnement se compose uniquement d'un buste ou d'un bas-relief, accompagnés d'enfants, de guirlandes, &c. Le tout ne s'élevant qu'à la moitié de la hauteur des pièces. Cette différence est plus sensible encore dans les cheminées dites à la *moderne* (1), qui tendent à diminuer d'importance. Le cham-

---

(1) *Livre de cheminées à la moderne*, nouvellement inventées & gravées par Jean Lepautre. Se vend, à Paris, chez l'auteur, sous les charniers Saints-Innocents, avec privilége du roi. Cette adresse est la dernière de Lepautre.

branle n'eſt plus compoſé que de ſimples moulures; il eſt ſurmonté d'une friſe & d'une corniche. C'eſt le point de départ des cheminées modernes.

La plupart des remarques que je viens de faire peuvent s'appliquer aux alcôves. En 1678, leurs diſpoſitions ſont à peu près ſemblables à celles qui ſe voyaient au commencement du ſiècle. Elles occupent le fond de la chambre à coucher; ſe compoſent au milieu, d'une large baie élevée de pluſieurs marches, richement encadrée & ſurmontée d'un cartouche aux armes du propriétaire; une baluſtrade à jour, aſſez baſſe, ſépare cette alcôve de la chambre. En arrière-plan, & ſe préſentant de face, on aperçoit le lit d'apparat, tantôt à colonnes & entouré de tapiſſeries, tantôt d'une forme baſſe ſur le devant, ſoutenu par quatre griffons ou chimères, & terminé par un chevet très-élevé formant un riche motif de décoration (1).

On pénètre dans la ruelle par des portes baſſes & étroites, qui ſe trouvent à droite & à gauche de l'ouverture du milieu, ou par des portes de derrière réſervées dans la ruelle.

Quelquefois l'alcôve eſt plus ſimple de diſpoſition & reſſemble aux alcôves de nos jours, mais avec des proportions plus grandes. Quant aux autres parties de la décoration intérieure, on ne trouve que très-rarement des portes à deux vantaux, tandis que l'uſage des lambris & panneaux ſculptés ou peints paraît être devenu général.

Afin de continuer la liſte chronologique des productions de Lepautre, je mentionnerai en 1679 la proceſſion de la châſſe de ſainte Geneviève, une de ſes pièces les plus curieuſes ſur le vieux Paris. J'en ſignalerai aux amateurs une autre fort rare;

---

(1) Voici le titre de la ſuite où cette forme de lits eſt indiquée : *Livre de lits à la romaine*, inventés & gravés par Lepautre. Se vend à Paris, chez Gantrel, à l'*Image Saint-Maur*.

c'est la confrérie de Saint-Nicolas, érigée en l'église St-Jean-en-Grève, dont cette pièce offre une vue intérieure.

Jean Lepautre travailla jusqu'à la fin de ses jours ; on connaît deux vignettes gravées en janvier 1682, à propos de la Régale, & il mourut le 2 février de la même année.

Le principal mérite de Lepautre est d'avoir su donner un caractère de grandeur & de richesse inimitable à ces formes lourdes & molles que les Flamands avaient apportées au style Louis XIII, d'avoir enfin créé une ornementation toute française qui devait bientôt prendre le nom de style Louis XIV. L'Europe entière le copia ; à peine ses œuvres étaient-elles publiées à Paris, que Cornelis Danckertz, Sandrart, Sympson en faisaient de froides contrefaçons pour la Hollande, l'Allemagne & l'Angleterre. L'Italie avait rendu hommage à son talent par l'organe de Bornin qui, lors de son voyage en France, avouait n'avoir rien tant admiré que les ouvrages de Lepautre ; de son temps il fallut trente années pour que la mode se fatiguât de lui.

Jusqu'à la fin du XVIII<sup>e</sup> siècle, les maîtres recommandaient à leurs élèves l'étude des œuvres de Lepautre, afin de réchauffer, disaient-ils, l'imagination. Une école le dédaigna ; aussi est-ce la seule qui ne laissera en France que le souvenir de la sécheresse & de la pauvreté de son ornementation (1). Les dessins de Lepautre sont en général lavés à l'encre de Chine, quelquefois sur crayon seulement. La facture en est large & bien dans l'idée qu'on s'en fait d'après le talent du maître.

Son œuvre gravée monte au moins à 2,000 pièces ; on aurait de la peine à s'expliquer cette prodigieuse fécondité si l'on

---

(1) Au XVIII<sup>e</sup> siècle, un exemplaire ordinaire se vendait 130 à 150 livres ; à la vente Hurtault, en 1824, les trois volumes se vendirent 30 francs ; à la vente de R. Dumesnil, en 1850, 780 francs, sans les frais.

ne favait qu'il fut aidé dans fes travaux par fes deux fils, Pierre & Jacques, & par fon neveu Jean Dolivar. Je parlerai de Pierre dans une notice à part ; quant à Jacques, fon plus jeune fils, il était encore fort jeune quand fon père mourut, & ne put lui être d'une grande utilité, à ce que dit Mariette. Je citerai de lui cependant une fuite de ferrurerie qui ne manque pas de mérite, & *la Noce de village*, célèbre ballet de Brécourt.

Jacques mourut fort jeune ; il avait continué fes études de graveur avec fon coufin Jean Dolivar. Ce dernier était un homme de talent & préfageait un digne continuateur à Jean Lepautre, dont il avait parfaitement faifi la manière, mais la mort vint le frapper en 1692.

On remarquera que les fuites les plus faibles de Lepautre portent l'adreffe de l'auteur fous les charniers Saints-Innocents.

Il eft préfumable qu'elles appartiennent prefque entièrement à fes enfants & neveux, & qu'affaibli par l'âge, il ne fit qu'y retoucher ; car d'après une fuite (1) de Dolivar portant l'adreffe citée plus haut & le nom de la veuve de Lepautre, on peut penfer qu'il mourut dans cette demeure & que les pièces qu'il édita lui-même furent fes dernières.

---

(1) *Livre de cheminées à la moderne*, nouvellement inventées & gravées par Jean Dolivar. Se vend à Paris, chez Madame Lepautre, fous les charniers Saints-Innocents, avec privilége.

# BIBLIOGRAPHIE.

J. Lepautre a publié fes œuvres par fuites ifolées & chez différents éditeurs.

Mariette, qui poffédait une partie de fes planches, en racheta un affez grand nombre & fit des recueils fans titre en trois ou quatre volumes.

Jombert, qui prit le fonds de Mariette au XVIII<sup>e</sup> fiècle, rechercha toutes les planches encore exiftantes, les fit retoucher, compléta les fuites en les mêlant & publia un recueil dont voici le titre :

OEuvres d'architecture de Jean Lepautre, deffinateur des bâtiments du roy. A Paris, rue Dauphine, chez Charles-Antoine Jombert, libraire du roy, pour l'artillerie & le génie, à l'*Image Notre-Dame*. 1731. — Trois volumes in-folio, contenant chacun 260 planches.

Je ne donne dans la Bibliographie que les états de publication antérieurs à l'œuvre formée par Jombert.

PORTRAIT de J. Lepautre, fuivant Mariette, & d'Antoine Lepautre, fuivant le P. Lelong.

Il eft repréfenté en bufte dans un ovale fupporté par des enfants. Dans le fond, fon génie, armé d'un foudre, met en fuite les envieux de fa gloire. In-folio oblong.

PORTRAIT DE JEAN LEPAUTRE. On lit au bas, dans un cartouche : *Effigies Joannis Lepautre ab ipfo ad vivum infculpta, anno* 1674.

## PIECES DATEES.

BAPTEME DE LOUIS XIV, 21 avril 1643, à St-Germain-en-Laye. — 2 pièces. — Leblond *exc.*, Lepautre *fecit*.

ETUDES ET GRIFFONNIS. — C'eft, je crois, le titre qu'on peut donner à une fuite affez confidérable de pièces gravées par J. Lepautre à fon retour d'Italie.

Quoique ces pièces ne foient pas du même format; que les unes foient rondes & ovales, d'autres carrées & oblongues, je les réunis, parce que la facture eft exactement la même, & que je les ai trouvées plufieurs fois réunies en 1 vol. in-4°.

Ces pièces repréfentent des fujets religieux, des fcènes populaires, des payfages, des ruines d'antiquités, des études de têtes, des croquis indiqués dans la manière des *Griffonnis* de La Bella ; j'en connais cinquante-quatre planches, peut-être y en a-t-il d'autres.

C'eft, je crois, l'un des premiers effais de gravure de Lepautre, & c'eft, à mon fens, ce qu'il a gravé de plus remarquable. — 54 pièces in-4°.

PORTRAIT D'ADAM PHILIPPON. 1645.

> Amis, de bon cœur je vous donne
> Tout ce que j'ay appris à Rome,
> Et même depuis mon retour,
> Huit pièces que je mets au jour.
>
> Jean Lepautre *del. & fculps.*

PROVERBES DIVERS. 14 pièces.

CURIEUSES RECHERCHES DE PLUSIEURS BEAUX MORCEAUX D'ORNEMENTS ANTIQUES ET MODERNES, tant dans la ville de Rome que autres villes & lieux d'Italie, deffinés & mis en lumière par moy Adam Philippon, menuifier & ingénieur ordinaire du Roy. Chez l'auteur, proche la porte St-Martin, rue du Vert-Bois, au *Croiffant*, avec privilége du Roy, 1645. In-folio.

BACCHANALE OU SACRIFICE FAIT A BACCHUS, deffiné par Adam Philippon, d'après un bas-relief antique de Rome, & gravé par Lepautre.

En deux feuilles : au premier état, on voit le chiffre d'Adam Philippon & la date 1646; au fecond, il eft remplacé par le nom de P. Mariette. — Avec dédicace au cardinal Barberini. In-folio obl.

LE VERITABLE PORTRAIT DE N.-D. DICTE DE LA PAIX

colloquée dans le mur des Révérends Pères Capucins, rue St-Honoré, laquelle est très-humblement suppliée pour toutes les néceffités corporelles & fpirituelles, & particulièrement pour la paix. Cette dévotion commença au mois de juillet, la veille de la fefte de Sainte-Marie-Madeleine, l'an 1651. — Lepautre *inv. & fec.* Leblond. Avec priv. In-folio.

ENTREE DE M<sup>lle</sup> DE MONTPENSIER A ORLEANS, 17 mars 1652. — *Vive le Roy! Point de Mazarin!* — Le compliment de Mademoifelle, en la ville d'Orléans, aux mazarins.

Vue d'Orléans. Dans le fond, Mademoifelle, en Minerve, fuivie de mefdames de Fiefques & de Frontenac, tient un balai & pouffe le cardinal Mazarin, qui eft à terre. Sur la gauche, en arrière-plan, on aperçoit une lutte. Au bas, on lit :

> Ne manquez pas, peuple fidelle,
> De feconder Mademoifelle
> En de fi généreux efforts ;
> En France, on n'a de porte en porte
> Qu'à balayer de cette forte,
> Et l'ordure en fera dehors.

DESSINS DE PLUSIEURS PALAIS, PLANS ET ELEVATIONS EN PERSPECTIVE GEOMETRIQUE, enfemble les profils élevés fur les plans ; le tout deffiné & inventé par Anthoine Lepautre, architecte & ingénieur ordinaire des baftiments du Roy. — Mariette dit que la gravure des œuvres d'Antoine Lepautre eft de Jean Marot pour les plans, & de Jean Lepautre pour les élévations & les ornements. — 30 planches, plus deux feuilles de texte contenant une dédicace au cardinal Mazarin & un avertiffement au lecteur. Paris, 1652. In-folio obl.

DESSINS D'ARCHITECTURE d'Anthoine Lepautre, repréfentant les plans & élévations de l'hôtel de Fontenay-Mareuille. — 23 planches, plus un frontifpice & une feuille de texte contenant une dédicace à meffire François du Val, chevalier, marquis de Fontenay, confeil du Roy, &c., &c. In-folio obl.

PLANS ET ELEVATIONS DU CORPS DE L'EGLISE DU PORT ROYAL, bâtie au fort St-Jacques de Paris. Dédiés à Son Alteffe

Mademoiselle de Longueville. On lit plus bas dans un piédeftal. Ces deffins ont été inventés par Anthoine Le Paultre, architecte & ingénieur ordinaire des bâtiments du Roy, & fe vendent chez lui avec privilége du Roy. 6 pièces in-fol. obl.

Cette fuite, réunie aux deux précédentes, fut publiée plus tard avec un texte de Daviler ; Jombert en donna une troifième édition, fans date, vers le milieu du XVIIIe fiècle.

LE JEUNE LOUIS XIV MET SA COURONNE SOUS LA PROTECTION DE LA VIERGE. On lit au bas, dans un cartouche : *Ex zelo Steph. du Pont. Prefb. Proton. apoft. cons. Eleemos. Regis abbatis B. Mariæ de Lantenac. ord. Benecdicti capellæ regiæ ex pacis voto & titulo B. Mariæ Virginis in Luparca Bafilica fundatæ mens. Mart., ann.* 1653. Pièce in-fol.

LES CEREMONIES DU SACRE DU ROI LOUIS XIV, célébrées à Reims le 7 juin 1654. Trois pièces accompagnées de leurs explications, qui font à part. Gr. in-fol.

LE TRONE DE LA PIETE, dédié au facre du Roy. — Du 7 juin 1654, in-4°. Sur le côté, on lit : *Ex zelo Steph. du Pont*, &c., &c.

UNE SUITE DE SUJETS tirés de *Clovis, ou la France chrétienne*, poème héroïque par Defmaret. Paris, Courbé, 1657, in 4°. 6 pièces.

FRISES OU MONTANTS A LA MODERNE, fervant pour l'utilité des lambris ; inventés & gravés par Jean Lepautre, 1657. 12 pièces en 6 feuilles in-fol.

PORTES DE CHOEUR, avec leurs jubés & retables, inventées & gravées par J. Lepautre. Se vendent chez Pierre Mariette, rue St-Jacques, à l'*Efpérance*, avec privilége, 1659. 6 pièces numérotées. In-fol.

LE PORTRAIT DU TASSE, & divers fujets tirés de la *Jérufalem délivrée*. Paris, 1659, in 4°. 20 pièces.

CHAIRES DE PREDICATEURS, nouvellement inventées & gravées par J. Lepautre. Se vendent à Paris chez Pierre Mariette, rue St-Jacques, à l'*Espérance*, avec privilége, 1659. 6 pièces numérotées. In-fol.

CLOSTURES DE CHAPELLES, tant de menuiserie que ferrurerie, mises de nouveau en lumière par Jean Lepautre. Se vendent à Paris, chez N. Langlois, rue St-Jacques, à la *Victoire*, avec privilége, 1659. 6 pièces numérotées.

INVENTIONS pour faire des plaques ou des aubénistiers, servant aux orfèvres, nouvellement dessinées & gravées par J. Lepautre. A Paris, chez Pierre Mariette, rue St-Jacques, à l'*Espérance*, avec privilége, 1659. 6 pièces numérotées.

VASES A LA MODERNE, inventés & gravés par J. Lepautre. Se vendent à Paris, chez Pierre Mariette, rue St-Jacques, à l'*Espérance*, avec privilége, 1659. 6 pièces numérotées.

DESSINS DE LAMBRIS A L'ITALIENNE, pour orner & embellir les chambres, salles, galeries & autres lieux magnifiques ; inventés & gravés par J. Lepautre. Se vendent à Paris, chez N. Langlois, rue St-Jacques, à la *Victoire*, 1659, avec privilége. 16 pièces.

LA POMPE FUNEBRE DE CHARLES-GUSTAVE, roy de Suède, célébrée à Stockholm en 1660. 13 planches jointes ensemble.

RECHERCHES DE PLUSIEURS BEAUX MORCEAUX D'ORNEMENTS, pour servir aux frontons des placards, plafonds & lambris, inventés & gravés par J. Lepautre. Se vendent à Paris, chez Pierre Mariette, rue St-Jacques, à l'*Espérance*, avec privilége, 1661. 6 pièces numérotées.

LAMBRIS A LA ROMAINE, inventés par J. Lepautre, 1661. A Paris, chez Pierre Mariette, rue St-Jacques, à l'*Espérance*, avec privilége. 6 pièces numérotées.

CHEMINEES A LA MODERNE, inventées & gravées par J. Lepautre. Se vendent à Paris, chez Pierre Mariette, rue St-Jacques, à l'*Espérance*, avec privilége du Roy. 6 pièces numérotées, 1661.

VASES OU BURETTES A LA ROMAINE, inventés & gravés par J. Lepautre. Se vendent à Paris, chez N. Langlois, rue St-Jacques, à la *Victoire*, avec privilége, 1661. 12 pièces en 6 feuilles.

VASES A L'ANTIQUE, deffinés & gravés par J. Lepautre. Se vendent à Paris, chez Pierre Mariette, rue St-Jacques, à l'*Espérance*, avec privilége, 1661. 6 pièces numérotées.

TOMBEAUX OU MOZOLES, nouvellement inventés & gravés par J. Lepautre, avec privilége, 1661. 6 pièces.

FONTAINES OU JETS D'EAU A L'ITALIENNE, inventés & gravés de nouveau par J. Lepautre, avec privilége, 1661. 16 pièces numérotées.

CONFRAIRIE ROYALE DES BOURGEOIS DE PARIS. — On lit en bas : Miracle arrivé en 1418, rue aux Ours, en une image de la Vierge, frappée par un défefpéré, de laquelle il fortit du fang, & fut tranfportée à St-Martin-des-Champs, en la chapelle dite Notre-Dame-de-la-Carole, derrière le chœur où eft érigée la confrairie royale de Paris dès l'an 1302.

Donné par D. Bellanger, maître en charge, 1661.

La gravure de Lepautre repréfente le moment où l'on va frapper la ftatue de la Vierge ; dans le fond, on aperçoit la porte de St-Martin-des-Champs.

L'ENTREE TRIOMPHANTE de Leurs Majeftés Louis XIV, roy de France & de Navarre, & de Marie-Thérèfe d'Autriche, fon époufe, dans la ville de Paris. — Imprimé l'an MCLXII.

Les exemplaires fe vendent : Chez Pierre Lepetit, imprimeur du Roy, rue St-Jacques, à la *Croix-d'Or*. — Thomas Jolly, dans la petite falle des Merciers, aux *Armes de Hollande & à la Palme*. — Louis Billaine, au fecond pilier de la grande falle, au *Grand Céfar & à la Palme*. 8 pl. de Lepautre. — Elles font avant le nom de Lepautre.

Il y a une feconde édition avec les mêmes planches, le nom de Lepautre & un texte fort abrégé. Elle a paru en 1665, chez Van Merlen.

TRIUMPHALIS *ac memorandus regis pariter ac reginæ in primariam civitatem fuam ac metropolim regni Lutetiam ingreffus, die 26 menfis Augufti, anno 1660.*

Dans cette pièce, la plus grande qu'ait gravée Lepautre, il a été aidé par Noël Cochin. — Elle fe compofe de deux feuilles qui ont 0,56 de hauteur, fur l'une 75 & l'autre 80 centimètres de largeur. Un texte latin-français imprimé fur 4 feuilles entoure la gravure. On y trouve une dédicace au chancelier Seguier, par N. Berey.

IN HANC *capfam argenteam auro obductam corpus fanctiffimi patris Benedicti tranflatum eft tertia maii anno MDCLXIII, in monafterio Floriacenci.* — Dans le bas, les armes d'Orléans. In-fol. obl.

GRANDES CHEMINEES A LA ROMAINE, inventées & gravées par J. Lepautre. Se vendent à Paris, chez Pierre Mariette, avec privilége, 1663. 12 pièces.

CHASSES ET FEUILLAGES, inventés par J. Lepautre. Se vendent à Paris, chez Pierre Mariette, rue St-Jacques, à l'*Efpérance*, avec privilége du Roy, 1663. 12 pièces en 6 feuilles numérotées.

PYRAMIDE DU TRAITE DE PISE, dreffée à Rome en 1664, à l'occafion de l'infulte faite par les Corfes à M. de Créquy. Lepautre & Trouvain. Il y a auffi un tirage avec le nom de Ragot. In-fol.

On lit en haut, fur une banderole : « *Pièces d'artillerie qui ont été fondues dans la grande fonderie de l'Arfenal de Paris, par J. A. R. Keller*, 1666. — Plus bas, 7 modèles de pièces très-ornés avec la vue géométrale des culaffes. — Au bas, à droite, on lit : Keller, *invent.*, Lepautre, *fculpt*. Grand in-fol.

PLAN ET PROFIL DE LA VILLE DE CHARLEROY, prife par M. de Turenne, le 2 juin 1667.

ORNEMENTS DE PANNEAUX A LA ROMAINE, inventés

& gravés par J. Lepautre. A Paris, chez Pierre Mariette, rue St-Jacques, à l'*Eſpérance*, avec privilége, 1667. 8 pièces numérotées.

CHEMINEES A L'ITALIENNE, nouvellement inventées & gravées par J. Lepautre, 1667. 11 pièces ſur 6 feuilles numérotées.

AUBENISTIERS ET PLAQUES A LA ROMAINE, inventés & gravés par J. Lepautre. A Paris, chez Pierre Mariette, rue St-Jacques, à l'*Eſpérance*, avec privilége, 1667. 6 pièces numérotées.

DOUZE PIECES repréſentant des grottes & fontaines. A Paris, chez Van Merlen, rue St-Jacques, à la *Ville d'Anvers*, avec privilége du Roy, 1667. — J. Lepautre *inv. & fecit*.

CONFRAIRIE SAINT-THIBAULT ET SAINTE-GENE-VIEVE, ès faubourg St-Faron de Meaux, 1667.

TABLES DE LA GEOGRAPHIE ANCIENNE ET NOUVELLE, par S. Sanſon. A Paris, chez Pierre Mariette, 1667.

LA CONFRAIRIE DE SAINTE-ANNE, aux maiſtres menuiſiers de la ville & banlieue de Paris. — Au bas, on lit : La planche eſt donnée par Antoine Pautry, Charles Iſaac, Pierre Deſpauts, Mathurin Drugeon, maiſtres de confrairie en charge, 1667. — Fondée en l'égliſe des Révérends Pères Carmes des Billettes. — J. Lepautre *inv. & ſcu'p.*, 1667.
Sainte Anne fait l'éducation de la Sainte-Vierge, qui eſt entourée d'anges qui lui jettent des fleurs.

FETE DONNEE A VERSAILLES le 18 juillet 1668. 5 planches. — 1. Collation dans le petit parc. — 2. Les *Fêtes de l'Amour & de Bacchus*, comédie en muſique, repréſentée dans le petit parc. — 3. Feſtin dans le petit parc. — 4. Bal donné dans le petit parc. — 5. Illumination du palais & des jardins.

LA MAGNIFIQUE AUDIENCE donnée le 5 décembre 1669, à Saint-Germain-en-Laye, par le roy très-chrétien à Soliman-Aga-Muſta-Feraga, envoyé du Grand Seigneur.

L'AUDIENCE donnée par le roy à Soliman-Aga-Mufta-Feraga, envoyé vers Sa Majefté par l'empereur des Turcs.

MAUSOLEE DE MADAME, à Saint-Denis, le 1ᵉʳ août 1670.

TOMBEAU DE MADAME, morte à Saint-Cloud, le 30 juin 1670. — Lepautre *fculp*.

LES AMOURS PLEURANT AUTOUR DU TOMBEAU D'HENRIETTE D'ANGLETERRE. — Au-deffus, un fonnet fur la mort de cette princeffe.

MAUSOLEE DU DUC DE BEAUFORT, fait à Notre-Dame, le 13 août 1670. — Giffey *inv.*, Lepautre *fculp*.

VIGNETTE au fujet de la régale & de l'édit du 10 février à ce fujet. — Lepautre *fecit*, 1670.

LE PASSAGE DU RHIN, vignette par Lepautre, 1672.

DES PRINCIPES DE L'ARCHITECTURE, DE LA SCULPTURE, DE LA PEINTURE & des autres arts qui en dépendent, avec un dictionnaire des termes propres à chacun de ces arts. A Paris, la veuve de Jean-Baptifte Coignard, imprimeur ordinaire du roy, & Jean-Baptifte Coignard fils, imprimeur ordinaire du roy, rue Saint-Jacques, à la *Bible d'Or*. — 1ʳᵉ édition, 1690. — 2ᵉ édition, 1700. In-4°. — Le privilége eft de 1674. — J. Lepautre a gravé quelques-unes des planches de cet ouvrage.

CATAFALQUE dreffé dans l'églife de N.-D. de Paris, à l'occafion du fervice folennel fait à Henri de La Tour d'Auvergne, vicomte de Turenne, en 1675.
Décoration funèbre d'un des côtés du chœur de ladite églife pour la même cérémonie.

DIVERTISSEMENTS donnés par le roi, en 1674, au retour de la conquête de la Franche-Comté.

1<sup>re</sup> journée : Repréfentation d'*Alcefte*, dans la cour de marbre du château de Verfailles. — 2<sup>e</sup> journée : Concert de mufique fous une feuillée, dans le jardin de Trianon. — 3<sup>e</sup> journée : Repréfentation du *Malade Imaginaire*, devant la grotte. — 4<sup>e</sup> journée : Feftin autour de la fontaine de la cour de marbre. — 5<sup>e</sup> journée : Feu d'artifice fur le canal de Verfailles. — 6<sup>e</sup> journée : Illumination autour du grand canal.

METAMORPHOSES D'OVIDE, en rondeaux, par Ifaac Benferade. Paris, imprimerie royale, 1676. 86 pièces gr. in-4°.

LE TOMBEAU DE MARIE DE LANDES, époufe de Chriftian de Lamoignon, préfident au Parlement, érigé dans l'églife Saint-Leu, fur les deffins de François Girardon, 1677.

LE ROI TRIOMPHANT, 1678.

ALCOVES A LA FRANÇAISE, nouvellement inventées & gravées par J. Lepautre, 1678. 6 pièces.

TROPHEES A L'ANTIQUE, nouvellement inventés & gravés par J. Lepautre. A Paris, chez Leblond, rue Saint-Jacques, à la *Cloche d'Argent*, avec privilége, 1680. 8 pièces.

DEUX VIGNETTES à propos de la régale en janvier & en février. Lepautre, *fc.*, 1682.

LES EDIFICES ANTIQUES DE ROME, deffinés & mefurés très-exactement par Antoine Defgodets, architecte. A Paris, chez Jean-Baptifte Coignard, M.DC.LXXXII.

D'après le privilége, le livre fut achevé d'imprimer le 12 mars 1682. — Les planches fuivantes font gravées par Lepautre.

Panthéon, pl. 8, 9, 10, 11, 12, 14, 16, 17, 18, 19, 21, 22, 23. — Temple de Mars, pl. 1, 2, 3, 4. — Frontifpice de Néron, pl. 1, 2. — Arc de Titus, pl. 1, 3, 5, 7, 8. — Arc de Septime-Sévère, pl. 2, 3, 4, 5, 6, 7, 9.

OEUVRE DU CABINET DU ROI. — Defcription des Invalides, 1683. — La grande vue générale. — La vue du réfectoire.

VUE DE PARIS. Elle se trouve sur le frontispice des OEuvres de sainte Thérèse. A Paris, chez Denis Thierry, 1687.

ALMANACHS : 1652, 1655, 1659, 1664, 1669, 1678.

---

## PIECES RELATIVES A L'ORNEMENT

*Non datées & rangées par ordre alphabétique.*

ALCOVES A LA ROYALE, inventées & gravées par J. Lepautre. Se vendent à Paris, chez P. Mariette, rue St-Jacques, à l'*Espérance*. 6 pl. numérotées au bas & à droite. Grand in-fol.

DIFFERENTS DESSINS D'ALCOVES, inventés & gravés par Jean Lepautre. Se vendent chez Leblond, rue St-Jacques, à la *Cloche d'Argent*. Au bas, dans une banderole, se trouve une dédicace à Charles Patin dont j'ai parlé ci-dessus. 6 pièces grand in-fol.

ALCOVES, sans titre. On lit seulement au bas de la première planche : A Paris, chez F. Poilly. 6 pièces in-fol. obl.

ALCOVES A LA ROMAINE, nouvellement inventées & gravées par J. Lepautre. A Paris, chez N. Langlois, rue St-Jacques, à la *Victoire*, avec priv. du Roy. 6 pièces in-fol. obl.

ALCOVES, sans titre. On lit dans un médaillon : Se vendent chez Leblond, rue St-Jacques, à la *Cloche d'Argent*, avec privilége du Roy. J. Le Potre in. & sc. 12 pièces in-fol. obl.

ALCOVES, inventées & gravées par Jean Lepautre. *Jollain excudit cum. pri. Re. Chr.* 11 pièces sur 6 feuilles numérotées à droite. In-fol. obl.

ALCOVES A L'ITALIENNE, inventées & gravées par Lepautre. Se

vendent à Paris, chez Pierre Mariette fils, rue St-Jacques, aux *Colonnes d'Hercule*, avec privilége du Roy. 6 pièces numérotées à droite. In-fol. obl.

ALCOVES A LA ROMAINE, deffinées & gravées de nouveau par J. Lepautre. Et fe vendent à Paris, chez P. Mariette, rue St-Jacques, à l'*Efpérance*, avec privilége du Roy. 6 pièces numérotées à droite. In-fol. obl.

AUTHELS ET RETABLES, gravés de nouveau par J. Lepautre. A Paris, chez P. Mariette, rue St-Jacques, à l'*Efpérance*, avec privilége. Le premier tirage porte le nom de Leblond. 12 pièces numérotées à droite. In-fol.

DESSINS D'AUTELS, fans titre. On lit au bas de la première planche : A Paris, chez F. Poilly, rue St-Jacques, à l'*Image St-Benoift*, avec privilége. *Lepautre in. & fecit*. 5 pièces in-fol.

NOUVEAUX DESSINS D'AUTELS A LA ROMAINE, inventés & gravés par Jean Lepautre. Se vendent à Paris, chez P. Mariette, rue St-Jacques, à l'*Efpérance*, avec privilége du Roy. 6 pièces numérotées à droite. In-fol.

NOUVELLES INVENTIONS pour faire les bancs des œuvres où fe mettent les marguilliers, récemment gravées par J. Lepautre. A Paris, chez P. Mariette, rue St-Jacques, à l'*Efpérance*. 6 pièces numérotées à droite. In-fol.

BAS-RELIEF REPRESENTANT LES FETES DE BACCHUS, d'après un marbre de la galerie du prince Odefcalchi à Rome; deffiné par A. Philippon, gravé par Lepautre.

DIVERSES BORDURES, ENCADREMENTS, FRONTISPICES pour des calendriers. 30 pièces environ, de divers formats.

BORDURES DE TABLEAU A LA ROMAINE, inventées & gravées par J. Lepautre. A Paris, chez Pierre Mariette, rue St Jacques, aux *Colonnes d'Hercule*, avec privil. 13 pièces fur 6 pl. in-fol.

LES CABINETS. On lit au bas de la planche : *J. Lepotre invenit & fecit*. Se vendent chez P. Mariette, rue St-Jacques, avec privilége du Roy. 6 pièces in-fol.

NOUVEAUX DESSINS pour orner & embellir les carroffes & chaires roulantes, inventés & gravés par J. Lepautre. A Paris, chez P. Mariette, rue St-Jacques, à l'*Efpérance*, avec privilége du Roy. 32 pièces fur 6 pl. in-fol. obl.

CARTOUCHE pour un billet d'enterrement, gravé fur bois, fur le deffin de J. Lepautre. In-fol.

LIVRE DE CARTOUCHES ET MAUSOLEES, inventés & gravés par Jean Lepautre. Se vend à Paris, fous les charniers Sts-Innocents, avec privilége du Roy. 11 pièces fur 6 pl. — Le premier tirage eft avec l'adreffe de Poilly. In-fol.

DOUZE DESSINS DE CARTOUCHES propres à recevoir des armoiries. Ce font des premiers ouvrages de Lepautre, qui les a gravés d'après A. Philippon. 12 pièces en hauteur. In-8º.

CASQUES, fans titre. Leblond, avec privilége. 4 pièces in-fol. — Il y a un tirage avec le nom de Chereau.

CHAIRES DE PREDICATEURS ET OEUVRES DE MARGUILLIERS, avec privilége du Roy. *J. Le Poter in. & fecit*. A Paris, chez P. Mariette, rue St-Jacques, à l'*Efpérance*. 6 pièces numérotées au milieu. In-fol.

GRANDES CHEMINEES A LA ROMAINE, inventées & gravées par J. Lepautre. Se vendent chez P. Mariette, avec privilége. 6 pièces numérotées. Grand in-fol. — Il y a un premier état avant les numéros.

GRANDES CHEMINEES, fans titre. On lit dans un cartouche :

*Le Potre fecit, Joan. Le Blond excudit cū privilegio Regis;* à Paris. 6 pièces grand in-fol. — Dans le premier état, on lit : *Ioan Cany excudit cū privilegio Regis;* à Paris.

CHEMINEES A LA ROMAINE, inventées & gravées par Jean Lepautre, architecte. A Paris, chez Pierre Mariette fils, rue St-Jacques, aux *Colonnes d'Hercule*, avec privilége du Roy. 6 pièces numérotées à gauche. In-fol.

CHEMINEES A L'ITALIENNE, nouvellement inventées & gravées par J. Lepautre. Se vendent à Paris, chez P. Mariette, rue St-Jacques, à l'*Eſpérance*. 6 pièces numérotées à droite. In-fol.

NOUVEAUX DESSINS DE CHEMINEES A L'ITALIENNE, inventés & gravés par J. Lepautre. Se vendent à Paris, chez N. Langlois, rue St-Jacques, à la *Victoire*, avec privilége du Roy. 6 pièces in-fol.

LIVRE DE CHEMINEES A LA MODERNE, nouvellement inventées & gravées par Jean Lepautre. Se vend à Paris, chez l'auteur, ſous les charniers Sts-Innocents, avec privilége du Roy. 7 pièces en 6 pl. in-fol.

NOUVEAUX DESSINS DE CHEMINEES A PEU DE FRAIS, inventés & gravés par J. Lepautre. A Paris, chez N. Langlois, rue St-Jacques, à la *Victoire*, avec privilége du Roy. ſ pièces ſur 6 pl. in-fol.

CHEMINEES ET LAMBRIS, ſuite ſans titre. Le premier état eſt avec l'adreſſe de Leblond, rue St-Denis, à la *Cloche d'Argent*. — Le deuxième eſt avec celle de P. Mariette. 6 pièces numérotées à droite. In-fol. obl.

CHEMINEES ET LAMBRIS, nouvellement inventés & gravés par Jean Lepautre. A Paris, chez P. Mariette, rue St-Jacques, à l'*Eſpérance*, avec privilége du Roy. 6 pièces numérotées à droite. In-fol. obl.

CONFESSIONNAUX, nouvellement inventés & gravés par J. Lepautre. A Paris, chez P. Mariette, rue St-Jacques, à l'*Eſpérance*, avec privilége. 6 pl. numérotées à droite. In-fol.

CONFESSIONNAL, fans titre. — Au premier tirage, on lit : Se vend chez Gantrel, à l'*Image St-Maur;* au fecond, chez Mariette, rue St-Jacques, aux *Colonnes d'Hercule;* il eft alors joint à la fuite des Confeffionnaux éditée chez lui & porte le n° 7 dans la marge. In-fol.

ECRANS. — Proverbes dédiés à Pierre Le Tenaur, confeiller à la cour aulique d'Orléans. Ils font gravés fur des planches de forme ronde & doivent fervir d'Ecrans ; il y a deux états : le premier, chez Alexandre Bondan ; — le fecond, chez N. Langlois.

MOTIFS D'ENCADREMENTS ET DE CARTOUCHES, fans titre. On lit feulement au bas de la 1<sup>re</sup> planche : Se vendent chez Leblond, rue St-Jacques, à la *Cloche d'Argent,* avec privilége du Roy ; *J. Lepotre in. & fecit.* 6 pièces grand in-fol.

FEUILLAGES ET AUTRES ORNEMENTS, deffinés & gravés par J. Jepautre. Se vendent à Paris, chez Nicolas Langlois, rue St-Jacques, à la *Victoire,* avec privilége du Roy. 15 pièces fur 6 pl. in-fol.

FONTS BAPTISMAUX, de J. Lepautre. — Les premières épreuves n'ont pas de titre & portent l'adreffe de Leblond ; les fecondes portent des numéros & l'adreffe eft fupprimée. 2 pièces grand in-fol.

DESSINS DE FONTAINES, fans titre. — Il y a deux états : le premier eft avec le nom de Leblond ; le fecond, avec l'adreffe de P. Mariette. 6 pièces numérotées à droite. Grand in-fol.

FONTAINES OU JETS D'EAU A LA MODERNE. — Le premier tirage, chez l'auteur, rue du Vert-Bois. 6 pièces fans numéros. *Le Potre in. & fecit,* avec privilége. — Le fecond, chez P. Mariette, rue St-Jacques, à l'*Efpérance.* 6 pièces numérotées à droite. In-fol.

FONTAINES ET CUVETTES, inventées & gravées par J. Lepautre. A Paris, chez Lollain, rue St-Jacques, à la *Vil de Cologne,* avec privilége du Roy. *J. Potre in. & fc.* 6 pièces numérotées à droite. In-fol. obl.

FONTAINES, CUVETTES ET CARTOUCHES, inventés & gravés par J. Lepautre. 6 pièces numérotées au bas & au milieu. In-fol. obl.

FONTAINES ET CUVETTES, inventées de nouveau par Jean Lepautre. Se vendent à Paris, chez P. Mariette, rue St-Jacques, à l'*Efpérance*, avec privilége. 6 pièces numérotées au bas, à droite. In-fol.

FRISES, FEUILLAGES ET AUTRES ORNEMENTS A L'ITALIENNE, inventés & gravés par Jean Lepautre. Se vendent à Paris, chez Pierre Mariette, rue St-Jacques, à l'*Efpérance*, avec privilége du Roy. 12 pièces fur 6 feuilles in-fol.

FRISES, fans titre, inventées & gravées par Lepautre, avec privilége du Roy. On lit au bas d'une des planches : Se vend à Paris, chez Leblond, rue St-Jacques, à la *Cloche d'Argent*. 12 pièces fur 6 pl. in-fol.

FRISES POUR LES ARCHITRAVES, CORNICHES ET AUTRES ORNEMENTS D'ARCHITECTURE. A Paris, chez P. Mariette, rue St-Jacques, à l'*Efpérance*. 6 pièces numérotées en haut & à droite. In-fol. obl.

FRISES, FEUILLAGES ET ORNEMENTS, inventés & gravés de nouveau par J. Lepautre. Se vendent à Paris, chez Mariette, rue St-Jacques, à l'*Efpérance*, avec privilége du Roy. 18 pièces fur 6 feuilles in-fol. obl.

LIVRE DE FRISES, nouvellement inventées & gravées par Jean Lepautre. Se vend chez l'auteur, fous les charniers Sts-Innocents, avec priv. 14 pièces fur 6 pl. in-fol. obl.

FRISES, FEUILLAGES OU TRITONS MARINS ANTIQUES ET MODERNES, nouvellement deffinés & gravés par J. Lepautre. Se vendent à Paris, chez P. Mariette, rue St-Jacques, à l'*Efpérance*, avec privilége du Roy. 12 pièces fur 6 planches numérotées à droite. In-fol. obl.

FRISES, FEUILLAGES OU TRITONS MARINS A LA RO-

MAINE, inventés & gravés par Jean Lepautre. Se vendent chez P. Mariette. 12 pièces fur 6 pl. numérotées à droite. In-fol. obl.

FRISES ET DIFFERENTS ORNEMENTS A L'ITALIENNE, inventés & gravés par Jean Lepautre. Se vendent à Paris, chez Pierre Mariette, rue St-Jacques, à l'*Efpérance*, avec privilége du Roy. 12 pièces fur 6 feuilles in-fol.

FRISES DE FEUILLAGES ET CHASSES, fans titre. On lit au bas : *Le Potre inv. & fec. Van Merlen excud.*, avec priv. du Roy. 6 pièces numérotées à gauche. In-fol.

FRISES. — On lit dans le cartouche qui fert de titre : Se vendent chez Leblond, rue St-Denis, à la *Cloche d'Argent*, avec priv. du Roy. 6 pièces in-fol.

FRISES. — On lit au bas d'une des planches : *Jean Lepautre inv. & fec.* Se vendent chez Leblond, rue St-Denis, à la *Cloche d'Argent*, avec priv. du Roy. 6 pièces in-fol.

FRISES ET ORNEMENTS A LA MODERNE, inventés & gravés par Jean Lepautre. A Paris, chez P. Mariette, rue St-Jacques, à l'*Efpérance*. 12 pièces fur 6 pl. in-fol. obl.

GROTESQUES ET MORESQUES A LA ROMAINE, inventés & gravés par Jean Lepautre; & fe vendent à Paris, chez Pierre Mariette, rue St-Jacques, à l'*Efperance*, avec privilége du Roy. 16 pièces fur 6 pl. numérotées. In-fol.

GROTESQUES ET MORESQUES, inventés & gravés par J. Lepautre. Se vendent à Paris, chez P. Mariette, rue St-Jacques, à l'*Efpérance*, avec privilége du Roy. 18 pièces fur 6 pl. in-fol.

GROTESQUES ET MORESQUES A LA MODERNE, inventés nouvellement & gravés par J. Lepautre. Se vendent à Paris, chez P. Mariette, rue St-Jacques, à l'*Efpérance*, avec privilége du Roy. 17 pièces fur 6 pl. in-fol.

VEUES, GROTTES ET FONTAINES DE JARDINS A L'ITALIENNE, inventées & gravées par J. Lepautre. Se vendent à Paris, chez Pierre Mariette, rue St-Jacques, à l'*Espérance*, avec privilége du Roy. 6 pièces numérotées à droite.

GRANDES VEUES DE GROTTES ET JARDINS A L'ITALIENNE, deffinées & gravées par J. Lepautre. Se vendent à Paris, chez P. Mariette, rue St-Jacques, à l'*Espérance*, avec privilége du Roy. (Le premier état est avant les numéros.) 6 pièces numérotées à droite. Grand in-fol. obl.

GROTTES ET VEUES DE JARDINS, inventées & gravées par Jean Lepautre. Se vendent à Paris, chez Pierre Mariette, rue St-Jacques, à l'*Espérance*, avec privilége. 6 pièces numérotées à droite. In-fol. obl.

VEUES DE JARDINS EN PERSPECTIVE, inventées & gravées par J. Lepautre. Se vendent à Paris, fous les charniers Sts-Innocents, avec privilége du Roy. 6 pièces in-fol. obl.

NOUVEAUX DESSEINS DE JARDINS, PARTERRES ET FASSADES DE MAISONS, inventés & gravés par Jean Lepautre. Se vendent à Paris, chez N. Langlois, rue St-Jacques à la *Victoire*. 6 pièces numérotées à droite. In-fol. obl.
Il y a une autre édition avec l'adreffe de Chiquet, rue St-Jacques, au *Grand St-Remy*.

JETS D'EAU, nouvellement gravés par Lepautre. Se vendent à Paris, chez Pierre Mariette, rue St-Jacques, à l'*Espérance*, avec privilége du Roy. 7 pièces fur 6 pl. in-fol.

LAMBRIS A LA ROMAINE, inventés par J. Lepautre. A Paris, chez P. Mariette, rue St-Jacques, à l'*Espérance*. 7 pièces fur 6 planches numérotées. In-fol. obl.

LAMBRIS A LA FRANÇOISE, nouvellement inventés & gravés par Jean Lepautre. Se vendent à Paris, chez Pierre Mariette fils, rue St-Jacques, aux *Colonnes d'Hercule*, avec privilége du Roy. 6 pièces numérotées. In-fol. obl.

LIVRE DE LITS A LA ROMAINE, inventés & gravés par Jean Lepautre, avec privilége du Roy. 6 pièces. Il y a un premier état où on lit dans la première planche & à gauche : Se vend à Paris, chez E. Gantrel, à l'*Image St-Maur*.

DESSINS DE MARINES, fans titre. *Lepautre fecit*. Chez P. Mariette. 4 pièces.

MAUSOLEES, fans titre. On lit au bas : *Le Potre fecit*. Leblond, avec priv. 6 pièces in-fol.

MONTANTS A LA ROMAINE. — *Le Potre inv. & fec*. P. Mariette, avec privilége. 12 pièces fur 6 planches numérotées. In-fol.

LIVRE DE DIVERS MORCEAUX D'ORFEVRERIE POUR ENRICHIR LES ORNEMENTS D'AUTELS, nouvellement inventés & gravés par Jean Lepautre. Se vend à Paris, fous les charniers Sts-Innocents, avec privilége du Roy. *Lepautre ex*. 25 pièces fur 6 pl. in-fol.

OSTENSOIRS, RELIQUAIRES, &c., fans titre. On lit feulement dans un cartouche, au bas de la première planche : *Le Potre inveuit & fecit*. Se vendent chez Leblond, rue St-Jacques, à la *Cloche d'Argent*, avec privilége du Roy. 5 pièces, dont 4 numérotées à droite. In-fol.

DIFFERENTS MORCEAUX D'ORNEMENTS A LA ROMAINE POUR SERVIR AUX FRISES ET CORNICHES, inventés & gravés par J. Lepautre. A Paris, chez P. Mariette, rue St-Jacques, à l'*Efpérance*, avec privilége du Roy. 31 pièces fur 6 feuilles in-fol.

DIFFERENTS MORCEAUX D'ORNEMENTS POUR SERVIR AUX FRISES, CORNICHES ET ARCHITRAVES, inventés & gravés de nouveau par J. Lepautre. Se vendent à Paris, chez P. Mariette, rue St-Jacques, à l'*Efpérance*, avec privilége. 47 pièces fur 6 feuilles numérotées à gauche. In-fol.

ORNEMENTS POUR EMBELLIR LES CHAPITEAUX, ARCHITRAVES, FRISES ET CORNICHES, nouvellement inventés

& gravés par J. Lepautre. Se vendent à Paris, chez P. Mariette, rue St-Jacques, à l'*Efpérance*, avec privilége du Roy. 21 pièces fur 6 feuilles numérotées.

La première planche de cette fuite repréfente l'Efpérance, qui eft l'enfeigne du marchand. (*Cat. Mariette.*)

ORNEMENTS DE PANNEAUX POUR L'ENRICHISSEMENT DE CHAMBRES ET GALERIES, nouvellement inventés & gravés par J. Lepautre. A Paris, chez Pierre Mariette fils, rue St-Jacques, aux *Colonnes d'Hercule*, avec privil. du Roy. 6 pièces numérotées. In-fol.

ORNEMENTS ET PANNEAUX, inventés & gravés par J. Lepautre. *Jollain ex.* 8 pièces numérotées fur 6 pl. in-fol.

ORNEMENTS DE PANNEAUX MODERNES, inventés & gravés par J. Lepautre. A Paris, chez P. Mariette, rue St-Jacques, à l'*Efpérance*, avec privilége du Roy. 6 pièces numérotées. In-fol.

ORNEMENTS DE PANNEAUX POUR ENRICHIR LES LAMBRIS, inventés & gravés par J. Lepautre. A Paris, chez P. Mariette, rue St-Jacques, à l'*Efpérance*, avec privilége du Roy. 6 pièces numérotées. In-fol.

PANNEAUX, fans titre. *J. Lepautre inv. & fecit.* A Paris, chez Van Merlen, rue St-Jacques, à la *Ville d'Anvers*. Le premier tirage eft avant l'adreffe de Van Merlen. 6 pièces in-fol.

DIVERS PANNEAUX D'ORNEMENTS, nouvellement inventés & gravés par J. Lepautre. A Paris, chez P. Mariette, rue St-Jacques, à l'*Efpérance*, avec privilége. 6 pièces numérotées. In-fol.

LIVRE DE PANNEAUX POUR LES LAMBRIS, inventés & gravés par J. Lepautre. Se vend à Paris, fous les charniers Sts-Innocents, avec privilége du Roy. *Le Pautre ex.* 11 pièces en 6 feuilles numérotées. In-fol.

PANNEAUX D'ORNEMENTS, nouvellement inventés & gravés

par Lepautre. Se vendent à Paris, chez P. Mariette, rue St-Jacques, à l'*Espérance*, avec privilége du Roy. 12 pièces en 6 feuilles numérotées. In-fol.

LIVRE DE PARTERRES A LA NOUVELLE MANIERE POUR ORNER : PALAIS, MAISONS BOURGEOISES ET AUTRES LIEUX, inventés & gravés par Jean Lepautre. Se vend à Paris, chez l'auteur, sous les charniers Sts-Innocents, avec privilége du Roy. 13 pièces sur 6 pl. in-fol.

PAYSAGES ET RUINES ANTIQUES, Scènes du Nouveau Testament. Leblond, avec privilége. *J. Le Potre in. & fecit*. 12 pièces de forme ronde. In-4°.

PAYSAGES. — 12 pièces. Leblond, avec privilége. *J. Le Potre in. & fecit*.

PAYSAGES, sans titre. Il y a deux états. *Le Potre inventor & fecit*. Se vendent chez Leblond, rue St-Denis, à la *Cloche d'Argent*, avec privilége du Roy. Le second avec le nom de Leblond ; mais, au lieu de rue St-Denis, il y a rue St-Jacques. 12 pièces grand in-fol. obl.

PAYSAGES DE FORME OCTOGONE. — On lit au bas : *Jean Le Pautre inv. & fecit ;* un peu au-dessous, *Montcornet ex*. 4 pièces numérotées à gauche, 77 millimètres de diamètre. (*Coll. Hulot*).

SUITE DE DIVERS SUJETS OU PAYSAGES ENCADRES DE MAGNIFIQUES BORDURES, sans titre. On lit au bas : *Leblond exc*., avec priv.; *Le Potre fecit*. 6 pièces grand in-fol.

GRAND PIEDESTAL, gravé par Marot, au milieu duquel est un vase de fruits des premières manières de Lepautre. Chez Baroche, pour Calendrier. In-fol.

PLACARDS OU ORNEMENTS pour l'enrichissement des chambres, inventés & gravés par J. Lepautre, architecte. A Paris, chez Pierre Mariette fils, rue St-Jacques, aux *Colonnes d'Hercule*, avec privilége du Roy. 6 pièces numérotées. In-fol.

PLAFOND. — On lit au bas : P. Mariette, avec priv. *Le Potre fecit*. Grande pièce in-fol., 49 centimètres fur 36.

DESSUS DE PLAFONDS, inventés & gravés par J. Lepautre. A Paris, chez P. Mariette, à l'*Efpérance*. 6 pièces numérotées à droite. In-fol. obl.

DESSINS DE PLAFONDS, fans titre. Chez P. Mariette. 10 pièces numérotées en haut & au milieu. In-fol. obl.

NOUVEAUX DESSINS DE PLAFONDS, inventés & gravés par J. Lepautre. A Paris, chez N. Langlois, rue St-Jacques, avec privilége du Roy. 6 pièces in-fol. obl.

NOUVEAUX ORNEMENTS OU PLAFONDS, inventés par Jean Lepautre. Et fe vendent à Paris, chez Pierre Mariette fils, rue St-Jacques, aux *Colonnes d'Hercule*. 6 pièces numérotées au bas & à droite. In-fol.

QUARTS DE PLAFONDS, nouvellement inventés & gravés par J. Lepautre. Se vendent chez P. Mariette, rue St-Jacques, à l'*Efpérance*. 6 pièces numérotées à droite. In-fol. obl.

ANGLES DE PLAFONDS DE GALERIE ET AUTRES ORNEMENTS, inventés & gravés par J. Lepautre. Se vendent à Paris, chez P. Mariette, rue St-Jacques, à l'*Efpérance*, avec privilége du Roy. 6 pièces numérotées à droite. In-fol.

FRAGMENTS DE PLAFONDS, fans titre. A Paris, chez Leblond, rue St-Denis, près St-Jacques-L'Hopital, à la *Cloche-d'Argent*. 8 pièces grand in-fol. obl.

GRANDS QUARTS DE PLAFONDS A LA ROMAINE, inventés & gravés par J. Lepautre. 6 pièces numérotées à droite. Grand in-fol. obl.

DIFFERENTS DESSINS POUR FAIRE DES PLAQUES ET

EAUBENISTIERS, nouvellement inventés & gravés par Jean Lepautre. A Paris, chez P. Mariette, rue St-Jacques, à l'*Espérance*. 6 pièces in-fol.

PORTAILS D'EGLISE A L'ITALIENNE, nouvellement inventés & gravés par J. Lepautre. A Paris, chez P. Mariette, avec privilége du Roy. 11 pièces numérotées à droite, fur 6 pl. in-fol.

PORTAILS D'EGLISE, fans titre. — Le premier tirage eft avec l'adreffe de N. Langlois. Dans le fecond, elle eft effacée. 2 pièces in-fol.

PORTES DE CHOEUR AVEC LEURS JUBES, fans titre. On lit au bas de la première planche : *Jean Le Potre inv. & fec.* Se vend chez P. Mariette, rue St-Jacques, à l'*Espérance*, avec privilége du Roy. 6 pl. numérotées à droite. In-fol. obl.

PORTE COCHERE, inventée & gravée par J. Lepautre, architecte. A Paris, chez N. Langlois, rue St-Jacques, à la *Victoire*, avec privilége du Roy. 6 pièces numérotées au bas & à droite. In-fol.

PORTES COCHERES A LA MODERNE. — Le premier tirage eft fans titre & avec l'adreffe de Leblond. 4 pièces numérotées au milieu & au bas de la planche. In-fol. obl.

RETABLES D'AUTELS A L'ITALIENNE, inventés & gravés par J. Lepautre. Se vendent à Paris, chez Pierre Mariette, rue St-Jacques, à l'*Espérance*, avec privilége du Roy. 6 pièces in-fol.

RETABLES D'AUTELS, fans titre. — Leblond, avec privilége. *J. Le Potre in. & fecit.* 5 pièces grand in-fol.

SUITE DE RETABLES, fans titre. — On lit au bas, à gauche : P. Mariette, avec privilége. 6 pièces in-fol.

GRAND RINCEAU MONTANT. — On lit : A M$^r$ de Chantelou, C$^{ller}$ ordinaire du Roy & fon très-humble M$^{tre}$ d'hoftel ordinaire, par fon très-humble ferviteur Adam Philippon.

103

RINCEAUX DE DIFFERENTS FEUILLAGES, inventés & gravés par Jean Lepautre. A Paris, chez P. Mariette, rue St-Jacques, avec privilége. 6 pièces numérotées à droite. In-fol.

RINCEAUX DE FRISES ET FEUILLAGES, nouvellement inventés & gravés par J. Lepautre. A Paris, chez N. Langlois, rue St-Jacques, à la *Victoire*, avec privilége. 10 pièces fur 4 pl. in-fol.

SALIERES ET CARTOUCHES, inventés & gravés par J. Lepautre. A Paris, chez P. Mariette, rue St-Jacques, à l'*Efpérance*, avec privilége du Roy. 6 pièces numérotées au milieu. In-fol. obl.

SEPULTURES ET EPITAPHES, nouvellement inventées & gravées par Jean Lepautre. A Paris, chez N. Langlois, rue St-Jacques, à la *Victoire*, avec privilége du Roy. 6 pièces in-fol.

LIVRE DE SERURERIE, inventé par Jean Lepautre & gravé par Jacques Lepautre. Se vend à Paris, fous les charniers des Innocents, avec privilége du Roy. 45 pièces fur 12 pl. in-fol.

ESCUSSONS, OU ENTREES DE CERURES ET AUTRES ORNEMENTS SERVANTS A EMBELIR LA CERURIE, inventés & gravés par J. Lepautre. A Paris, chez Pierre Mariette, rue St-Jacques, à l'*Efpérance*, avec privilége du Roy. 66 pièces fur 6 pl. numérotées. In-fol.

TABERNACLES POUR ORNER ET EMBELLIR LES AUTELS, nouvellement inventés & gravés par J. Lepautre. Se vendent à Paris, chez P. Mariette, rue St-Jacques, à l'*Efpérance*. 6 pièces numérotées à droite. In-fol.

LIVRE DE MIROIRS, TABLES ET GUERIDONS, inventé & gravé par J. Lepautre, & fe vend fous les charniers Sts-Innocents, avec privilége du Roy. 6 pièces in-fol.

NOUVEAU LIVRE DE TERMES, inventé & gravé par J. Lepautre. Se vend à Paris, fous les charniers Sts-Innocents, avec privilége du Roy. — Deuxième état, chez la vᵉ Poilly, rue St-Jacques, à l'*Image St-Benoift*. 9 pièces fur 6 pl. in-fol.

TERMES DES QUATRE SAISONS DE L'ANNEE. — Termes, fupports & ornements pour embellir les maifons & jardins, nouvellement inventés & gravés par J. Lepautre. 32 pièces fur 6 planches in-fol.

DEUX TERMES, fur une planche in-fol.

TOMBEAUX ET EPITAPHES, inventés & gravés par J. Lepautre, avec privilége du Roy. 3 pièces numerotées.
Dans le premier tirage le cartouche eft vide. On lit au bas : A Paris, chez N. Langlois, rue St-Jacques, à la *Victoire*, avec privilége du Roy; fait par Lepautre. 3 pièces fur 2 pl. in-fol.

TORCHERES AVEC RICHES ENCADREMENTS, fans titre. On lit feulement au bas de la planche : *J. Lepotre fecit., cum privil.* A Paris, chez Leblond, rue St-Jacques, à la *Cloche d'Argent*. Le premier tirage, chez J. Cany, fur le quai de Gefvre. 6 pièces grand in-fol.

DESSINS DE TREILLAGES. — A Paris, chez Nicolas Langlois, rue St-Jacques, à la *Victoire*, avec privilége du Roy. Deffinés & gravés par Lepautre. 6 pièces in-fol.

TROPHEES D'ARMES ANTIQUES ET MODERNES, fervant à toutes fortes d'ouvriers pour l'embelliffement de leurs ouvrages, nouvellement deffinés & gravés par Jean Lepautre. Se vendent à Paris, chez Pierre Mariette, rue St-Jacques, à l'*Efpérance*, avec privilége du Roy. 6 pièces numérotées. In-fol.

TROPHEES D'ARMES A LA ROMAINE, inventés & gravés par J. Lepautre. Se vendent à Paris, chez P. Mariette, rue St-Jacques, à l'*Efpérance*, avec privilége du Roy. 6 pièces, dont 4 numérotées. In-fol.

TROPHEES D'ARMES A L'ITALIENNE, nouvellement inventés & gravés par Jean Lepautre. Se vendent à Paris, chez P. Mariette, rue St-Jacques, à l'*Efpérance*, avec privilége du Roy. 6 pièces in-fol.

TROPHEES D'ARMES, nouvellement inventés & gravés par J. Lepautre. A Paris, chez N. Langlois, rue St-Jacques, à la *Victoire*, avec privilége du Roy. 6 feuilles numérotées. In-fol.

TROPHEES, fans titre. On lit au bas de la première planche : A Paris, chez F. Poilly, rue St-Jacques, à l'*Image St-Benoift*, avec privilége du Roy. *J. Lepautre inv. & fecit.* 13 pièces fur 6 pl. in-fol.

DESSINS DE VASES, fans titre. 4 pièces numérotées au bas, à droite. Gr. in-fol.

DESSINS DE VASES, fans titre. — Dans le premier état il y a l'adreffe de Leblond, tandis que dans le fecond elle eft remplacée par celle de Mariette. En haut & au milieu de la planche fe trouve la lettre B. 6 pièces numérotées à gauche. Gr. in-fol.

SUITE DE VASES, fans titre. — Dans le premier état on lit : Chez l'auteur, rue du Vert-Bois; dans le fecond : *Jean Le Potre inv. & fecit.* A Paris, chez F. Poilly, rue St-Jacques, à l'*Image St-Benoift*, avec privilége du Roy. 8 pièces numérotées au bas, à droite. In-fol. obl

DESSINS DE VASES, fans titre. — Leblond, avec privilége. *Le Potre fecit.* 6 pièces in-4°.

VASES ET CARTOUCHES, inventés de nouveau par J. Lepautre. A Paris, chez P. Mariette, rue St-Jacques, à l'*Efpérance*, avec privilége. 6 pièces numérotées à droite. In-fol.

SUITE DE VASES édités chez J. Sauvé. — J'en connais quatre. — Au bas, à gauche : *Lepautre inv.*; au bas, à droite, on lit : *J. Sauvé exc.* Hauteur, 14 centimètres fur 7 de large. (*Coll. de M. Hulot.*)

DESSINS DE VASES, fans titre. — Le premier état eft avec l'adreffe de Leblond, dans le fecond on lit : A Paris, chez N. Langlois, rue St-Jacques, à la *Victoire*, avec privilége du Roy. *J. Lepautre inv. & fecit.* 6 pièces in-fol.

SUITE DE VASES, fans titre. — Dans le premier état on lit : Se vendent chez Leblond, rue St-Denis, à la *Cloche d'Argent*; dans le fecond : fe vendent à Paris, chez F. Poilly, rue St-Jacques, à l'*Image St-Benoift*, avec privilége. *Jean Le Potre in. & fecit.* 6 pièces in-fol.

DESSINS DE VASES. — A Paris, chez F. Poilly, rue St-Jacques, à l'*Image St-Benoift*, avec privilége du Roy. *J. Le Potre in. & fecit.* 6 pièces in-fol.

VASES D'ORNEMENTS, nouvellement inventés & gravés par J. Lepautre. A Paris, chez N. Langlois, rue St-Jacques, à la *Victoire*, avec privilége du Roy. 9 pièces en 6 feuilles in-fol.

---

## PIECES NON DATEES.

### *Ancien & Nouveau Teftament.*

SUITE DE DOUZE SUJETS DE L'HISTOIRE SAINTE, tirés de la Genèfe. In-folio.

SUITE DE L'HISTOIRE DE MOYSE, en 11 pièces. Grand in-fol.

UNE SUITE DE SIX SUJETS DE L'HISTOIRE DE MOYSE, entourés de riches bordures. In-fol.

LES COMMANDEMENTS DE DIEU, avec un magnifique entourage.

UNE SUITE DE QUATRE PIECES DE L'HISTOIRE DE DAVID. In-fol.

LE MASSACRE DES INNOCENTS. — LE JUGEMENT DE SALOMON. — Les deux pièces font entourées de riches bordures.

UNE SUITE DE SUJETS TIRES DE LA VIE DE N. S. JESUS-CHRIST. 6 pièces in-fol.

L'ENFANT PRODIGUE. 6 pièces in-fol. — Mariette donne la gravure de ces pièces à P. Lepautre, fous la conduite & d'après les deffins de fon père.

NOUVEAU TESTAMENT. Pièces diverfes & qui, je crois, ne font partie d'aucune fuite. 115 pièces.

QUINZE SUJETS DE L'HISTOIRE SAINTE, repréfentant la chute de l'homme & la réparation du péché. In-fol.

DES RELIGIEUX BENEDICTINS invitant des malades à employer l'affiftance de Dieu en honorant la fainte Robe de N. S. Jéfus-Chrift, qui eft confervée dans l'églife de N.-D. d'Argenteuil, près Paris. Cette pièce eft du deffin de Jean Lepautre, qui y a gravé les quatre fujets dans des médaillons. Le refte eft gravé par Louis Coffin.

LA SUBSTANCE DE LA FOI SELON LES QUATRE EVANGELISTES. — Dans un cadre & fur un piédeftal aux armes de France, fe trouve un Expofition couronnée de fleurs par des Anges. A droite & agenouillés, le Roi, la Reine, le Dauphin & toute la famille royale ; à gauche, les Pères de l'Eglife. Les quatre Evangéliftes & deux fcènes du Nouveau-Teftament forment l'entourage de cette pièce. Grand in-fol. obl.

## Mythologie.

SUITE DE SUJETS EMPRUNTES A LA MYTHOLOGIE, fans titre. On lit feulement fur une des planches : Chez Leblond, rue St-Jacques, à la *Cloche d'Argent*. — 22 pl. gr. in-fol. obl.

J'ai fouvent vu en tête de cette fuite le portrait de Lepautre, où il eft repréfenté en bufte entouré de fleurs, & dont j'ai donné une defcription ci-deffus.

SUITE TIREE DE L'HISTOIRE ROMAINE. — On lit au bas : A Paris, chez N. Langlois, rue St-Jacques, à la *Victoire*. Lepautre inv. & fecit. 6 pl. in-fol. obl.

SUITE DE SUJETS TIRES DE LA FABLE, fans titre. *P. Mariette exc.* — 24 pièces numérotées au bas, à droite. Dans le premier tirage, les cinq dernières planches font fans numéros. In-fol. obl.

SUITE DE SUJETS TIRES DE LA MYTHOLOGIE. — Il y a une explication au bas de chaque planche. A Paris, chez N. Langlois, rue St-Jacques, à la *Victoire*, avec privilége. *Lepautre inv. & fecit.* 12 pièces in-fol. obl.

SUITE DONT LES SUJETS SONT POUR LA PLUPART TIRES DES METAMORPHOSES D'OVIDE. — 6 planches avec texte au bas. A Paris, chez N. Langlois, rue St-Jacques, à la *Victoire*. *J. Lepautre inv. & fecit.* In-fol. obl.

SUITE DONT LES SUJETS SONT TIRES DE L'HISTOIRE ROMAINE, fans titre. — Au bas on lit : *Le Potre inv. & fecit* ; avec privilége du Roy. A Paris, chez P. Mariette. 6 pl. in-fol. obl.

QUATRE PIECES POUR UNE HISTOIRE DESTINEE A M. LE DAUPHIN. — Ce travail n'eut pas de fuite. Voici les feules qui furent exécutées : 1º Romulus & Remus confultant le vol des oifeaux avant de bâtir Rome. — 2º Les Sabines fe jetant au milieu des Romains & des Sabins. — 3º Supplice de Metus, meftre de la cavalerie. 4º Collatin & Brutus montrant au peuple le corps de Lucrèce. In-fol. obl.

## *Hiftoire.*

HISTOIRE DE SAINT LOUIS, OU LA SAINTE-COURONNE D'EPINES RECONQUISE. — Les 18 fe vendent à Paris, chez Guérard, rue du Petit-Pont, à l'*Image Notre-Dame*. In-fol.

LES VERTUS OFFRANT AU ROI LOUIS XIV, ENVIRONNE DE SA COUR, LES PORTRAITS DES PLUS BELLES PRIN-

CESSES DE L'EUROPE POUR QU'IL DESIGNE CELLE QUI S'ASSEOIRA SUR LE TRONE. — Pièce gravée par de Poilly, d'après J. Lepautre. (*Catalogue Mariete.*)

MEDAILLE REPRESENTANT LE PROFIL DE LA REINE MARIE-THERESE. — On lit autour : *Mar. Ther. D. G. Fr. & Nav. Reg.;* & au bas, *Jacob Lepautre fec.* — 75 centimètres fur 115 millim.

LOUIS XIV, ROI DE FRANCE, TOMBE DANGEREUSEMENT MALADE A CALAIS, REÇOIT LA GUERISON DU CIEL, ET VOIT S'EVANOUIR LES PROJETS DE SES ENNEMIS. — Pièce allégorique du deffin de J. Lepautre, gravée en partie par Nicolas Poilly, en partie par Regneffon. (*Catalogue Mariette.*)

DES GENIES SUPPORTANT EN L'AIR LE CHIFFRE DE LOUIS XIV, & dans une autre planche celui de la Reine Marie-Thérèfe. 2 pièces. (*Catalogue Mariette.*)

DESSIN DE L'HORLOGE DU TEMPLE DE LA PAIX DANS LE CHATEAU DU LOUVRE, dédié au Roy, par fon chapelain de la chapelle royale de Notre-Dame de la Paix, au même château du Louvre, pour marquer en iceluy de l'ordre du St-Efprit.

A droite on lit : *C. du Pont, prétre protonotaire apoftolique & aumônier du Roy, abbé de Notre-Dame de Lantenac, chapelain de la chapelle royale de Notre-Dame de la Paix, au château du Louvre, & feigneur de la Ponchardière, inv.* — Gr. in-fol.

L'ARC TRIOMPHAL DE LA PAIX, auquel font fufpendus les médaillons des princes & des miniftres qui ont pris part à la paix des Pyrénées. 1 pièce petit in-fol.

LES QUATRE FRUITS DE LA PAIX. — Dans quatre beaux cartouches ornés de guirlandes de chêne & de laurier, on voit un Hercule, une Pomone, un Apollon & un Mercure, qui repréfentent la Vertu, la Félicité, la Science, le Commerce.

Je crois qu'il y a eu deux tirages & que ces pièces font partie d'un enfemble, mais je ne les connais que rognées & j'ignore leur état de publication. In-4º.

LA CHASSE ROYALE DE CHAMBORD. — 2 pièces.

MARIAGE DE MONSIEUR ET DE M<sup>me</sup> LA PRINCESSE PALATINE. — Pièce de forme circulaire.

LE MARIAGE DE CHARLES II, ROI D'ESPAGNE, AVEC MARIE-LOUISE D'ORLEANS, célébré dans la chapelle du château de Fontainebleau.

LA FLANDRE DEPOUILLEE DES HABITS D'ESPAGNE ET REVETUE A LA FRANÇOISE. — Pièce burlefque faite à l'occafion de la conquête des Flandres.

LES SOLDATS FRANÇAIS SE REJOUISSANT DE LA GUERRE CONTRE LA HOLLANDE. — Toutes ces pièces burlefques font gravées, dit Mariette, d'une manière très-négligée.

LA C<sup>tesse</sup> D'HOLLANDE A L'ARTICLE DE LA MORT.

LES VILLES DE LA HOLLANDE AUX PIEDS DU ROY.

LE MALADE INCURABLE, OU LE HOLLANDAIS OBLIGE D'ABANDONNER A LA FRANCE UNE PARTIE DE SES ETATS. — Pièce facétieufe où l'efprit confifte dans des jeux de mots fort fales à propos des conquêtes de la France en 1672. In-fol.

LA FRANCE RESSUSCITEE.

MICHEL LE TELLIER, chancelier de France, accompagné de la Vertu, fe promenant dans un bois dont les divinités viennent lui faire hommage. — La tête du chancelier eft gravée par F. Poilly. In-12.

DIVERS SUJETS RELATIFS A L'HISTOIRE DE SUEDE. — 13 pièces.

*Topographie.*

VUE DE PARIS DU COTE DU PONT-NEUF. En haut, dans un cartouche, on voit un bufte de faint Denys. — C'eft l'enfeigne de Denys Thierry, libraire à Paris. In-8° obl.

LA VUE DE LA VILLE DE PARIS DU COTE DU PONT-NEUF, fervant de titre à des ouvrages publiés par Denys Thierry.
J'en connais deux tirages différents. Petit in-12 obl.

UN FRONTISPICE POUR UNE SUITE D'ISRAEL SILVESTRE. — Dans les fonds, une vue de Paris, prife du côté de la porte St-Bernard. In-fol. obl.

VUE DE LA MAISON DE M. LE PRESIDENT DE BRETONVILLER DANS L'ISLE NOSTRE-DAME. A Paris, chez Pierre Mariette, rue St-Jacques, à l'*Efpérance*, avec privilége du Roy. 1 pièce.

RECUEIL DES PLUS BELLES FONTAINES QUI SONT DANS LA VILLE ET FAUBOURG DE PARIS. A Paris, par Jacques L. Acguet, fur le quai de la Mégifferie, au *For-l'Evêque*.

REPRESENTATION DE LA SEPULTURE que Charles, marquis & comte de Roftaing, fit faire dans la chapelle des Feuillants de Paris, rue Neuve-St-Honoré. 1640. In-fol.

PIECES RELATIVES A LA FAMILLE DE ROSTAING. — 1° Portrait de Charles, marquis & comte de Roftaing. 2° Portrait de Henri Chefneau, poète attaché à la maifon de Roftaing. 3° Trophées médalliques & hiftoriques de la compofition de H. Chefneau, qui a cherché à y exprimer par des emblèmes & des allégories les belles actions & les vertus des feigneurs de Roftaing. 15 pièces in-fol. obl.

CONFRAIRIE DE SAINT-NICOLAS, érigée dans l'églife Saint-

Jean-en-Grève, pour le foulagement des jeunes filles pauvres, la vifite des prifonniers, &c. — Curieufe vue intérieure de St-Jean-en-Grève.

PROCESSION DE LA CHASSE DE S^TE GENEVIEVE. — Au bas on lit : Pardon & indulgence pour les feize porteurs de la châffe de M^me Sainte Geneviève, & vingt-quatre attendants, tous confrères.

VUE DE GONDY, maifon de plaifance de meffire Jean-François de Gondy, premier archevêque de Paris. 1 pièce in-fol. obl.
Cette planche eft entièrement de la main de Lepautre.

PERSPECTIVE DU CANAL DE FONTAINEBLEAU avec la magnifique promenade du Roy, de la Reine, de Monfieur, frère unique de Sa Majefté, & de Son Eminence..... A Paris, chez Van Merlen, rue St-Jacques, à la *Ville d'Anvers*, avec privilége du Roy. *Le Potre invenit & fecit.* In-fol. obl.

VUE DE LA COUR DES FONTAINES au château de Fontainebleau, du côté de l'Etang, gravée par Lepautre d'après J. Silveftre. Gr. in-fol.

*Diverfes.*

PORTRAIT, fans nom, dans un cadre; il eft foutenu par deux enfants. Au bas, dans l'intérieur d'un cartouche, on voit une galerie antique. — On fuppofe que ce portrait eft celui d'un des enfants de Jean Lepautre.

LA DISSECTION D'UN CADAVRE DEVANT UNE NOMBREUSE ASSEMBLEE. — Dans un cartouche fe trouvent trois vafes & une fleur de lis, armes des chirurgiens de St-Côme. On lit dans les *Lettres choifies de Guy Patin*, tom. 1^er, page 421, édition de La Haye, 1707, le fait fuivant qui a peut-être donné le fujet de la planche de Lepautre.

« *Mon fils Charles explique l'anatomie dans nos écoles fur un cadavre de femme. Il a une fi grande quantité d'auditeurs qu'outre le théâtre, la cour en* est encore toute pleine. Il commence fort bien à vingt-six ans ; je souhaite qu'il finisse encore mieux.

« De Paris, le 16 novembre 1659. »

Il s'agit de Charles Patin, médecin & antiquaire, fils cadet de Guy Patin, né à Paris en 1633, mort à Padoue en 1693.

J'ai déjà indiqué plus haut les relations que Lepautre avait eues avec Charles Patin par l'intermédiaire de Leblond, son éditeur.

LES MAL MARIES A LA RUE DE L'ARBRE-SEC. — Pièce burlesque dont la gravure a été achevée par J. Lenfant d'après le dessin de J. Lepautre. Almanach in-fol.

LE PETIT BONHOMME. — Pièce burlesque d'après Estienne Villequier. In-fol.

ADRESSE DE MAVELOT. — Aux armes de Mademoiselle, Mavelot, graveur ordinaire.

A LA VALEUR, Rouffel, fourbisseur & graveur des médailles du Roy, à Paris, sur le pont St-Michel, fait & vend toutes sortes d'épées.

Dans un cartouche entouré de faisceaux d'épées, on voit quatre mousquetaires mettant en fuite une douzaine de brigands.

On pourrait à la rigueur en faire une illustration pour le roman d'A. Dumas.

Au bas on lit : *Simpol pinxit.* — *Lepautre fecit.* Petit in-fol.

ADRESSE DE DE LAUNAY, chirurgien-herniaire au bout du Pont-Neuf, contre la rue Dauphine & celle de Guénégaud.

ADRESSE D'UNE MARCHANDE DE MODES : — *Une Renommée*. Dans la marge on voit des masques, des mantilles, des bonnets; plus tard on gratta les objets de toilette & on fit un frontispice pour la troisième édition des œuvres de Le Muet. — In-fol.

AU CHANT DU COCQ, Lecocq, fourbisseur, vend toutes sortes d'épées, demeurant sur le pont St-Michel, à Paris.

LES VISIONS DE QUEVEDO. — 6 feuilles.

HUIT FIGURES ET GROUPES D'ACADEMIES, deffinés par Fr. Bourlier. Il y en a quatre en hauteur & quatre en largeur. — On lit au bas : *F. Bourlier exc. c. priv. R. C.* — 8 pièces in-fol.

A MON SEIGNEUR LE DUC D'ANGUIEN, PRINCE DU SANG, PAIR ET GRAND MAISTRE DE FRANCE :

> Mon audace eft bien téméraire,
> D'offrir d'une main fi légère,
> Le petit volume gravé
> D'imparfaits deffeins de peinture
> A ce grand prince qu'on affeure
> Des princes le plus achevé.
>
> *Son très-humble & très-obéïffant ferviteur,*
> François BOURLIER.

Il y a une feconde édition : dans le titre, les vers ont difparu. On lit : *Liure de portraictures nouvellement imprimé de plufieurs eftudes de François Perier, defigné à Rome par François Bourlier, peintre ordinaire du Roy.* — Se vend à Paris, chez Iollain, rue St-Jacques, à la *Ville de Cologne*. — 13 pièces in-fol.

DIVERSES ETUDES DU CORPS HUMAIN, deffinées & gravées par J. Lepautre. — 12 pièces numérotées. On lit au bas : *J. Lepautre exc. Se vendent fous les charniers Saints-Innocents.*

LIVRE D'ACADEMIES pour apprendre à bien deffiner, nouvellement inventé & gravé par J. Lepautre. Se vend à Paris, fous les charniers Saints-Innocents, avec privilége du Roy. — 6 pièces in-fol.

LIVRE DE PORTRAICTURE, tiré du Carrache, Villamène & autres excellents maiftres d'Italie. A Paris, chez P. Mariette.

SUITE DE SIX BUSTES D'ENFANTS, sur 3 feuilles. — On lit au bas : *F. Bourlier exc. c. priv. R. C.* In-fol.

DIVERS SUJETS DE LA VIE PASTORALE, jeux, &c. Ils forment 6 fuites différentes. 35 pièces in-fol.

LES DOUZE MOIS, repréfentés par les occupations des hommes pendant l'année. Chez de Poilly.

CHASSE AU SANGLIER, d'après Sneyder. In-fol. obl.

CHASSE AU CERF, d'après E. La Belle. In-fol. obl.

HUIT SUJETS DE THESE pour diverfes perfonnes. In-fol.

L'ART UNIVERSEL DES FORTIFICATIONS.— 5 pièces in-fol.

TITRE DE LIVRE, gravures pour les ouvrages de Petrus Firmianus.

TITRE DE LA DIOPTRIQUE OCULAIRE, par le P. Chérubin d'Orléans, capucin, gravé par G. Edelinck fur les deffins de Le. pautre.

LA NOPCE DU VILLAGE, comédie repréfentée à l'hôtel de Bourgogne. — On lit les vers fuivants fur le titre de la première édition :

> Avec grande application
> Le Pôtre a gravé cet ouvrage ;
> J'en ai donné l'invention,
> Je n'en dirai pas davantage.
>
> BRECOURT.

Ce premier titre ayant été perdu, Gantrel en fit faire un fecond que voici : *La Nopce de Village.* Se vendent fous les charniers des Sts-Innocents, avec privilége du Roy. *Jacques Lepautre inv. & fecit.* — Le titre & 7 pièces in-4º.

DIVERS SUJETS PRIS DANS LES PIECES DE MOLIERE.

— *L'Impofteur, ou le Tartufe*, 1667. — *M. de Pourceaugnac*, 1670. — *Le Malade imaginaire*, 1673. In-fol.

UNE PIECE pour *Don Japhet d'Arménie*, de Scarron. In-fol.

DEUX AMOURS TENANT UN RIDEAU SUR LE DEVANT, en arrière, plufieurs inftruments de mufique. Chez Iollain, 1690. In-folio.

Je crois cette pièce de Lepautre, malgré la date ; il eft probable que c'eft un fecond tirage.

TITRE DU LIVRE DE MUSIQUE POUR LE LUTH, du fieur Perrine. 2 pièces in-fol.

TROPHEES DE MUSIQUE, formant un cartouche qui fert de frontifpice à un recueil d'airs du fieur Lambert. (*Cat. Mariette.*)

LES CINQ SENS, repréfentés par des figures d'hommes & de femmes en coftume du temps. — Ces pièces furent gravées, dit Mariette, dans les dernières années de Lepautre & d'une manière fort négligée.

SIX PIECES fur les diverfes folies de l'homme.

*Pièces non datées, deffinées feulement par Lepautre.*

DIVERSES ALLEGORIES, EMBLEMES, ARMOIRIES, FRONTISPICES, gravés d'après J. Lepautre, par Nicolas de Poilly, Nicolas Regneffon, Martial Desbois. — 7 pièces.

*Pièces non datées, gravées feulement par Lepautre.*

DIVERSES DECORATIONS fervant de frontifpices à des opéras, ballets, &c. :

*Ifis*, tragédie en mufique, repréfentée devant S. M. à Saint-Germain-en-Laye, le cinquième jour de janvier 1677. A Paris, par Chriftophe Ballard, feul imprimeur du Roy pour la mufique, rue St-Jean de Beauvais, au Mont-Parnaffe, 1677. 1 pièce in-4°.

*Proferpine*, tragédie en mufique, repréfentée devant S. M. à Saint-Germain-en-Laye, le troifième de février 1680. A Paris, par Chriftophe Ballard, 1680. 1 pièce in-4° & 2 titres de page.

*Le Triomphe de l'Amour*, ballet danfé devant S. M. à Saint-Germain-en-Laye, le cinquième jour de janvier 1672. Par Chriftophe Ballard, feul imprimeur du Roy pour la mufique, 1681. 1 pièce in-4°.

Les décorations font du deffin de Berin.

LES TABLEAUX DE LA SALLE DU PALAIS MAGNANIE A BOLOGNE, peints conjointement par les Carraches, & dans lefquels ils ont repréfenté l'hiftoire de Romulus & de la fondation de Rome. 15 pièces in-fol.

Voici ce que dit Mariette au fujet de cette fuite : « Elle a été gravée « d'après les deffins de François Toitebat, moitié par Jean Lepautre, « moitié par Louis de Châtillon, à l'eau-forte. Celles du premier font « exécutées avec plus de fierté, au lieu que celles du fecond font trai- « tées d'une manière plus moelleufe. Les unes & les autres ont été ter- « minées par Jean Boulanger avec affez de foin. »

PIECES GRAVEES d'après Paul Farinati. *Paulus Farinatus inv.*, *Le Potre fecit*. Van Merlen, avec privilége. 4 pièces in-fol. — La Puiffance temporelle & fpirituelle. 3 pièces. — Efclaves ou cariatides fupportant un entablement.

VUE D'UNE PARTIE DES JARDINS DE VAUX-LE-VICOMTE, d'après le deffin d'Ifraël Sylveftre. In-fol. obl.

VEUE ET PERSPECTIVE DU CHASTEAU DE BLERANCOURT. — Veue du chafteau de Blerancourt. — Veue de l'entrée du chafteau de Verneuil. — Veue du chafteau de Verneuil du cofté des parterres. 4 pièces in-fol. obl.

Le deffin eft d'Ifraël Silveftre ; la gravure de Marot & de Lepautre.

REGLE DES CINQ ORDRES D'ARCHITECTURE, de Jacques Barozio de Vignole, nouvellement reveues, corrigées & réduites de grand en petit par Jean Lepautre, avec plufieurs augmentations de Michel-Ange Buonarotti. A Paris, chez G. Iollain, rue St-Jacques, à la *Ville de Cologne*, avec privilége. 1 frontifpice, 101 feuilles numérotées. In-12.

REGLE DES CINQ ORDRES D'ARCHITECTURE (2ᵉ édition), par M. Jacques Barozio de Vignole, nouvellement revues, corrigées & réduites de grand en petit par M. Blondel, architecte du Roy en 1752, avec plufieurs augmentations de Michel-Ange Buonarotti, Vitruve, Scamozzi, d'Avilert, Manfart & d'autres architectes modernes. A Paris, chez Chereau, rue St-Jacques, aux *Deux Piliers d'Or*, avec privilége du Roy. 115 pièces numérotées, compris le titre.

# STYLE LOUIS XIV.

### PIERRE LEPAUTRE. — 1716.

Mariette, à qui l'on doit les feuls documents précis relatifs à la famille des Lepautre, donne fur Pierre, l'aîné des enfants de Jean Lepautre, une notice que je lui emprunte : *Lepautre (Pierre), l'aifné des enfants de Jean Lepautre, fut deftiné, pour ainfi dire, dès l'enfance, à la même profeffion que fon père, qui avoit acquis un fi grand nom dans la gravure par l'excellence de fon goût & la vafte étendue de fon génie. Il eut cet avantage de trouver auprès de lui des inftructions d'autant plus fûres, qu'il étoit très-capable de luy en donner, & qu'il avoit outre cela un intérêt particulier de ne luy rien cacher. Ce fut ainfi que Pierre Lepautre s'éleva dans l'exercice du deffin & de la gravure, & que, voulant marcher fur les mêmes traces que fon père, il apprit encore de luy l'architecture, l'ornement, la perfpective & généralement toutes les différentes parties du deffin. Cette étude lui fut dans la fuite d'une grande utilité. Il avoit une facilité merveilleufe pour la gravure à l'eau-forte, & ce qu'il a gravé dans le temps qu'il en faifoit fon unique profeffion eft exécuté avec toute la propreté & le foin poffibles; mais comme il fe trouva avoir affez de génie pour l'architecture, & qu'il poffédoit toutes les parties néceffaires pour la bien deffiner, Jules-Hardouin Manfard, furintendant des baftiments, jeta les yeux fur lui, fit créer en fa faveur une place de deſſinateur & graveur des baſtiments du roy, & en cette qualité, ſe l'étant entièrement attaché, il ſe ſervit ſouvent de ſa main pour rédiger & meſtre au net ſes penſées. Ainſy, Pierre Lepautre eut beaucoup de part à tous les ouvrages qui ſe firent dans la ſuite à Verſailles, à Marly & dans les autres maiſons royales, tant pour ce qui regarde l'architecture que le jardinage. Il en fit preſque tous les deſſins, il en grava meſme pluſieurs, car ſes occupations ne l'empêchoient pas de reprendre de temps à autre l'exercice de la gravure. Il y a nombre de ſes ouvrages qui ont été faits dans ces intervalles.*

Il réſulte de la notice de Mariette que P. Lepautre s'attacha uniquement à Jules-Hardouin Manſard. Ce fait pourrait étonner en ſe rappelant les rapports de Manſard avec la famille de Lepautre (1), mais la quantité de pièces gravées par Lepautre, d'après ce célèbre architecte, en eſt une preuve poſitive. Les ſuites qui ont paru avec le nom de Pierre Lepautre ont un grand intérêt, grâce au ſoin qu'il a pris de reproduire les principales décorations exécutées par Manſard dans les intérieurs des maiſons royales & des principaux hôtels de Paris, de 1680 à 1708.

Jules-Hardouin Manſard était devenu, depuis la conſtruction du château de Clagny, l'architecte préféré du roi Louis XIV; nul n'était plus apte à remplir cette haute poſition. Doué d'une imagination vive & brillante, il ſavait donner à ſes compoſitions un caractère de grandeur & de bon goût, bien fait pour plaire au roi.

Son eſprit inventif lui ſuggéra dans les intérieurs des améliorations que l'habitude nous fait paraître naturelles, mais qui n'en furent pas moins, à cette époque, de véritables créations.

(1) Pierre Lepautre était neveu d'Antoine Lepautre, célèbre architecte, que Manſard eut l'adreſſe de ſupplanter dans la conſtruction du château de Clagny, en 1676.

Manſard introduiſit le premier des glaces ou miroirs au milieu des ornements de ſculpture ou de peinture qui décoraient les cheminées. Ces eſſais ont été faits d'abord avec une certaine timidité. Manſard ſe contenta de remplacer par une partie de glace le bas-relief ou le médaillon qui forme en général le motif milieu de l'attique (1).

Je trouve un motif de couronnement très-curieux dans une ſuite de cheminées à panneaux de glace (2), parue ſans nom ni date; en voici le détail: La cheminée ſe compoſe d'un ſimple chambranle à moulures, & d'un attique peu élevé dont la baſe eſt en retraite, & dont la corniche, droite ſur les côtés, époufe au milieu les formes cintrées d'un médaillon. Au-deſſus, l'architecte, en profitant avec adreſſe de la forme de cette corniche, a compoſé avec des rinceaux un motif de gradins ſe terminant par un vaſe d'une riche ornementation. Sur les gradins ſont diſpoſés, à droite & à gauche, des potiches & des verres de forme allongée.

Daviler (3), dans ſon ouvrage, explique le motif de cet uſage: « *La hauteur de la corniche (des cheminées) doit être élevée de ſix pieds, afin qu'on ne puiſſe pas renverſer les vaſes dont elles ſont ornées.* » J'ajouterai que cette cheminée eſt adoſſée à un fond de glace encadrée d'un chambranle qui s'élève juſque ſous la corniche de la pièce.

---

(1) *Cheminées nouvelles à la manſarde*. A Paris, chez Jean Mariette, aux *Colonnes d'Hercule*, in-fol. 6 pièces numérotées à droite.

(2) *Nouvelles Cheminées à panneaux de glace*, exécutées dans quelques hôtels de Paris, avec les profils en grand des membres d'architecture. A Paris, chez de Poilly, à l'*Image St-Benoît*. 6 pièces ſans numéros, in-fol.

(3) *Cours d'architecture qui comprend les ordres de Vignole*, par le ſieur Daviler, architecte du Roy. A Paris, chez Nicolas Langlois, 1691. Tome 1er, page 162.

Voilà donc tout à fait l'origine des tablettes de cheminées & des grands cadres de glace. Dans le recueil de cheminées & lambris à la mode exécutés dans les nouveaux bâtiments de Paris, P. Lepautre nous présente des motifs à peu près semblables à celui que je viens de décrire ; seulement l'attique, dont le miroir n'occupe que la partie inférieure, commence à être placé assez en retraite pour qu'on puisse mettre un buste sur la tablette qui couronne le chambranle. Enfin, je constate dans le *Recueil des Cheminées à la Royale à grand miroir & tablette avec lambris de menuiserie*, que les cadres de glace montent dans presque toute la hauteur des pièces, & que la tablette est assez large pour recevoir des bustes, des vases, &c.

Il ne reste plus de l'ancienne ornementation que la riche agrafe ou cartouche qui couronne toujours le cadre de glace, quelquefois accompagné de deux pilastres surmontés de potiches.

Dans la suite des *Portes à placard & à lambris dessinez par le sieur Mansard & nouvellement exécutez dans quelques maisons roiales, &c.*, on voit les portes prendre des proportions convenables. Daviler dit à ce sujet : *Les petites portes étaient autrefois si fort à la mode, que, dans la plupart des réparations des vieux hôtels & chasteaux, on commence par agrandir les portes, ce qui a été nécessaire de faire à celui des Tuileries, où elles n'avaient que six pieds de hauteur.*

Lepautre, dans le recueil cité plus haut, nous représente une porte feinte à panneaux de glace exécutés par Mansard, dans les appartements de Trianon. On voit quel parti cet habile architecte avait su promptement tirer des moyens de décoration.

Daviler, que j'ai déjà cité deux fois, peut servir à résumer les divers changements survenus à cette époque & à en fixer la date.

Son livre est daté de 1691 ; il y fait mention de la suppression des poutres apparentes, remplacées par des plafonds en plâtre dont les angles, dit-il, doivent être adoucis; de l'ufage, devenu général, des lambris en menuiferie, au lieu de tapifferie, mais il paffe fous filence les nouvelles cheminées à glace, quoique dans une de fes planches, il ait indiqué un miroir. Ce qui eft affez curieux, c'eft que dans un chambranle de cheminée, il indique deux petites niches pour mettre, dit-il, *les uftenfiles dont on attife le feu.*

On peut donc fixer entre 1690 & 1708, date de la mort de Manfard, l'époque où fe font produits ces changements dans la décoration. Quelques auteurs les ont attribués à Robert de Cotte ; c'eft une erreur que les divers recueils que j'ai cités permettent de rectifier.

P. Lepautre a gravé auffi un grand nombre de planches pour des livres d'architecture ; fon burin, très-net mais un peu froid, le fit rechercher des éditeurs ; malgré fes occupations, il trouva moyen de graver, en 1682, quelques planches des ouvrages fuivants :

Defgodets, *Edifices antiques de Rome; Defcription des Invalides; Ordonnance des cinq efpèces de colonnes & le Vitruve de 1684 de Perrault.* Enfin, l'*OEuvre du Cabinet du Roi* le compte auffi parmi fes graveurs.

Mariette cite de lui une *Vie des Saints* & un portrait de Louis XIV, pour une thèfe foutenue au collége d'Harcourt par Bourgard, en 1695. P. Lepautre mourut probablement en 1716, car le 4 janvier 1717, Louis Simoneau eft nommé graveur du roi à la place de Pierre Lepautre, dernier poffeffeur de cette charge (1). De plus, je trouve un certain nombre de planches de P. Lepautre dans l'ouvrage intitulé : *Les Plans, Profils & Elévations des ville & chafteau de Verfailles,* avec les

---

(1) *Archives de l'Art français.*

Bosquets & Fontaines tels qu'ils sont à présent ; levés, deſſinés & gravés en 1714 & 1715 ; à Paris, chez Demortain, pont Notre-Dame, aux Belles Eſtampes, avec privilége.

# BIBLIOGRAPHIE.

### PIECES DATEES.

VIGNETTES POUR LE TEXTE DES TAPISSERIES : Les armes de France avec deux Amours entourés des attributs des quatre Eléments. — Cinq Amours avec les attributs des quatre Saiſons. — Les armes de France dans un cadre. — Tapiſſeries du Roy, où ſont repréſentés les quatre Eléments & les quatre Saiſons. — A Paris , chez Sébaſtien Mabre-Cramoiſy, imprimeur du Roy, rue St-Jacques, aux *Cigognes*, M. D. C. LXXIX. In-fol.

LES EDIFICES ANTIQUES DE ROME, deſſinés & meſurés très-exactement par Antoine Deſgodets, architecte. A Paris, chez Jean-Baptiſte Coignard, M. D. C. LXXXII. In-fol. — Panthéon, 20. — Arc de Titus, 2. 6. — Arc de Septime-Sévère, 1. 8. 10. — Arc de Conſtantin, 1. 2. 3. 4. 5. 6. 7. 8. 9. — Colyſée, 1. — Bains de Paul-Emile, 1. 2. 3.

ORDONNANCE DES CINQ ESPECES DE COLONNES SELON LA METHODE DES ANCIENS, par M. Perrault, de l'Académie royale des Sciences, docteur en médecine de la Faculté de Paris. A Paris, chez Jean Coignard, imprimeur & libraire ordinaire du Roy, rue St-Jacques, à la *Bible d'Or*, M. D. C. LXXXIII, avec privilége de Sa Majefté. In-fol. — Une lettre ornée & les trois premières planches font de P. Lepautre.

DESCRIPTION GENERALE DE L'HOSTEL DES INVALIDES, établi par Louis-le-Grand dans la plaine de Grenelle, près Paris, avec les plans, profils & élévations de fes faces, coupes & appartements. A Paris, chez l'auteur, dans l'Hoftel royal des Invalides. M. D. C. LXIII, avec privilége du Roy. In-fol.
Vue en perfpective de l'élévation générale. Au bas à gauche, on lit : *P. Lepautre F.*

LES X LIVRES D'ARCHITECTURE DE VITRUVE, corrigés & traduits nouvellement en français avec des notes & des figures. Seconde édition, revue, corrigée & augmentée par M. Perrault, de l'Académie royale des Sciences, docteur en médecine de la Faculté de Paris. A Paris, chez Jean-Baptifte Coignard, M. D. C. LXXXIV, avec privilége de Sa Majefté. In-fol. — Planche ** repréfentant les Tutèles de Bordeaux. — Perrault mentionne dans les notes de fon texte la planche gravée par du Cerceau. *Vitruve*, page 217, livre VI. — Planche ****. Planche *****.

PRIERE POUR LE ROY, pour la communauté des arts de peinture & de fculpture de la ville de Paris. 13 décembre 1686. *Lepautre fc.*

MONUMENT ELEVE PAR LA VILLE DE PARIS, le 14 juillet 1689, pour conferver la mémoire de l'honneur que lui fit Louis-le-Grand, le 30 janvier 1687, en y dinant avec toute la maifon royale. Jean Beaufire, architecte de la ville, inv. Deffiné & gravé par Pierre Lepautre. Gr. in-fol.

AQUEDUC ROYAL DE MAINTENON, bâti en 1687. 3 pl.

LE CABINET DES BEAUX-ARTS, ou Recueil d'eftampes gravées d'après un plafond où les Beaux-Arts font repréfentés avec l'explication en profe & en vers. 1690. In-4° obl.

LES SOIXANTE EXPERTS DU ROY, créés en 1690 & 1691, pour faire les rapports de tout ce qui concerne les bâtiments & héritages à Paris & par tout le royaume. *Lepautre ſc.*

LES CONQUETES DU ROY. — Plan & profil de la ville de Charleroy, rendue le 11 octobre 1693. 4 pl. — Plan & profil de la ville & du château de Namur, pris par le roi le 30 juin 1692. — *Id.*, où font marqués les ouvrages ajoutés depuis 1692. 4 pl. — Plan & profil de la ville de Rofes en Catalogne, rendue le 29 mai 1693. 4 pl. — Plan de la ville de Rofes en Catalogne & de fes attaques. Gr. in-fol.

BON DE PAIN. On lit : « Pain du Roy pour les pauvres »; & plus bas : « Pain pour —. 1693. » — En haut fe trouve gravé l'écuffon royal.

POMPE FUNEBRE D'ULRIQUE ELEONORE, REINE DE SUEDE, exécutée à Stokholm en 1693, fur les deffins de M. de Teffin. 8 pl.

DEUX CENTS PLANCHES ENVIRON, gravées pour les *Mémoires d'Artillerie*, recueillis par M. Surirey de St-Remy, lieutenant du grand-maiftre d'artillerie de France. A Paris, imprimerie royale, 1697. 2ᵉ édition, 1707. In-4°.

CARTE PARTICULIERE DU CAMP DE CONDUN PRES COMPIEGNE ET DE SES ENVIRONS. 1698.

LES PLANS, PROFILS ET ELEVATIONS DES VILLE ET CHATEAU DE VERSAILLES, avec les bofquets & fontaines tels qu'ils font à préfent; levés fur les lieux, deffinés & gravés en 1714 & 1715, &c., &c. A Paris, chez de Mortain, fur le pont Notre-Dame, aux *Belles Eſtampes*, avec privilége du Roy. In-fol.

A gauche, on lit dans un cartouche : Plan général de la ville & du château de Verfailles, de fes jardins, bofquets & fontaines, dédié au Roy par Pierre Lepautre. — Et à droite, dans un cartouche : A Paris, chez de Mortain, fur le pont N.-D., à l'enfeigne des *Belles Eſtampes*. Magnifique pièce in-fol.

VUE ET PERSPECTIVE DU BAS DE L'ORANGERIE DU CHATEAU DE VERSAILLES ET DE LA GRANDE PIECE D'EAU QUE L'ON APPELLE COMMUNEMENT PIECE DES SUISSES. A gauche : *P. Lepautre del.;* à droite : *Antoine sculpt.* — Cette planche porte le n° 10.

VUE DU CHATEAU ET DU PARC DE MARLY. — On lit au bas à gauche : *Dessiné par Pierre Lepautre,* & à droite : *Sébastien Antoine, sculpt.* Cette planche porte le n° 35.

PLAN GENERAL DE TRIANON. Signé, à gauche, *Pierre Lepautre;* à droite, *Fombonne, sculpt.* Cette planche porte le n° 34.

VUE DU CHATEAU ROYAL DE TRIANON DANS LE PARC DE VERSAILLES. Signé, à gauche, *P. Lepautre.* Sans numéro. — Je pense que ce doit être 32.

LES PLANS, COUPES, PROFILS ET ELEVATIONS DE LA CHAPELLE DU CHASTEAU ROYAL DE VERSAILLES, levés & gravés par Pierre Lepautre, architecte & graveur du Roy. Se vendent à Paris, chez le sieur de Mortain, sur le pont Notre-Dame, aux *Belles Estampes,* avec privilége du Roy. 13 pl. numérotées. Gr. in-fol.

SUECIA ANTIQUA ET HODIERNA (1693-1714). 3 tomes en 1 vol. in-fol. obl. Les planches sont gravées par P. Lepautre, S. Marot, Perelle, &c.

---

## PIECES NON DATEES.

*Ornements rangés par ordre alphabétique.*

BORDURES DE GLACE. 4 pl. in-fol.

CHEMINEES ET LAMBRIS A LA MODE, exécutés dans les

nouveaux baſtiments de Paris; fait par P. Lepautre. A Paris, chez Nicolas Langlois, rue St-Jacques, à la *Victoire*, avec privilége. 6 pièces ſans numéros. In-fol.

CHEMINEES A LA ROYALE, à grand miroir & tablette, avec lambris de menuiſerie. A Paris, chez N. Langlois, rue St-Jacques, à la *Victoire*. 6 pièces numérotées à droite. In-fol.

RECUEIL DE PROFILS DE CORNICHES exécutées dans le château de Verſailles ſur les deſſins de Jules Hardouin Manſard, en 10 pièces.

DESSINS DE CROISEES, PORTES, PLACARDS, LAMBRIS D'APPUI ET PORTES COCHERES du gros bâtiment en aile du château de Verſailles. 7 pl.

CHOIX DE DIVERS ORNEMENTS, en 2 pl.

DESSINS DE PARTERRE DE BRODERIE, CABINETS DE TREILLAGES, &c., formant environ 30 pl. en pluſieurs ſuites.

PORTE DANS LES ANCIENS APPARTEMENTS DU LOUVRE, ainſi qu'une des lucarnes du même château.

PORTES A PLACARD ET LAMBRIS, deſſinés par le ſieur Manſard & nouvellement exécutés dans quelques maiſons royales, gravés par Lepautre. A Paris, chez N. Langlois, rue St-Jacques, à la *Victoire*. 6 pièces numérotées à droite. In-fol.

DESSINS DE PORTES COCHERES nouvellement exécutées dans les maiſons royales. A Paris, chez Jean Mariette, aux *Colonnes d'Hercule*. P. Lepautre, ſculpt. 6 pièces numérotées à gauche. In-fol.

LIVRE DE TABLES qui ſont dans les appartements du Roy, ſur leſquelles ſont poſés les bijoux du cabinet des Médailles. Deſſiné & gravé par P. Lepautre, graveur du Roy. In-fol.

## Topographie.

PROFIL DE L'AQUEDUC projeté de faire depuis la montagne de Picardie jufqu'à la butte de Montborou pour la conduite des eaux à Verfailles.

RECUEIL DES VUES DE FRANCE, de Perelle. — Vue du Louvre à vol d'oifeau. — Place Louis-le-Grand. — Fontaine des Sts-Innocents. — Fontaines de la Charité & des Petits-Pères. — Fontaines St-Louis, de la porte St-Germain, & St-Ovide. — Le palais d'Orléans. — Le château royal de Madrid. — Vues de Marly, 5 pièces. — Vues de Trianon, 3 pièces. — La Ménagerie de Verfailles. — Jardins & cafcades de St-Cloud, 2 pièces. — Château de Meudon. — Maifon royale de St-Cyr. — Château de Rambouillet. — Château de Petit-Bourg. — In-fol. obl.

L'ARCHITECTURE FRANÇOISE, ou Recueil des plans, élévations, coupes & profils des églifes, palais, hôtels & maifons particulières de Paris, & des chafteaux & maifons de campagne ou de plaifance des environs & de plufieurs autres endroits de France, bâtis nouvellement par les plus habiles architectes, & levés & mefurés exactement fur les lieux. A Paris, chez Jean Mariette, rue St-Jacques, aux *Colonnes d'Hercule*. M.D.C.C.XXVII. In-fol. Plan général de Boufflers, d'après les deffins de M. Manfard, furintendant des baftiments du Roy, gravé par P. Lepautre, graveur du Roy. Se vend à Paris, chez Mariette, rue St-Jacques, aux *Colonnes d'Hercule*. 6 pl. in-fol., fans numéros. L'abbaye royale de Saint-Denys, plans, coupe, élévations. 8 pl.

## Pièces Diverfes.

LES TROPHEES DE MARIUS AU CAPITOLE, à Rome.

LES ARMES DE LA FAMILLE DE CHAMPIGNY fupportées par deux fauvages.

FAÇADE EXTERIEURE DE L'HOTEL-DE-VILLE. — Statue de Louis XIV dans la cour de l'Hôtel-de-Ville.

ADRESSE DE PIERRE LEPAUTRE. — Le Pautre, architecte & graveur ordinaire du Roy, montre à deffigner, l'architecture, la figure, l'ornement, le païfage, &c., & donnera au public, dans peu, un livre de parallèles d'architecture antique & moderne, le *Palladio* & le *Vignole*. A Paris, chez l'auteur, demeurant rue du Foin, vis-à-vis la grande porte des Mathurins, au collége de maiftre Gervais. 1 pièce.

LE JEU DE LA GUERRE, repréfenté en 53 fcènes, d'après G. La Boiffière, ingénieur, gravé par P. Lepautre. In-fol. — *Ant. Dieu inv.* In-fol.

P. LEPAUTRE a gravé, d'après Berain, deux pièces de la fuite d'ornements, marquées G : Funérailles du prince de Condé ; repréfentation du portique élevé devant la porte du chœur pour entrer dans le camp de la Douleur. A droite, on lit : *Berin inv.* A gauche : *Lepautre fculp.* — Le frontifpice du *Neptune français*. In-fol.

# JEAN MAROT. — † 1679.

Jean Marot, architecte parifien (c'eſt le titre qu'il prend), naquit à Paris d'une famille proteſtante; tout porte à croire que ce fut vers l'an 1625 (1). Son père, Girard Marot, était menuiſier, & ce fut ſans doute ſous ſa direction qu'il commença ſes études. Malheureuſement, les documents font défaut, & ce n'eſt qu'en rapprochant quelques dates & compul-

---

(1) Son père Girard Marot, menuiſier, eut de ſa première femme, Eſter Aldran ou Hardran, ſix enfants : 1° Jean; — 2° Salomon, peintre, né le 13 mai 1614, & enterré au cimetière des Sts-Pères, le 17 février 1647; — 3° Marie, baptiſée le 10 ſeptembre 1617, qui fut mariée à Julien le Breton, fourbiſſeur, & devint mère de Hercule le Breton, graveur du roi; — 4° Jacques, baptiſé le 17 mars 1621; parrain, Jacques Aubert, peintre; marraine, la femme de Jean Baudoin, menuiſier du roi; — 5° une fille non dénommée, baptiſée le 26 novembre 1623; parrain, du Cerceau; marraine, Marie du Ry, fille de Charles du Ry, maître maçon; — 6° un fils non dénommé (peut-être Jean), baptiſé le 13 juillet 1625. — La ſeconde femme de Girard Marot, Mathurine de Villiers (ou de Vallière), lui donna encore un fils, Jean-Baptiſte, baptiſé le 2 décembre 1632, qui épouſa, en août 1658, Thérèſe Freſneau, fille de Jean Freſneau, brodeur, & en eut pluſieurs enfants morts en bas-âge. Il était maître peintre à Paris, & fut enterré le 27 décembre 1667.

fant fon œuvre de graveur qu'on peut effayer de retracer fon exiftence d'artifte. Les noms de fes maîtres, comme architecte ou comme graveur, font également inconnus. L'on peut cependant croire, d'après les nombreufes vues de monuments de Rome gravées par lui, qu'il fit un voyage en Italie.

A l'appui de cette opinion, je fignalerai, dans un de fes premiers recueils, un chapiteau corinthien qui porte gravé fur le plan : *Pianta del capitello Corinthio*.

Cette gravure, qui eft bien évidemment de fon premier temps, donnerait lieu de croire que le deffin en fut exécuté pendant un féjour qu'il fit en Italie. Dans la vie de Lepautre, on a vu qu'Adam Philippon emmena en Italie une colonie d'artiftes ; on pourrait fuppofer que Marot, fils d'un menuifier, en fit partie. Il aurait donc eu le même maître que Lepautre.

Comme architecte, Jean Marot fut loin d'être fans talent, & fon projet d'achèvement du Louvre était certainement l'un des mieux conçus. Il avait le grand mérite d'avoir le cachet de fon époque fans s'écarter des lignes d'architecture pofées par Pierre Lefcot. Il eft affez difficile de porter un jugement fur fes autres œuvres, puifqu'elles font ou détruites ou dénaturées, mais leur importance prouve du moins la réputation dont jouiffait leur auteur de fon vivant.

Voici la lifte des principaux édifices conftruits par lui :

L'églife des Feuillantines; l'ancienne façade de l'hôtel de Puffort, devenu plus tard, hôtel de Noailles; la maifon de M. le duc de Mortemart, gouverneur de Paris, rue St-Guillaume; enfin, le château de Turny en Bourgogne & celui de Lavardin dans le Maine, lui furent toujours attribués. Ce que l'on n'a peut-être pas affez remarqué jufqu'ici, & qui mérite d'attirer l'attention des artiftes, ce font les compofitions de Jean Marot pour décorations intérieures, telles que plafonds, portes à placards, vafes, ferrurerie, &c., &c.; elles peuvent être regardées quelquefois comme fupérieures à toutes celles qui ont été produites à la même époque. Il n'eft pas hors de propos de faire obferver que c'eft dans ces mêmes fuites que le talent de Jean Marot comme graveur fe montre le plus remarquable. Quant à la compofition, elle eft généralement claire & précife, les ornements font de bon goût & toujours d'un ftyle ferme & nerveux ; enfin l'on y reconnaît la main d'un homme *qui a exécuté* & fait retenir fon imagination, ce que n'a pas toujours fait fon contemporain & ami Jean Lepautre (1). Mais ce qui fait que pour Jean Marot la réputation du graveur effacera toujours celle de l'architecte, c'eft le foin tout particulier qu'il a pris de graver la plupart des monuments de l'ancienne France, dénaturés ou détruits à l'heure qu'il eft, & c'eft auffi ce qui fera rechercher de plus en plus fon œuvre.

Maintenant il refte à traiter une queftion plus délicate, qui eft celle de favoir fi Jean Marot a exécuté *feul* les nombreufes planches qui compofent cet œuvre. L'examen détaillé que j'ai fait des fuites qui le compofent m'en font douter. Je ne veux pas parler ici de l'aide qu'il trouva dans fon fils aîné : elle peut être très-facilement conftatée, puifque certaines pièces, telles

---

(1) Dans fes notes manufcrites, Mariette, en faifant l'éloge de Jean Marot, dit avec beaucoup de raifon : *On rencontre dans fes gravures une fidélité & une correction qu'il lui aurait été difficile de donner, s'il n'eût été lui-même un excellent architecte.* Il ajoute plus loin que lorfqu'il avait quelques figures à mettre dans fes planches, il était obligé d'avoir recours à La Bella ou à Lepautre, ou bien de fe réfigner à les faire mal. Il eft facile de vérifier ces diverfes affertions de Mariette, en examinant le *Recueil de diverfes pièces modernes d'architecture*, dont le n° 7 nous montre des enfants deffinés avec une maladreffe inouïe. Dans fes *Deffins d'Alcôves*, tandis que dans la planche n° 1, on trouve des cariatides prefque grotefques, la planche n° 2, attribuée à Lepautre, repréfente un groupe de perfonnages deffinés avec infiniment d'efprit.

Il ferait facile de multiplier ces exemples.

que la *Vue de l'Abbaye du Val-de-Grâce*, la *Porte de l'Antichambre du Roi*, &c., &c., portent la fignature de Daniel Marot ; je parle d'un autre Marot, portant le même prénom que Jean Marot, & qui ferait fon frère de père.

Dans la defcendance de Girard Marot, l'on remarquera un Jean-Baptifte Marot, maître peintre, fils de fa feconde femme, infcrit comme baptifé en 1632, marié en 1656, & qui mourut en 1667. L'exiftence de ce Jean-Baptifte Marot eft conftatée par une pièce affez rare, repréfentant une Sainte-Famille.

L'entourage en eft fort riche. Il fe compofe d'un entrecolonnement dorique, en perfpective. A droite & à gauche de ces colonnes, en arrière-plan, l'on voit deux termes drapés, d'un très-beau caractère. Au-deffous, à droite, on lit : *Joannes, Baptifta Marot inv. & fec.* A gauche : *Leblond excud. Avec privil.*

Enfin, pour terminer cette defcription, fur un piédeftal font gravés les vers fuivants :

*Jéfus, Jofeph, Marie,*
*Sont les miroirs de ma vie.*

Quiconque les veut imiter,
Il faut faire le bien, le vice déteſter.

Il eft impoffible, en voyant l'habileté avec laquelle cette gravure eft traitée, de ne pas reconnaître une main très-exercée.

Maintenant, d'un côté les regiftres de Charenton conftatent l'enterrement de Jean Marot en 1679, & cependant je trouve une pièce gravée intitulée : *L'illumination des Galeries du Louvre, pour la naiffance de Monfeigneur le Duc de Bourgogne, 25 août 1682*, & qui porte : *Marot fecit.*

J'ajouterai encore que le catalogue de Florent le Comte (1) eſt indiqué comme *contenant ce qui a été inventé & gravé par les ſieurs Jean Marot père & fils*, & l'on trouve dans la deſcendance de Jean Marot que celui de ſes fils qui portait le même prénom que lui mourut en 1677.

En groupant ces divers faits, ſans prétendre les expliquer, on parvient à trouver qu'il y a eu certainement deux graveurs portant le nom de Jean Marot ; que l'un d'eux eſt peut-être Jean-Baptiſte, qu'ils furent aidés par Daniel Marot, & que c'eſt à ces trois talents réunis qu'il faut attribuer ce que l'on nomme vulgairement l'*OEuvre de Jean Marot*, & qui ſe compoſe de ſept à huit cents planches. Sans cette concluſion, l'on s'expliquerait bien difficilement les différences de main que l'on remarque dans les diverſes ſuites. Florent le Comte n'a certainement pas pu ignorer l'exiſtence de Jean-Baptiſte Marot comme graveur, mais il a très-bien pu ſe tromper ſur le degré de parenté avec Jean Marot.

Jean Marot eut de Charlotte Galtrand ſix enfants : 1° Daniel Marot ; — 2° Emmanuel ; — 3° Iſaac, baptiſé le 25 mars 1672 (leſquels trois fils lui ſurvécurent) ; — 4° Jean, baptiſé le 8 août 1660, enterré le 25 juin 1677 ; — 5° Marguerite, baptiſée en 1671, mariée à Jacques Rouſſeau, & enterrée en 1676 ; — Charlotte-Suzanne, mariée en 1683 à Jacques de Bourg (2).

Dans le *Répertoire des Artiſtes*, Jombert dit que Marot laiſſa un ſecond fils qui tint longtemps une braſſerie aux Gobelins &

---

(1) Florent le Comte, *Cabinet des ſingularités d'Architecture, Peinture, Sculpture & Gravure...* à Paris, chez Eſtienne Picart, 1699. Avec privilége, page 29.

(2) Je dois à l'obligeance de M. Read les documents que j'ai donnés ſur la deſcendance de Jean Marot.

qui, ayant hérité de toutes les gravures de fon père & de fon frère, les vendit à M. Mariette.

Il exifte un portrait de Jean Marot, peint par N. de Plate-Montagne & gravé par J. Gole. C'eft une pièce rare.

# BIBLIOGRAPHIE.

Les œuvres de Jean Marot ont été fort appréciées de fon temps ; auffi l'auteur en a-t-il fait de fréquents tirages qui, prefque tous, offrent des différences. Les tirages primitifs font affez rares. On trouve plus communément ceux qui portent l'adreffe de P. Mariette.

Jombert les a donnés en partie dans fon *Répertoire des Artiftes* & dans le *Petit OEuvre de Jean Marot;* mais, fuivant fa déplorable habitude, il compléta des fuites de Marot avec des planches d'autres graveurs ; ou bien il prend un titre de Marot pour en faire un titre à une fuite de Berain. Il faut avoir grand foin de fe défier de toutes les éditions de Jombert, au point de vue bibliographique. Ayant dans fon fonds une immenfe quantité de cuivres, il les a fait retoucher & en a donné de nouveaux tirages, dans lefquels il ne s'eft préoccupé que de paraître offrir au public un ouvrage complet : il lui importait peu de mélanger les fuites & même les graveurs.

## RECUEILS ET PIÈCES DATES.

REPRÉSENTATION DE LA SEPULTURE que meffire Charles, marquis & comte de Roftaing, a fait faire dans l'églife des Feuillants St-Bernard de Paris, pour luy & à la mémoire de meffire Triftan, marquis de Roftaing, fon père, chevalier des deux ordres du Roy. 1640.

$2^e$ édition, dans le *Petit OEuvre d'Architecture de Jean Marot*, publié par Jombert.

TRAITE DES CINQ ORDRES D'ARCHITECTURE defquels fe font fervy les anciens. Traduit du *Palladio*, augmenté de nouvelles inventions pour l'art de bien baftir, par le fieur Le Muet. A Paris, chez F. Langlois, dit Chartres, marchand libraire, rue St-Jacques, aux *Colonnes d'Hercule*, proche le *Lion d'Argent*, avec privilége du Roy. M DC XLV. — Les planches de cet ouvrage font gravées par Marot. In-8º.

2ᵉ édition, chez P. Mariette.

RECUEIL DE PLUSIEURS PORTES DES PRINCIPAUX HOSTELS ET MAISONS DE LA VILLE DE PARIS, enfemble le retable des plus confidérables autels des églifes ; nouvellement faict & mis en lumière par Jean Marot. A Paris, chez l'auteur, demeurant au faubourg St-Germain, en la rue Princeffe.

Le Recueil fe compofe des portes des hoftels de Soiffons, de la Vrillière, de Senetaire, de Bautru, & de celles de MM. Lopes, Vanel & d'Emery ; puis des façades de l'églife des Filles Sainɑte-Elifabeth, & du Val-de-Grâce, des retables d'autel des églifes des Cordeliers, Saint-Euftache, Saint-Nicolas-des-Champs ; d'un retable fans nom, d'un tabernacle & de la *graute du Lufambour*. — Je conferve l'orthographe, qui eft curieufe.

Ces pièces font fupérieurement gravées. La première édition fe compofe de 16 pièces, compris le titre ; fur la planche repréfentant la porte de l'hôtel de Senetaire, on lit, gravée à l'eau-forte, la date de 1644.

2ᵉ édition. — Même adreffe. Les planches portent la fignature de J. Marot & un titre gravé ; enfin elles font au nombre de dix-huit, non compris le titre. Les trois planches ajoutées repréfentent, l'une deux portes en brique & pierre, l'autre la porte du Noviciat des Jéfuites à Paris, la troifième une porte de clôture de chœur.

3ᵉ édition, avec des numéros en bas & à droite. On a gratté les détails d'architecture indiqués par l'auteur à la marge, & à une échelle plus grande ; dans le titre & fur un piédeftal à droite, on lit : *P. Mariette exc.*—20 planches, compris le titre. On ne trouve plus les deux portes en brique fignalées dans l'édition précédente, mais on y remarque deux planches nouvelles ; la première porte le nº 16 & repréfente la porte de l'hôtel de Condé, ce qui eft facile à voir par les armes qui la furmontent & par les deux vues perfpectives de l'hôtel de Condé, données par Marot dans l'*Architecture françaife*; la feconde eft une porte de la compofition du maître.

4ᵉ édition, dans le *Petit OEuvre d'Architecture de Jean Marot*, publié par Jombert.

LE DESSEIN DES HOPITAUX SAINT-LOUIS ET SAINT-ROCH, que l'on baftit en la ville de Rouen pour les perfonnes affligées de la pefte. Grande pièce in-folio, repréfentant le plan à vol d'oifeau des deux hôpitaux. A droite & à gauche, dans les marges, fe trouve la légende. En bas, on lit vingt-quatre vers fur les fouffrances de la pefte, envoyée comme punition de nos fautes, & enfuite les noms de l'architecte & du graveur : *A. Hardouin, architecte, a inventé le préfent deffein en l'année* 1654. — *Jean Marot fecit.*

DESSEINS DE TOUTES LES PARTIES DE L'EGLISE SAINT-PIERRE DE ROME, la première & la plus grande églife du monde chrétien. Levé exactement fur les lieux par Jacques Tarade, architecte & ingénieur du Roy, en l'année 1659. Lequel, après fon retour de Rome, en a fait le modelle à Verfailles, où Sa Majefté a pris plaifir de le voir plufieurs fois, & de s'informer de toutes fes dimenfions. La beauté & la grandeur de cette édifice a engagé le fieur Tarade de faire faire tous les deffeins par le fieur Marot.

1ʳᵉ édition. Une feuille de texte. 13 planches non compris le portrait du fieur Tarade. A la fin fe trouve le parallèle des mefures & dimenfions des églifes Saint-Pierre de Rome, Notre-Dame de Paris & de la cathédrale de Strasbourg.

2ᵉ édition, fans portrait, avec 23 planches, un nouvel avis à la fin. Chez Claude Jombert, à l'*Image Notre-Dame*. In-fol.

L'ENTREE TRIOMPHANTE DE LEURS MAJESTES LOUIS XIV… (Voir pour le refte du titre la Bibliographie de Lepautre). Il y a dans cet ouvrage douze planches gravées par J. Marot.

ILLUMINATION DES GALERIES DU LOUVRE POUR LA NAISSANCE DE MONSEIGNEUR LE DUC DE BOURGOGNE. — 25 août 1682. *Marot fecit.* In-fol. obl.

SUITE DE DOUZE PLANCHES fans titre, dont les premières

repréfentent les hôtels de Liancourt, la Vrillière, de Chevreufe & de Bautru. Les fix autres font des projets de palais, galeries, bafiliques, &c.

D'après Mariette, J. Lepautre aurait gravé ces planches avec J. Marot. Les perfonnages paraiffent en effet de fa main. In-fol. obl.

RECUEIL DES PLUS BEAUX EDIFICES ET FRONTIS-PICES DES EGLISES DE PARIS, dédié à très-noble & très-illuftre feigneur Henri de Harlay, baron de Pallemor & de Sancy, cy-devant maréchal de camp & maintenant religieux prêtre de la *Congrégation de l'Oratoire de Jéfus-Chrift*, par fon très-humble ferviteur Van Merlen. Deffignées & gravées felon leur mefures par Jean Marot.

Le frontifpice eft de J. Lepautre, qui, fuivant Mariette, ferait pour moitié dans la gravure des autres planches.

Ce Recueil eft fort intéreffant & fe compofe de trois fuites : La première, de onze pièces, non compris le titre, repréfentant les églifes Notre-Dame, St-Germain-l'Auxerrois, St-Etienne & Ste-Geneviève, St-Euftache, St-Sulpice, St-Gervais, la Sorbonne, Ste-Elifabeth, le Noviciat des Jéfuites, les Feuillants, les Filles Ste-Marie rue St-Antoine.

La deuxième, éditée chez P. Mariette, à l'*Efpérance*, contient douze pièces, dont voici le titre : St-Sauveur, St-Severin, la Mercy, la Maifon profeffe des Jéfuites, les Minimes, les Chartreux, les Carmes-Defchauffés, Notre-Dame-des-Champs, Port-Royal, St-Victor.

La troifième fuite fe compofe de onze vues d'églifes & d'un arc de triomphe érigé en Suède. — Voici les noms des églifes : St-Denis, le Temple, St-André-des-Arcs, les Pères de l'Oratoire, St-Roch, le Cloiftre & l'églife du Temple, les Bernardins, l'églife des Incurables, la Charité, l'Hôtel-Dieu.

2<sup>e</sup> tirage. — Les trois fuites éditées chez P. Mariette; le frontifpice de Lepautre ne s'y trouve plus.

3<sup>e</sup> tirage dans les *Délices de Paris & de fes environs , ou Recueil de vues perfpectives des plus beaux monuments de Paris*. — A Paris , rue Dauphine , chez Jombert, 1753.

4<sup>e</sup> tirage dans une feconde édition du même ouvrage, mais avec des entourages d'affez mauvais goût ajoutés par l'éditeur : les épreuves font complètement ufées. Format in-folio.

LE MAGNIFIQUE CHASTEAU DE RICHELIEU, en général & en particulier, ou les plans, les élévations & profils généraux & particuliers du dit chafteau. . . . . . . 19 pl. in-fol. obl. — Un titre, une dédicace & un avis au lecteur.

ARCHITECTURE FRANÇAISE de Jean Marot. — 195 planches fans titre, mais avec une table en tête de laquelle on lit : *Table du Recueil cy-deſſus des planches des ſieurs Marot père & fils.* In-fol. — Mariette a fait pluſieurs tirages de ces planches. Enfin, Jombert en a publié une dernière édition avec des épreuves déteftables.

RECUEIL DES PLANS, PROFILS ET ELEVATIONS de pluſieurs palais, chafteaux, églifes, fépultures, grottes & hoftels, baftis dans Paris & aux environs avec beaucoup de magnificence par les meilleurs architectes du royaume, deſſeignés, meſurés & gravés par Jean Marot, architecte pariſien. 112 pl. plus le titre.

2ᵉ édition, même titre. — Au bas ſe trouve ajoutée l'adreſſe de Mariette, rue St-Jacques, aux *Colonnes d'Hercule.*

3ᵉ édition, avec l'adreſſe de Jombert.

OEUVRE DU CABINET DU ROI. Defcription des Invalides. 16 pl., tant plans qu'élévations.

LIVRE NOUVEAU DE L'ART D'ARCHITECTURE DES CINQ ORDRES; de pluſieurs recueils de cette fcience, comme amphithéâtre, plans, élévations, perſpectives & autres, deſſeignés correctement d'après Vitruve, Scamozzi, Palladio, Vignole & de Lorme, par le ſieur de Lavergne, architecte & ingénieur du Roy, trouvé dans ſon cabinet après ſon décès, & reveu par Jean Marot, architecte. — A Paris, chez P. Bertrand, marchand & imprimeur de taille-douce, à la rue St-Jacques, à la *Pomme d'Or*, près St-Severin, avec privilége du Roy. *J. Marot fecit.* 43 pl.

RECUEIL DE PETITS TEMPLES DANS LE GOUT ANTIQUE, nouvellement mis au jour. 36 pl. — Je ne connais que l'édition donnée par Jombert dans le *Petit OEuvre d'Architecture* de Jean Marot. Mais il exifte une édition antérieure.

TOMBEAUX OU MOSOLEES, nouvellement inventés & gravés

par Jean Marot, architecte. A Paris, chez P. Mariette, rue St-Jacques, à l'*Espérance*. 10 pl. numérotées, compris le titre.

Je crois qu'il y a eu un tirage antérieur.

2ᵉ édition dans le *Petit OEuvre d'Architecture* de Jean Marot, architecte & graveur. A Paris, rue Dauphine, chez Charles-Antoine Jombert, libraire du Roy pour l'artillerie & le génie, à l'*Image Notre-Dame*. — 1764.

FRISES, MASCARONS, ORNEMENTS POUR MOULURES, &c. 12 feuilles numérotées en bas & à droite.

PLAFONDS. 2 pl. — On lit fur la première, mais gravé à l'eau-forte & à l'envers : *Ce deſſein icy eſt un quartier d'un plafon ; donc il ia un grand ron qui entrelaſſe quatre médales qui ſont ornés de feuilles de chefnes. Ce plafond eſt de vingt-quatre pieds en quarré, par Jean Marot fecit.*

RECUEIL DE DIVERSES PIECES MODERNES D'ARCHITECTURE ET NOUVELLES INVENTIONS DE PORTES, CHEMINEES, ORNEMANS ET AUTRES. *I. Marot fecit.* — A Paris, chez F. Langlois, dit Chartres, avec priv. — 22 pl. numérotées, compris le titre.

2ᵉ édition. — On a ajouté au titre ci-deſſus : Et à préfent chez Pierre Mariette le fils, rue St-Jacques, aux *Colonnes d'Hercule*.

3ᵉ édition dans le *Petit OEuvre d'Architecture* de Jean Marot. — A Paris, chez Jombert, 1764. In-fol.

DIVERSES INVENTIONS NOUVELLES POUR DES CHEMINEES AVEC LEURS ORNEMANS, de l'invention de Jean Marot. *J. Marot fecit.* 12 pl., compris le titre.

2ᵉ édition. — On lit fur le titre, au bas de la planche : A Paris, chez P. Mariette, rue St-Jacques, à l'*Espérance*. — Toutes les planches font numérotées au bas & à droite. Il y en a dix-huit, compris le titre.

NOUVEAUX DESSINS D'ALCOVES, inventés & gravés par J. Marot. A Paris, chez Pierre Mariette, rue St-Jacques, à l'*Espérance*. 8 pl. numérotées. — D'après Mariette, les nᵒˢ 2 & 5 feraient gravés par Jean Lepautre.

ORNEMENS OU PLACARTS POUR L'ENRICHISSEMENT DES CHAMBRES ET ALCOVES, nouvellement inventés & gravés par J. Marot. A Paris, chez Pierre Mariette, rue St-Jacques, à l'*Espérance*, avec privilége du Roy. 12 pl., compris le titre.

2<sup>e</sup> édition. — *Répertoire des Artistes*, chez Jombert.

SEPT PORTES A PLACART, DEUX PORTES DU CHATEAU DU LOUVRE, UNE PORTE COCHERE, DEUX MANTEAUX DE CHEMINEES : total 12 pièces, sans titre. Petit in-fol.

DESSINS DE VASES, 15 pl. numérotées.
2<sup>e</sup> édition. — *Répertoire des Artistes*, chez Jombert. In-fol.

DIVERSE VASSE DE MON-SIEUR. *J. Marot fecit.* 13 pl., compris le titre. Petit in-f°.

DESSINS DE VASES. 10 pl. numérotées au bas & au milieu. — La suite précédente & celle-ci ont été réunies par P. Mariette le fils, qui les a publiées en y mettant des numéros qui se suivent de 1 à 23.

Enfin Jombert les a données dans son *Répertoire des Artistes*. Petit in-f°.

SERRURERIE. 54 pl., dont voici le détail : Portes, 8. — Impostes cintrés, 8. — Balcons, panneaux, &c., 35. — Targettes, 2 sur 1 pl. — Détails, 2. — Je n'ose répondre que cette suite soit complète avec ce nombre de planches. Je ne lui connais pas de titre. In-fol.

PROJET D'EMBELLISSEMENT DU PONT-NEUF. Il s'agit d'une place ornée de statues, qu'on placerait sur le terre-plein. Ce projet se compose de plan, coupe, élévation géométrale, élévation perspective. A gauche on lit : *M. de Lespine, architect. Reg. delin. J. Marot sculpsit.* Gr. in-fol.

PLAN ET ELEVATION DU PORTAIL qui sert d'entrée au château de Vincennes. — D'après Mariette, les figures feraient de J. Lepautre.

LE FAMEUX FRONTISPICE DU TEMPLE DE SAINTE-MARIE, fitué à Paris, rue St-Antoine. Du deffeing de Manfart. Gr. in-fol.

Florent le Comte attribue à Jean Marot père les ouvrages fuivants, qui ne portent pas fa fignature :

1° *Manière de bien baftir pour toutes fortes de perfonnes, par P. Le Muet*. Paris, 1623. — Florent veut probablement parler d'une feconde partie, intitulée : *Augmentations de nouveux baftiments faicts en France par les ordres & deffeins du fieur Le Muet*. — Elle a paru en 1647, jointe à la feconde édition de la *Manière de bien baftir*.

2° *Livre d'Architecture de Vignole ;*

3° *Livre d'Architecture de Scamozzi ;*

4° Enfin, trente pièces de grandeur confidérable, qu'il a gravées pour le roi de Suède, qui font des vues de palais, maifons de plaifance & autres objets des plus confidérables du royaume de Suède. — Je crois qu'il s'agit de l'ouvrage fuivant : *Suecia antiqua & hodierna. Holmiæ.* 1693-1714. 3 tomes en 1 vol. in-fol. obl.

# DANIEL MAROT.

Daniel Marot, dont j'ai déjà parlé, dut naître à Paris vers 1650. Il partagea les travaux de fon père, dont il fut probablement l'élève ; mais Jean Lepautre, qui grava fouvent avec Jean Marot, eut aussi une grande influence fur lui ; c'eft ce qu'il eft permis de fuppofer en étudiant fa manière de graver.

Malheureufement pour Daniel Marot, les événements politiques renverfèrent les efpérances que fon talent avait dû lui faire concevoir. Appartenant à la religion proteftante, il fe vit forcé de s'expatrier lors des perfécutions qui fuivirent la révocation de l'édit de Nantes (22 octobre 1685). Le départ de D. Marot fut une perte réelle pour l'art de l'ornementation.

Il quittait la France au moment où la mort de Jean Lepautre le mettait au premier rang parmi les artiftes chargés de décorer Verfailles, Clagny, Marly. — En voyant ce qu'il a fait à l'étranger, on peut juger de tout ce qu'on aurait pu attendre de fon talent s'il était refté en France, où fon génie eût été furexcité par des rivaux dignes de lui.

Ce fut en Hollande qu'il trouva un afile. On regrette l'ardeur avec laquelle il époufa les paffions & les haines de fa nouvelle patrie ; on le vit bientôt employer fon talent à célébrer les triomphes des armées alliées, &, par conféquent, les malheurs de la France (1). Daniel Marot s'attacha au prince d'Orange, qui l'accueillit avec faveur. Dès 1686 il grava pour son protecteur la *Repréfentation de la grande fefte de S. A. R. Madame la Princeffe d'Orange, célébrée en décembre 1686, dans le falon du bois de La Haye*. Ainfi l'époque de fon féjour en Hollande fe trouve à peu près fixée.

Lorfqu'en 1688, Guillaume d'Orange monta fur le trône d'Angleterre, Daniel Marot partagea fa fortune & fut nommé architecte du roi. La première pièce datée où il prend ce titre repréfente un carroffe, & elle eft datée du 20 juillet 1698. Cette pofition dut lui permettre d'exercer fes talents dans des travaux plus importants ; mais quoique fon recueil contienne un certain nombre de pièces portant les armes d'Angleterre (2) & fe rapportant à cette période de fa vie, j'ai le regret de n'avoir pu trouver fon nom attaché à quelques-uns des édifices élevés en Angleterre (3).

Dans les fuites gravées par lui on trouve quelques pièces qui donnent des indications fur fes travaux. Je citerai les principales : *L'Efcalier & les Vafes de la Maifon royale de Loo ; la grande Salle d'audience de La Haye* (4); *l'Efcalier, les parterres & la vue perfpective du Château du Comte d'Albemarle à Voorft*.

---

(1) Repréfentation du feu d'artifice ordonné par Leurs Hautes Puiffances Meffeigneurs les Etats-Généraux des Provinces-Unies, à l'occafion des glorieux fuccès de leurs armes, jointes à celles des Hauts-Alliés, contre la France & l'Efpagne, l'an 1702. On lit au bas : Le feu eft du deffin & direction de Daniel Marot, architecte.

(2) Je puis citer le tombeau du roi Guillaume III, les tapifferies des quatre Eléments, des lits, des houffes de cheval, &c., &c.

(3) On lit cependant au bas d'un de fes deffins de Jardins : *Parterre d'Amton-Court, inventé par D. Marot*.

(4) Cette pièce porte ces mots : *Fait exécuter fur les deffeins de Daniel Marot*, architecte du roy de la Grande-Bretagne.

Malheureusement il eut rarement l'occasion de montrer son talent dans des compositions importantes.

En Hollande, on préfère le luxe de la vie intérieure aux coûteuses conceptions architecturales. Le génie souple & inventif de Daniel Marot dut se plier à ces exigences.

Il se mit à composer des modèles de lits, chaises, fauteuils, tables, miroirs, torchères, grandes horloges, dessins pour tapisseries & housses de cheval, des patrons pour étoffes, enfin des séries complètes de ces mille objets de l'existence, depuis la bouilloire jusqu'à l'aiguille de montre. Je ne m'étendrai pas davantage sur ce sujet : on trouvera dans la Bibliographie le titre de ces pièces.

Ces diverses suites ont paru isolées ; quelques-unes sont datées de 1698, telles que le *Manefiecke Caross syn Majesteyt van Groot Bretagne;* d'autres portent les dates de 1701-1705-1708 (1). Elles furent réunies en 1712 sous le titre d'*OEuvres du sieur Marot, architecte de Guillaume III, Roy de la Grande-Bretagne*, & forment un recueil in-folio contenant ordinairement 260 planches.

La plupart des biographes de D. Marot le font mourir vers cette époque, mais sans appuyer ce fait de documents authentiques ; ce qui est positif, c'est qu'on ne connaît de lui aucune pièce postérieure à cette date.

Son portrait a été peint par Parmentier & gravé par Gole, à Amsterdam.

L'on ne peut que difficilement porter un jugement sur son talent d'architecte, les travaux qu'il dirigea étant peu connus ; mais, au point de vue de la décoration, on doit le regarder comme un des artistes les plus complets que la France ait produits.

---

(5) *Livre de Fontaines*, 1701; *Tombeau du Baron de Cohorn*, 1705; *Livre de Plafonds*, 1708.

Formé à l'école de Jean Lepautre, il lui eſt évidemment ſupérieur. Ses compoſitions ſont moins confuſes, l'ornementation y eſt plus ſagement répartie, tout en conſervant cet aſpect de grandeur & de richeſſe ſi remarquable dans Lepautre. On peut regarder Daniel Marot comme le type de ce ſtyle Louis XIV, que les nations étrangères allaient copier à l'envi.

Plus on étudie l'œuvre de D. Marot, plus on regrette que ce talent ait été, en grande partie, perdu pour la France par ſuite des événements politiques. — Il aurait certainement imprimé à l'art décoratif une direction plus ferme, plus décidée, & aurait ſu donner à cette belle & riche ornementation créée par les Lepautre & les Marot un développement qui lui a manqué.

## BIBLIOGRAPHIE.

### PIECES GRAVEES EN FRANCE.

LA BATAILLE DE SINTZHEIM, gagnée par M. de Turenne, le 16 juin 1674.

LA BATAILLE D'ENSHEIM, gagnée par M. de Turenne, le 9 octobre 1674.

CONQUETES DU ROI LOUIS XIV. OEuvre du cabinet du Roy. Priſe de Maëſtrich, de Beſançon, de Dôle, 1674. Priſe d'Ypres, le 25 mars 1678.

FRONTISPICE DU BALLET du Triomphe de l'Amour, par Philippe Quinault, danfé devant Sa Majefté, à Saint-Germain-en-Laye, en janvier 1681.

MAUSOLEE FAIT A SAINT-GERMAIN-DES-PRES. Benoît inv. D. Marot, fc. 1683.

VEUE EN PERSPECTIVE DE L'ELEVATION GENERALE DE L'HOTEL ROYAL DES INVALIDES, avec une partie de fes dépendances, &c... — Cette planche fait partie de l'ouvrage fuivant : *Defcription générale de l'Hoftel royal des Invalides, établi par Louis-le-Grand dans la plaine de Grenelle, près Paris, avec les plans, profils & élevations de fes faces, coupes & appartements.* A Paris, chez l'auteur, dans l'Hôtel royal des Invalides. M.D.C.LXXXIII.

FUNERAILLES DE MARIE-THERESE, REINE DE FRANCE. 3 pièces in-fol. Berain inv. D. Marot fculpfit.

PORTE DE L'ANTICHAMBRE DU ROY. 1 pièce.

VEUE EN PERSPECTIVE de l'églife, cour, grifle & des ailes avec les accompagnements du monaftère de l'abbaye royale du Val-de-Grâce, baftie par la reine Anne d'Autriche. 1 pièce.

## PIECES DIVERSES GRAVEES EN HOLLANDE.

REPRESENTATION DE LA GRANDE FESTE DE S. A. R. MADAME LA PRINCESSE D'ORANGE, célébrée en décembre 1686 dans le falon du Bois de La Haye, à l'honneur du jour de la naiffance de Monfeigneur le prince d'Orange. — Au bas, à droite, on lit : Deffigné & gravé par D. Marot. Se vend chez l'oteur, à La Haye, près le Voorhout, dans le Heulftreet, avec privilége des Etats-Généraux. — Se vend auffi à Amfterdam, chez le fieur Gole. — Gr. in-fol. en deux feuilles.

LA FLOTTE DU PRINCE D'ORANGE, gravée en 1688, par D. Marot.

MANEFIECKE CAROSS VAN SYN MAJESTEYT VAN

GROOT BRETAGNE GEMACKT IN DE HACGH. DE 20 JULY 1698. 14 pièces en fix feuilles.

REPRESENTATION DU FEU D'ARTIFICE ordonné par Leurs Hautes Puiffances Meffeigneurs les Eftats Généraux des Provinces-Unies, à l'occafion des glorieux fuccès de leurs armes jointes à celles des Hauts-Alliés contre la France & l'Efpagne, l'an 1702. — On lit au bas : Le feu eft du deffein & direction de D. Marot, architecte.

HUIT GRANDS TABLEAUX ILLUMINES repréfentant les conqueftes remportées fur la France & l'Efpagne par les armes des Hauts-Alliés en 1702. 8 pièces en 6 feuilles.

FOIRE DE LA HAYE. Pièce en 2 feuilles.

LA GRANDE SALLE D'AUDIENCE où les feigneurs Etats-Généraux des Provinces-Unies reçoivent les ambaffadeurs à La Haye. Dédié à Leurs Hautes Puiffances par leur très-humble & très-obéiffant ferviteur D. Marot, architecte du Roy de la Grande-Bretagne. Gr. in-fol.

VUE ET PERSPECTIVE DE VOO, appartenant au comte d'Albemarle. — Au bas à droite, on lit : *D. Marot fecit*. Avec privilége des Etats-Généraux des Provinces-Unies. In-fol.

OEUVRES DU SIEUR D. MAROT, ARCHITECTE DE GUILLAUME III, ROY DE LA GRANDE-BRETAGNE, contenant plufieurs penfées utiles, aux architectes, peintres, fculpteurs, orfèvres, jardiniers & autres ; le tout en faveur de ceux qui s'appliquent aux Beaux Arts. A Amfterdam. Se vend chez l'autheur, avec privilége de nos feigneurs les Etats Généraux des Provinces-Unies de Hollande & de Weft-Friffe, MDCCXII. 260 pl. in-fol.

Je donne plus bas le détail des fuites.

Il y a une feconde édition dont le titre & fon orthographe feuls font changés :

« OEuvres du fr *D. Marot, architecte de Guillaume III, roy de la Grande-*
« *Bretagne*, contenant pluffieurs penffez utile aux architectes, peintres,
« fculpteurs, orfevres & jardiniers, & autres ; le toutes en faveure de
« ceux qui s'appliquèrent aux Beaux-Arts. A la Haye, chez Pierre Huf-
« fon, marchand libraire fur le coin de Speny, prait le Capelbrugh,

« avec privilége des Etats-Généraux des Provinces-Unies & d'Hollande,
« & de Weft-Friffe. »

Il y a de cet ouvrage une copie avec un titre hollandais & un titre latin que je donne ici :

« *Opera D. Marot, architecti Guhelmi regis magnæ Britanniæ, continentia*
« *magnam multitudinem inventorum in ufum architectorum, pictorum, fcul-*
« *ptorum, fabrorum, aurariorum, hortulanorum, aliorum quæ omnia collecta*
« *funt & accomodata ftudiis eorum qui bonarum artium amore ducuntur.* »
In-fol. — Il exifte auffi des copies allemandes. Voici le détail des fuites :

NOUVEAUX LIVRES DE PAYSAGES. 6 pièces.

TROISIEME LIVRE DE PERSPECTIVES. 6 pièces.

NOUVEAUX LIVRE DE PARTERRES, contenant 24 penféez diférantes, inventé & gravez par D. Marot, fy devant architecte du roy Guillaume III^me, avec privilége des Etats Généraux & d'Holl., & de W.-Friffe. 18 pl. numérotées en bas & à droite. — Le numéro 6 contient : *La penfée du jardin du marqais du Prie, à Turin, du deffein du f^r D. Marot.* — Le numéro 7 : *Les parterres du jardin de Monfieur Bendorp à Watervliet.* — Le numéro 17 : *Partie du jardin de Terichelo, appartenant à M. le baron d'Obdam.*

NOUVEAUX LIVRE DE PARTERRES, inventés & gravés par D. Marot, architecte de Sa Majefté Britannique, fait avec privil. des Etats Généraux des Provinces Unies. 6 pièces. — Une des pièces de cette fuite repréfente le parterre d'Hamptoncourt.

LIVRE DE STATUES PROPRES A TAILLIERE EN MARBRE ET EN PIERRE ET AUSSY EN METAILLE, inventé & gravé par D. Marot, architecte de Guillaume III d'Angleterre, fait avec privilége des Etats Généraux & d'Hollande & W. Friffe. 21 pièces en 6 feuilles.

LIVRE DE FONTAINES, inventé & gravé par D. Marot, architecte du Roy, avec privilége des Etats Généraux & d'Hollande & W. Friffe. 14 pièces en 6 feuilles. Une des pièces eft datée de 1701.

On lit fur deux autres : 1° *Fontainne du parterre d'eau avec ces efpalliers du jardin de Voorft.* — 2° *Penfée pour le grand baffin du jardin de Voorft.*

NOUVEAUX LIVRE DE CABINETS DE JARDINS DIFFERENTS, orné de cascades du dessein de D. Marot, architecte, avec pr. 6 pièces. — Sur la 1re pièce, à droite, on voit la lettre A.

NOUVEAUX LIVRE DE VASES ET DE POTS DE JARDINS, inventé par Dr. Marot, avec privilége des Estats Généraux & d'Hollande & W. Frisse. 17 pièces en 6 feuilles.

NOUVEAUX LIVRE DE VASES ET DE POTS DE JARDINS, inventé par D. Marot, avec privilége des Estats Généraux & d'Hollande & W. Frisse. 17 pièces en 6 feuilles.

PORTES COCHERES ET D'EGLISES. 13 pièces sur 6 feuilles. — On lit sur l'une des pièces : *L'Hotel de Lusan*.

NOUVEAUX LIVRE DE BATIMENTS DE DIFFERENTES PENSEES, fait par Daniel Marot, ci-devant architecte du Roy Guillaume troisième. 11 pièces en 6 feuilles.

PREMIER LIVRE D'ARCS DE TRIOMPHE. 6 pièces numérotées en haut & à droite.

SECOND LIVRE D'ARCS DE TRIOMPHE ET PORTE DE VILLE. 6 pièces numérotées en haut & à gauche.

VASSES DE LA MAISON ROYALE DE LOO, nouvellement inventés & gravés par Marot, architecte de Sa Majesté Britannique. 6 pièces.

PREMIER LIVRE DE TOMBEAUX ET MOZOLES, nouvellement inventez par D. Marot, architecte. 6 pièces. — Dans cette suite se trouvent les tombeaux de Guillaume III & du baron de Cohorn.

SECOND LIVRE DE TOMBEAUX ET D'EPITAPHES, inventez & gravez par Daniel Marot, architecte, avec privilége des Estats de Hollande & W. Frisse. 13 pièces en 6 feuilles.

ARABESQUES ET DESSEINS POUR TAPISSERIES. Quatre de ces pièces font aux armes d'Angleterre. Sans titre. 6 pièces en 6 feuilles.

SECOND LIVRE D'ORNEMENTS, inventé par D. Marot. 12 pièces en 6 feuilles.

PLAFONDS, fans titre. 13 pièces en 12 feuilles. — Dans cette fuite fe trouve *la coupole de la chapelle faite en plâtre à Orangemont.*

NOUVEAUX LIVRE DE PLAFONDS, inventé & gravé par D. Marot, architecte du feu Guillaume III, Roy de la Grande Bretagne; fait à La Haye, avec privilége des Eftats Généraux & d'Hollande & Weft Friffe. 6 pièces.
On y remarque le fecond plafond de la falle des Etats-Généraux des Provinces-Unies.

NOUVEAUX LIVRE D'APPARTEMENTS, inventé & gravé par D. Marot, architecte de Sa Majefté Britannique. 9 pièces en 6 feuilles.

SECOND LIVRE D'APPARTEMENTS, inventé par Marot, architecte du Roy Guillaume III$^{me}$. 15 pièces en 6 feuilles.

NOUVEAUX LIVRE DE LAMBRIS DE REVESTEMENTS A PANNEAUX, inventé & gravé par D. Marot, architecte, avec privilége. 6 pièces.

NOUVEAUX LIVRE DE PEINTURES DE SALLES ET D'ESCALLIERS, inventé & gravé par D. Marot, architecte de Guillaume III, Roy d'Angleterre; fait avec privilége des Etats Généraux, &c. 6 pièces.
Dans cette fuite, on remarque l'Efcalier de la maifon royale de Loo, & deux planches fur l'efcalier de la maifon de Voorft, au comte d'Albemarle.

NOUVELLES CHEMINEES A PANNEAUX DE GLACE,

A LA MANIERE DE FRANCE, du deſſein de D. Marot, architecte, avec priv. 6 pièces.

NOUVEAUX LIVRE DE CHEMINEES A LA HOLLANDOISE, inventé & gravé par D. Marot, architecte, avec priv. 6 pièces.

NOVAE CHEMINAE QUALES PLURIMUM SUNT APUD HOLLANDOS. 6 pièces.

NOUVEAUX LIVRES DE TABLEAUX DE PORTES ET CHEMINEES, utiles aux peintres en flœurs, inv. & grav. par D. Marot, *Amſt. cum. priv.* 17 pièces ſur 6 feuilles.

LIVRE DE DECORATION DIFERANTE, inventée par D. Marot, architecte de Sa Majeſté Britannique. 6 pièces. — Ce ſont des décorations d'opéra.

LICTS, fans titre. 16 pièces en 6 feuilles.
Quelques pièces au chiffre de Guillaume III, & une ſur laquelle ſont gravées les lignes ſuivantes : *Le liĉt de S. A. S. Madame la ducheſſe de Mecklembourg Naſſau.* 1708.

NOUVEAUX LIVRE DE LICTS DE DIFFERENTES PENSEEZ, fait par D. Marot, architecte du Roy Guillaume troiſième. 18 pièces en 6 feuilles.

PATRONS D'ETOFFES ET DE VELOURS, inventez & gravez par D. Marot. 6 pièces.

NOUVEAUX LIVRE D'ORNEMENTS propres pour faire en broderie & petit point. 12 pièces en 6 feuilles.

NOUVEAU LIVRE D'ORNEMENTS propres pour faire en broderie & petit point. 12 pièces ſur 6 feuilles.

NOUVEAUX LIURE DE HOUSSES EN BRODERIE ET EN GALLONS. 6 pièces.

NOUVEAU LIVRE DE SERRURERIE, inventé & gravé par D. Marot, architecte de Sa M. Britannique; fait avec priv. 18 pièces en 6 feuilles.

Je ne sais si ce recueil de ferrurerie a été précédé d'un premier livre.

NOUVEAUX LIVRE D'ORFEVRERIE, inventé par Marot, architecte du Roy ; fait avec priv. 6 feuilles.

NOUVEAUX LIVRES D'ORNEMENTS POUR L'UTILITE DES SCULPTEURS ET ORFEVRES, inventez & gravez à La Haye par D. Marot, architecte de Guillaume III, roy d'Angleterre; fait avec privilége des Etats Généraux des Provinces-Unies & des Etats d'Hollande & de West. Frisse. 6 feuilles.

NOUVEAUX LIVRE DE BOITES DE PENDULLES DE COQS ET ESTUYS DE MONSTRES ET AUTRES NECESSAIRES AUX ORLOGEURS, inventé & gravé par D. Marot, architecte ; fait avec priv. 70 pièces sur 6 feuilles.

SECOND LIVRE D'HORLOGERIE, inventé & gravé par D. Marot; fait avec priv. 109 pièces environ sur 6 feuilles.

# JEAN BERAIN.

Jean Bérain dut naître vers le milieu du XVIIᵉ fiècle; tandis que Mariette le croit né à Paris, un de fes derniers biographes, M. Duffieux, le fait naître à Saint-Mihiel en Lorraine (1).

Les feuls renfeignements pofitifs que j'ai pu recueillir fur cet artifte font tirés de fes œuvres. Malheureufement leur petit nombre ne permet pas d'étudier avec détail l'exiftence d'un homme qui exerça fur l'ornementation une affez grande influence.

Il ne faut cependant pas exagérer fon importance :

Bérain, compofiteur ingénieux quand il s'agit de meubles, de bronzes, d'ornements grotefques pour les panneaux & lambris (2), fe montre très-ordinaire dès qu'il veut appliquer fon génie à de grandes compofitions; ainfi fes motifs de cheminées font fouvent bizarres, & fes plafonds ne nous préfentent qu'un enfemble fort infignifiant comme compofition, dans lefquels des ornements font plus ou moins adroitement ajuftés fans laiffer deviner une penfée chez l'auteur.

Mais fi l'on doit refufer à Bérain les qualités qui conftituent

---

(1) M. L. Duffieux : *les Artiftes français à l'étranger*. Paris, Gide & Baudry, libraires-éditeurs, 5, rue Bonaparte. 1856. In-8º.

(2) De fon temps on appelait ce genre de décoration des Bérinades.

la grande compofition, il faut lui reconnaître un rare talent dans l'application des détails.

Avant de paffer à l'examen des œuvres gravées de Bérain, examen qui me fournira l'occafion de revenir fur ce point, je crois utile de citer le jugement de Mariette fur cet artifte :

*Jean Bérain, de Paris, avoit un talent fingulier pour toutes les fortes de décorations & généralement pour tout ce qui étoit fufceptible d'ornement, qu'il inventoit & qu'il deffinoit avec beaucoup de facilité. Jamais il n'y a eu de décorations de théâtre mieux entendues, ny d'habits plus riches & d'un meilleur goût que ceux dont il a donné les deffins pendant qu'il a été employé pour l'Opéra de Paris, c'eft-à-dire, pendant prefque toute fa vie. On auroit eu peine à trouver une imagination plus féconde. Auffi n'y avoit-il aucune fefte de conféquence que l'on entreprit fans le confulter. Il préfidoit à toutes celles qui fe donnoient à la Cour, & c'eftoit auffi lui qui ordonnoit l'appareil des pompes funèbres; la charge de deffinateur ordinaire du cabinet du roy de France luy en attribuoit les fonctions. Il étoit auffi fort employé à donner des deffins de meubles & d'ornements propres à être exécutés en tapifferie, ou à peindre dans des lambris & dans des plafonds; c'eft ce que l'on nomme des grotefques. Il avoit pris dans ce que Raphaël avoit fi heureufement imaginé dans ce genre fur le modèle des anciens, ce qui lui avoit paru devoir faire un meilleur effect. Il l'avoit réduit à une manière particulière, conforme au goût de la nation françoife & cette méthode luy avoit fi bien réuffy que les étrangers même avoient adopté fon goût d'ornements. Ce qu'il avoit inventé de meilleur dans tous ces différents genres a été gravé de fon temps & fous fes yeux.*

Les premières pièces gravées par J. Bérain portant une date (1663) font de la compofition d'un ferrurier nommé Hugues Brifville. Elles ont déjà les qualités & les défauts du maître : la netteté de la gravure tourne prefque à la dureté.

Vient enfuite un recueil de pièces gravées pour les arquebufiers ; il parut en 1667, avec un titre portant le nom de *Bérain le Jeune*. En l'abfence d'actes officiels j'ignore la différence de cette dénomination, que je ne puis que fignaler. La gravure de ces pièces eft plus fine & moins sèche que celle de la fuite précédente.

Comme les œuvres les plus remarquables de Bérain ont paru fans date, je fuis forcé d'abandonner un ordre rigoureufement chronologique. Je citerai donc fon recueil des ornements peints dans les appartements des Tuileries & une fuite d'arabefques, armoiries, &c., qui me paraiffent appartenir à la meilleure époque du maître ; la gravure a confervé toute fa fineffe & elle a cependant perdu la dureté que l'on remarquait dans fes premières pièces.

L'on rencontre affez fréquemment dans le commerce un volume in-folio portant le titre d'*OEuvre de J. Bérain*; il fe compofe de meubles, d'arabefques, de panneaux, lambris, plafonds, cheminées, détails de ferrurerie & d'orfèvrerie, &c., &c. En l'examinant avec foin, on peut apprécier ce que j'ai dit plus haut du talent de Bérain. Tous les ajuftements & les détails font nonfeulement réuffis comme décoration, mais, ce qui eft plus rare, font parfaitement combinés au point de vue de l'exécution. Les fragments de décorations intérieures, au contraire, n'offrent que des réfultats incomplets comme enfemble & comme lignes. — Auffi la place de deffinateur du Cabinet du roi, qu'il occupa longtemps, devait-elle parfaitement convenir au talent de Bérain (1). Obligé de fatisfaire chaque jour les caprices luxueux

(1) Le brevet de logement au Louvre accordé à Bérain donne, dans fon préambule, les noms & qualités de l'artifte : « Aujourd'hui xxixe jour du mois d'octobre 1679, le Roy eftant à Saint-Germain-en-Laye, bien informé de l'expérience que Jean Bérain, graveur & deffinateur de la Chambre & du Cabinet du Roy, s'eft acquife dans fon art & dont il a donné des preuves par les ouvrages qu'il a faits pour le fervice de Sa

du roi ou des princes, il fallait un génie à la fois très-fécond & très-pratique pour concevoir des projets de meubles, vafes, horloges, &c., dont l'exécution devait commencer immédiatement.

Bérain eut auffi à fon époque une grande réputation comme ordonnateur de fêtes & deffinateur de pompes funèbres. Il a laiffé dans ce genre une fuite de gravures fous le titre de *Recueil de divers maufolées exécutés pour la famille royale de France*.

Le burin eft infuffifant pour reproduire de pareilles compofitions; il eft donc impoffible de porter un jugement fur cette partie du talent de Bérain, qui a été très-appréciée par fes contemporains.

Malgré fes nombreufes occupations, il trouva moyen de graver des titres de livres, des deffins de mode, des coftumes de théâtre, des fcènes de mœurs, &c. Je ne puis m'empêcher de citer parmi ces dernières, comme la plus curieufe, *La Boutique de gants & d'objets de toilette*.

On rencontre rarement des deffins de Bérain relatifs à l'ornementation; ceux que je connais font très-habilement faits; quoique lavés légèrement fur crayon, les indications en font très-précifes. J. Bérain mourut en 1711 fuivant Mariette, qui fixe le 26 janvier pour la date de fon billet d'enterrement.

Je poffède cependant une pièce décrite dans la Bibliographie qui porte la date du 24 mars 1722 & la fignature de Bérain. Elle indiquerait tout au moins un defcendant ou un parent, inconnu jufqu'ici; car le feul graveur portant le même

---

Majefté, & voulant en cette confidération le traiter favorablement, Sa Majefté lui a accordé & fait don du logement au-deffous de la grande galerie du Louvre.....

En 1691 Jean Bérain prit le logement laiffé libre par la mort d'Ifraël Sylveftre. (*Archives de l'Art français. — Abécédaire*, t. 1<sup>er</sup>, pp. 230-238.)

nom, & qu'on croit être un frère de Jean Bérain, fe nommait Charles & figne toujours C. Bérain. Ce dernier a gravé très-finement plufieurs fuites d'armoiries & de deffins de boîtes.

Le portrait de Jean Bérain a été peint par *Vivien*, & gravé par *Duflos & Suzanne Silveftre* en 1709.

Au moment de livrer ces feuilles à l'impreffion, je reçois de M. Meaume, dont les favants travaux fur les artiftes lorrains font connus de tous, quelques notes intéreffantes fur la famille des Bérain. — Malheureufement les noms qu'elles font connaître ne concordent pas avec ce que nous favons jufqu'ici.

D'après un manufcrit de la bibliothèque de Nancy, relatif à une famille de peintres lorrains, Louis Bérain ou Berrin, deffinateur du Cabinet du roi, ferait né à St-Mihiel le 28 octobre 1637 & mort à Paris en 1711. Il aurait eu deux fils : Jean, héritier de fes talents & de fes places, marié à la troifième fille de H. Hérault, & Pierre Martin, qui, après avoir abandonné la gravure, entra dans les ordres & devint prévôt du chapitre de Stazlach en Alzace. Il faut obferver de fuite que la date de la naiffance de Louis Berrin, qui eft celle donnée par Chevrier, dans fes *Mémoires pour fervir à l'hiftoire des hommes illuftres de Lorraine*, n'eft pas exacte. Les recherches faites par M. Dumont, juge à Saint-Mihiel, ont prouvé qu'il n'exiftait fur les regiftres de cette époque aucun acte relatif à Bérain, mais il eft à remarquer que Germain Brice a auffi donné au premier Bérain le prénom de Louis (1) & que Huber & C.-C.-H. Roft (2) attribuent l'œuvre de Bérain à deux frères, Jean & Louis.

(1) Louis Bérain, excellent deffinateur pour une quantité de chofes, comme carroufels, pompes funèbres, fêtes galantes, habits & décorations de théâtre, meubles, tapifferies, &c., eft mort au commencement de l'année 1711, dans un âge affez avancé. (*Nouvelle defcription de la ville de Paris*, par Germain Brice. Paris, 1725, t. 1$^{er}$, p. 197.)

(2) Tome VII, page 286.

Ces différentes affertions permettent de croire à l'exiftence d'un Louis Bérain quoique je n'aie vu aucune pièce fignée de ce prénom.

En l'abfence d'autres documents, il eft impoffible de favoir les degrés de parenté exiftant entre les artiftes dont voici tous les noms :

Louis Bérain, né à Saint-Mihiel. — Jean, qui en fignant prefque toutes les pièces connues a peut-être, à fon infu, abforbé la gloire de fes frères. — C. Bérain dont on connaît quelques fuites & enfin Jean Bérain dont une pièce a révélé l'exiftence en 1722.

## BIBLIOGRAPHIE.

### PIECES DATEES.

DIVERSES PIECES DE SERRURIERS, invantées par Hugues Brifville, maître ferrurier à Paris & gravez par Jean Bérain. A Paris chez Langlois, rue Saint-Jacques, à *la Victoire*, avec privilège du Roy. — 16 planches, y compris le titre & la dédicace à M. Longuet, confeiller du roy en fes confeils, & grand audiancier de France.

Sur ces feize planches, il y en a douze de Bérain, deux de G. Ladame, & deux anonymes.

Ce curieux recueil eft accompagné d'un portrait de Brifville entouré de riches rinceaux. — Dans le bas, on lit : 1663. G. *Ladame fecit*. In-fol.

DIVERSES PIECES TRES-UTILES POUR LES ARQUEBUZIERS, nouvellement inventés & gravés par Jean Bérain le Jeune, & fe vendent chez Le Blond, rue Saint-Jacques, à *la Cloche d'argent*, à Paris, avec privilège du roy. 1667. — 10 pièces, compris le titre. — Une des planches eft double. Petit in-fol.

PLAN GENERAL DU CHASTEAU DU LOUVRE ET DU PALAIS DES TUILERIES, propofé par M. Claude Perrault de l'Académie royale des fciences, en l'année 1674. — On lit au bas : *Bérain fculp*. — 2 pl. in-fol.

LA NOCE DU VILLAGE, repréfentée à la cour par le Dauphin, au carnaval. 1683. — *Bérain, inv., Lepautre fc*.

DESSEIN DE LA COLLATION qui fut donnée à Monfeigneur par Monfeigneur le Prince dans le milieu du labyrinthe, à Chantilly le 29 août 1688. In-fol. obl.

FRONTISPICE ET PLANCHES POUR LE NEPTUNE FRANÇAIS publié à l'imprimerie impériale en 1693. Grand in-fol.

ORNEMENTS DE PEINTURE ET DE SCULPTURE QUI SONT DANS LA GALERIE D'APOLLON AU CHASTEAU DU LOUVRE ET DANS LE GRAND APPARTEMENT DU ROY AU PALAIS DES TUILLERIES, deffinez & gravez par les fieurs Bérain, Chauveau & Lemoine, & plus bas : *I. Bérain delin., G. I. B. Scotin, fculpt*. 1710.

Il y a dans ce recueil, qui fait partie de l'*OEuvre du cabinet du Roy*, 11 pl. de Bérain.

FESTE PUBLIQUE, ILLUMINATION ET FEU D'ARTIFICE donné par S. E. Monfieur le duc d'Offone, Ambaffadeur extraordinaire de S. M. Catholique, au fujet de l'heureufe alliance du Roy avec l'Infante d'Efpagne ; élevé au milieu de la rivière de Seine, vis-à-vis le Louvre & le collège Mazarin ; tiré le 24 mars 1722 en préfence de Leurs Majeftés.

A gauche, on lit : *Bérain inv*, & à droite : A Paris, chez Doré, fur le quay Pelletier, à l'*Image Saint-Martin*. In-fol. obl.

## PIECES NON DATEES.

ORNEMENTS PEINTS DANS LES APPARTEMENTS DES TUILERIES, deffinez & gravez par Bérain. A Paris, chez Nicolas Langlois, rue St-Jacques, à *la Victoire*, avec priv. du Roy. 11 pl. numérotées à droite.

SUITE DE DOUZE PIECES repréfentant des arabefques, armoiries. On lit au bas : *Bérain inv. & fec.*
Le premier tirage eft fans numéro. Dans le fecond, les planches font numérotées en haut & à droite.

RECUEIL DE MEUBLES, ARABESQUES, PANNEAUX, LAMBRIS, PLAFONDS, CHEMINEES, PENDULES, VASES, SERRURERIE, &c., rangés en partie par ordre alphabétique.
Je vais en donner la defcription en commençant par les fuites qui portent une lettre ; j'ignore pourquoi ce mode de claffement a été interrompu.
Dans le recueil que je poffède, il fe trouve un frontifpice que je n'ai jamais vu autre part.
Il eft formé par un cadre ovale furmonté d'un dais avec draperies ; au deffous, affis fur un piédeftal & entouré d'inftruments de mufique, on voit un Apollon tenant en main fa lyre. Le tout eft entouré d'une riche bordure avec médaillons aux angles. Dans l'ovale on lit d'une écriture du temps : *OEuvres de Jean Bérain, deffinateur ordinaire du Roy, recueillies exactement par les foins du fieur Huret, fon gendre & horlogeur du Roy.*
Dans le cartouche du bas on lit de la même main : *Premières épreuves.*
Voici maintenant la defcription de ce recueil :

### A.

Arabefques, meubles, pièces d'orfévrerie, vafes, culs de lampes, &c. 5 pl.

B.

Panneaux & détails de corniches d'intérieurs. 4 pl.

C.

Panneaux ou arabesques. 5 pl.

D.

Panneaux. 5 pl.

E.

Panneaux. 5 pl

F.

Arabesques. 5 pl.

G.

Cinq planches. La dernière représente une chaise à porteurs.

H.

10 cheminées sur 5 pl.

I.

On lit dans l'intérieur d'un cadre qui surmonte une cheminée :
« *Desseins de cheminées dédiez à Monsieur Jules Hardouin Mansart, conseiller du Roy en tous ses conseils, chevalier de l'ordre de St-Michel, comte de Sagone, surintendant & ordonnateur general des bastiments, arts & manufactures de Sa Majesté, inventez par son très-humble & très-obéissant serviteur Bérain, dessinateur du cabinet du Roy.* 10 cheminées sur 5 pl.

L.

Panneaux & plafonds. 5 pl.

### O.

Panneaux, arabefques. 5 pl.

### P.

Pendules, vafes, cartouches, torchères, armes orientales, flambeaux, &c. 5 pl.

### X.

Panneaux d'arabefques qui, à l'époque, s'appelaient des *Bérinades*. 5 pl.

Suite de 10 cheminées fur 5 planches ; elle ne porte pas de lettres, mais feulement des numéros.

Suite de 5 planches fur lefquelles fe trouvent 10 cheminées. Au bas & au milieu on voit le chiffre 8.

Cinq planches contenant 38 pièces de ferrurerie.

Cinq planches fur lefquellles fe trouvent 45 chapiteaux.

Quatre grandes planches d'arabefques très-riches.

On lit fur la première planche de la fuite fuivante : « Ornements inventez par J. Bérain, & fe vendent chez M. Thuret, aux galeries du Louvre, avec privilége du Roi. » Ce font des fupports, torchères, carroffes. 8 pl.

Il y a deux tirages : dans le premier, on lit au bas des planches les noms de Bérain & du graveur ; dans le fecond, on lit : *Ce vend chez M. Thuret, aux galeries du Louvre.*

Ce qu'on appelle dans le commerce l'OEuvre de Bérain fe compofe généralement du recueil que je viens de décrire, de la fuite des maufolées de la famille royale de France, & de quelques pièces ifolées.

**RECUEIL DE DIVERS MAUSOLEES EXECUTES POUR LA FAMILLE ROYALE DE FRANCE.** Cette fuite comprend quelques détails de torchères & les maufolées des Princes & Princeffes dont les noms fuivent :

La reine Marie-Thérèfe, 1683. 3 pl.

Louis de Bourbon, prince de Condé. 1687. 9 pl.

Marie-Louife d'Orléans, reine d'Efpagne, 1689. 1 pl.

Marie-Anne-Chriftine-Victoire de Bavière, époufe de Louis, dauphin de France, 1690. 1 pl.

S. A. R. Philippe de France, duc d'Orléans, juillet 1701. 1 pl.

M. le prince de Conti, 1709. 3 pl.

Le Vœu de toute la France pour le rétabliffement de la fanté du Dauphin, 1711. 1 pl.

La Cérémonie funèbre de Louis, dauphin de France, & de Marie-Adélaïde de Savoye, 1712. 5 pl.

Marie-Louife-Gabrielle de Savoye, reyne d'Efpagne, may 1714. 1 pl.

Après cette fuite fe trouve habituellement le deffin du maufolée de meffire Louis de Boucherat, 1699. 3 pl. gr. in-fol.

DESSUS DE BOITE. On lit au bas : A Paris, chez N. Langlois, rue St-Jacques, *à la Victoire*. 6 pl. petit in-fol.

TROIS CULS-DE-LAMPE fur une feuille in-12. Arabefques. 1 pl. in-8°.

HUIT PIECES DE MEDAILLONS, LETTRES ORNEES, TETES DE PAGES.

DEUX PETITS ECUSSONS AUX ARMES DE FRANCE, fur 1 feuille in-12.

PETITS ECUSSONS. 3 pièces.

ENSEIGNE POUR BERGERON ET LECLERC A PARIS.

CINQ TOMBEAUX (de très-petite dimenfion), gravés par Dolivar, P. Lepautre, Bérain.

DESSEING D'UNE GONDOLE POUR L'USAGE DU ROY DANS SES CANAUX DE VERSAILLES, inventé & deffigné par J. Bérain, avec l'explication fuivante à l'égard de l'exécution. *La frife du tour de la gondole & de la poupe, les mafcarous & les coquilles feront de fculpture dorée, le refte des ornements feront peints en jaune rehauffé d'or fur un fond vert ou bleu. A l'égard des ornements de la chambre, il faut choisir les pilastres où sont les têtes & non pas pas les tritons.*

*Les têtes & les moulures seront dorés, les ornements peints en jaune rehaussé d'or sur un fond bleu ou vert comme tout le reste.*

*Le fabricateur pourrait trouver moyen que la chambre puisse se démonter pour la facilité du transport. Le dedans de la chambre pourrait être peint, cependant je la trouverais mieux garnie d'étoffe.* 3 pl. dont une en deux feuilles gr. in-fol. La gravure de ces pièces paraît hollandaise.

FIGURE ET DESCRIPTION D'UN NAVIRE ROYAL, avec les noms & l'usage de toutes ses pièces ; lequel a esté monté par Mgrs d'Harcourt & de Brezé, généraux des armées de S. M. Pl. gr. in-fol. dessinée & gravée par Bérain.

DESSINS DE JARDINS ET PARTERRES. 10 pl. numérotées en haut & à gauche. In-fol.

UN CAVALIER CONDUISANT UNE DAME PAR LA MAIN DANS UNE BOUTIQUE OU SONT RANGES TOUTES SORTES D'HABITS ET D'ETOFFES A LA MODE ; gravé par J. Lepautre d'après Jean Bérain.

Beaucoup des objets qui sont en étalage portent un numéro qui doit correspondre à un texte explicatif que je n'ai jamais vu. In-fol. obl.

UN AGA APPORTANT LES CORDONS POUR ETRANGLER UN GRAND-VISIR.

On lit au-dessous du sujet : A Paris, chez la Veuve de Ligny, rue St-Jacques, à la porte des Mathurins ; & plus bas : *L. Bérain del., Dolivar, sculpt.* In-fol. obl.

SEIZE PIECES POUR RAGINE, TELEMAQUE, TANCREDE, &c. VINGT-UNE PIECES POUR COMEDIE.

DIX-NEUF COSTUMES POUR BALLETS.

Dans une île, des cavaliers & des dames étendus sur l'herbe paraissent se livrer à l'amour : on aperçoit Cupidon qui vient de faire aborder un jeune couple. Tous les costumes sont ceux de la fin du 17e siècle.

On lit au bas de la pièce les vers suivants :

>*Dans l'isle de Cythère*
>*Cet aimable séjour,*
>*Est un lieu solitaire*
>*Dirigé par l'amour.*
>*Chacun pour son office*
>*Chante ses plaisirs,*
>*Et pour tout sacrifice*
>*Vient offrir ses soupirs.*
>*On passe en ses retraites*
>*Des jours délicieux,*
>*Et bien des nuits secrètes*
>*Qui valent encore mieux.*
>*Quelle aimable demeure,*
>*Qu'elle a de quoi charmer ;*
>*On s'y voit à toute heure*
>*Sans cesser de s'aimer.*

La signature de Bérain est gravée à la pointe dans la marge. A gauche, sur la marge, on lit : *Duflos fec.*

On attribue souvent à J. Bérain, mais sans que rien justifie cette attribution, la suite dont voici le texte :

« Premier des magnifiques carrosses de Mgr le duc d'Offuna, ambassadeur extraordinaire & premier plénipotentiaire de S. M. C. Philippe V, pour les paix, faits pour l'entrée publique de Son Excellence à Utrecht. M. D. CC. XIII. Se vendent chez B. Picart, sur le Lingel, vis à vis le marché aux Pommes, *à l'Etoile*, à Amsterdam, 1714. » 7 pl.gr. in-fol.

## PIECES GRAVEES PAR C. BERAIN.

SINGES ATTISANT LE FEU D'UN FOURNEAU AVEC DES

BARRES DE FER. On lit d'une écriture du temps : *Mariette inv. & sculpsit;* & plus bas à gauche : *C. Bérain inv.* (Bibl. Impériale.)

DES DIABLES BRAQUANT UN CANON.

AUTRE PIECE DU MEME GENRE. Voici ce que dit Mariette à propos de ces pièces : « Des singes fondant des canons. Des démons
« ayant à leur tête l'Envie qui les excite à charger un canon outre
« mesure pour le faire crever. Ce sujet & le précédent sont renfermés
« dans des bordures ou cartouches qui sont du dessein de Jean Bérain,
« le reste de la composition est inventé & gravé par Jean Mariette. Le
« Sr Keller, commissaire ordinaire des fontes de l'artillerie de France,
« fit faire l'un & l'autre pour mettre dans un mémoire où il censurait
« vivement la conduite de plusieurs officiers d'artillerie. »

SIX CARTOUCHES avec chiffres enlacés. Au bas : *C. Bérain.*

ECUSSONS avec armoiries. — 12 pièces. Au bas : *C. Bérain.*

ARMOIRIES. — 11 pièces. *C. Bérain.*

ARMOIRIES. — 6 pièces signées *C. Bérain.*

DESSUS DE BOITES. — 12 pièces. *C. Bérain.*

DESSUS DE BOITES (très-remarquables). — 6 pièces. Au bas : *C. Bérain.*

DESSUS DE BOITES EMAILLEES. — 6 pièces. On lit au bas : *C. Bérain.*

# JEAN LE MOYNE, 1645-1718

Jean Le Moyne, dont il eſt ici queſtion, fut le chef d'une famille d'artiſtes dont pluſieurs membres portèrent le même prénom. — Il naquit à Paris en 1645, & jouit, à ſon époque, comme peintre décorateur, d'une réputation méritée. Sans connaître exactement la part priſe par lui aux grands travaux exécutés alors à Paris & à Verſailles, on ſait qu'il fut employé à la décoration de la galerie d'Apollon & à celle des appartements des Tuileries. — Il entra à l'Académie le 2 novembre 1686, fut nommé une ſeconde fois, le 29 mars 1693, ſur un tableau repréſentant un trophée d'armes, & ce qui prouve l'eſtime des artiſtes de ſon époque pour ſon talent, c'eſt que, le 22 février 1681, il reçut le titre de décorateur de l'Académie.

Heureuſement, pour Le Moyne, il nous reſte quelques ſuites de compoſitions, gravées par lui, qui nous permettent de juger & apprécier ſon talent d'ornemaniſte & de graveur.

La première de ces ſuites eſt éditée par Bérain, & porte la date de 1676. Sur le titre, Le Moyne prend la qualité de peintre (1). Elle ſe compoſe de panneaux ou montants d'ornements

---

(1) Voici une quittance où les noms & les qualités de notre artiſte ſont clairement donnés. « Jean Le Moyne, peintre du Roy, valet de « chambre de Monſieur, confeſſe avoir reçu de Madame la ſomme « de cinquante livres pour les ſix derniers mois de la préſente année.

dans le ſtyle adopté alors par Paul Androuet du Cerceau & Charmeton. Le recueil de plafonds qu'il dédia enſuite au duc d'Orléans, ſon protecteur eſt bien entendu comme compoſition. Il ſait faire valoir ſes motifs importants en ſe montrant ſobre d'ornements dans les parties intermédiaires.

Une troiſième ſuite, publiée en 1710, complète, avec quelques planches de la galerie d'Apollon, ce que je connais de ſon œuvre gravé. — Les arabeſques dont ce recueil ſe compoſe rappellent tout à fait le goût de Bérain. — Je ſignalerai à ce propos le rapport qui exiſte dans la manière dont ces deux artiſtes comprennent la décoration (1). Cependant l'ornementation de Le Moyne eſt mieux compoſée que celle de Bérain ; le deſſin eſt plus large de facture & généralement plus varié.

On trouve dans la gravure de Le Moyne des qualités analogues à celles que je viens de ſignaler dans ſes compoſitions ; ſa pointe eſt facile & rend ſa penſée avec eſprit & ſant ſécereſſe.

Le Moyne mourut à Paris, le 1ᵉʳ juin 1718, laiſſant deux fils : l'aîné, Jean-Louis, ſculpteur, fut reçu de l'Académie en 1703, & mourut à Paris en 1755. — Mariette, dans les quelques lignes qu'il lui conſacre, le regarde comme un talent fort ordinaire. Il fut le père du célèbre Jean-Baptiſte Le Moyne. — Le plus jeune, ſculpteur auſſi, fût reçu de l'Académie le 31 août 1715, & mourut à Paris le 20 octobre 1731 (2).

« à cauſe de cent livres de rente conſtituées ſur les Aydes & Gabelles,
« le onze may mil ſept cents, dont quittance ; fait & paſſé à Paris en
« l'étude de Cuillerier, un des notaires ſouſſignés, l'an mille ſept cent
« neuf, le vingt quatrième jour d'Aouſt & a ſigné *Le Moyne, Gaſchier,*
« *Cuillerier.* »

(1) Leurs noms ſont preſque toujours liés l'un à l'autre. C'eſt Bérain qui eſt l'éditeur de la ſuite de 1676 & c'eſt Le Moyne qui eſt le collaborateur de Bérain dans ſon ouvrage ſur la galerie d'Apollon.

(2) Voir *Archives de l'art français*, t. 1ᵉʳ.

# BIBLIOGRAPHIE.

ORNEMENTS inventez & gravez par Jean Lemoyne, peintre, & fe vendent chez Jean Bairain, avec privilége du roy, 1676. 6 pl.

ORNEMENTS DE PEINTURE ET DE SCULPTURE qui font dans la galerie d'Apollon. 1710. (Voir la bibliographie de Bérain.)

PLUSIEURS DESSEINS DE PLATS FONTS, dédiés à Son Alteffe royale M$^{gneur}$ le duc d'Orléans, inventez & gravez par fon très-humble, très-obligé ferviteur J. Lemoyne, de Paris. Se vend à Paris, chez..... graveur du roy, rue St-Jacques. 6 pl., fans compter le titre.

# ANDRÉ-CHARLES BOULE.

Divers documents publiés depuis peu (1) ont jeté quelque lumière fur la vie & les travaux d'un homme dont le nom était fort répandu, fort cité, & dont cependant on n'avait pas encore cherché à connaître exactement la perfonne. André-Charles Boule, né à Paris le 11 novembre 1642 (2), appartenait à une famille proteftante.

Dans les actes confignés aux regiftres de l'Eglife dite réformée de Paris, on voit deux artiftes de ce nom : l'un, *Pierre Boule*, tourneur & menuifier du Roi, était logé aux galeries du Louvre (3); l'autre, *Nicolas Boule*, était maître brodeur.

---

(1) Voir les documents publiés & annotés par MM. Read, Montaiglon, Richard, A. L. Lacordaire, Affelineau, &c...

(2) *Abecedario Pittorico*, p. 63.

(3) Je connais trois pièces gravées qui peuvent lui être attribuées : la première repréfente un panneau de marqueterie : à gauche on lit : *I. Boulle f. & à Paris chez Gautrot*. Dans le panneau qui forme le fujet de la deuxième on remarque une chaife à porteurs, elle eft fignée *I. Boulle*. La troifième porte au bas à gauche une fignature différente . *I. P. Boulle fecit. C. P.*

La gravure en eft large & facile. D'après le coftume de quelques

L'acte de baptême d'*André-Charles* n'ayant pas été trouvé, on ignore les prénoms de son père ; mais il est impossible de douter qu'il ne descende d'un des artistes que je viens de nommer. Peut-être est-il le petit-fils de l'un d'eux, ce qui serait plus d'accord avec les dates.

Dans l'acte de baptême d'un fils de Nicolas Boule & de Marie Langlois, on voit que ce fils eut pour parrain *André Le Dran*, marchand drapier à Paris, & pour marraine, Marguerite Paveret, femme de *Charles Tevier*.

En retrouvant, dans cet acte, les deux prénoms, *André* & *Charles*, il est permis de supposer que ce fils de Nicolas Boule fut ou le père ou le parrain de notre artiste. Quoi qu'il en soit, Boule put joindre à d'heureuses dispositions naturelles pour les arts du dessin l'immense avantage que lui donnaient l'expérience & les traditions de ses parents qui étaient eux-mêmes des artisans habiles. Aussi le vit-on bientôt, après avoir aidé son père dans ses travaux, donner aux meubles, sortant de ses ateliers, une perfection inconnue jusqu'alors. — Suivant Mariette, ces meubles étaient d'un goût exquis & d'une solidité à toute épreuve (1).

Le même auteur ne paraît pas avoir autant d'estime pour les fils de Boule. « *Ils n'ont été, dit-il, que les singes de leur père.* »

Les plus beaux meubles de Boule furent exécutés pour les maisons royales ; aussi ne peut-on espérer d'en retrouver quelques-uns que dans les palais de Saint-Cloud & de Fontainebleau.

---

personnages on peut les supposer exécutées vers le commencement du règne de Louis XIV.

(1) Ne connaissant pas de meubles de Boule bien authentiques, je me contente d'indiquer les catalogues de vente où on en trouve de mentionnés.

On cite parmi ceux qui eurent une grande réputation de son temps le cabinet de marqueterie du Grand-Dauphin (1).

Boule, le premier homme de sa profession en Europe, aurait dû laisser une grande fortune à ses enfants, mais, emporté par une passion ardente pour les objets d'art, il ne pouvait assister à une vente de dessins ou d'estampes sans y faire des acquisitions nombreuses. Obligé d'emprunter souvent à gros intérêts, il se vit bientôt poursuivi par ses créanciers (2). Pour comble de malheurs, un incendie, arrivé le 30 août 1720, détruisit la plus grande partie de la magnifique collection qu'il avait formée.

Un document fort curieux à ce sujet est parvenu jusqu'à nous ; c'est un mémoire rédigé par l'artiste pour demander au Roi une indemnité après cet incendie (3).

On peut tirer de cette pièce des renseignements précieux sur Boule, sur sa manière de procéder & sur les travaux auxquels il se livrait.

Parmi les bronzes détruits l'on trouve trois chapiteaux d'ordre corinthien faits par Claude Rollin & Duval, ce qui indiquerait la coopération de ces habiles sculpteurs. Plus loin, dans un portefeuille de dessins de toutes sortes de maîtres, on mentionne un dessin de chapiteau de Boule, fait lors de la

---

(1) Le cabinet dit Félibien a de tous côtés & dans le plafond des glaces de miroirs avec des compartiments de bordures sur un fond de marqueterie d'ébène. Le parquet est aussi fait de bois de rapport, & embelli de divers ornements, entre autre des chiffres de Monseigneur & de Madame la Dauphine.

(2) Bibliothèque impériale, cabinet des manuscrits (Supp. français, 2724, n° 50.). Ce document a été publié dans les *Archives de l'art français*.

(3) Voir dans les *Archives de l'art français; Documents*, tome IV, p. 332, les lettres relatives à la saisie pratiquée sur Boule par ses créanciers.

conftruction de la face du Louvre, & un autre pour le dôme de ce palais.

Cette note expliquerait quelque peu la qualité d'architecte que lui donne le Père *Orlandi* dans fon *Abecedario*.

Dans l'impoffibilité où je fuis d'indiquer d'une manière pofitive des ouvrages de Boule, je crois intéreffant de citer textuellement les derniers articles de ce mémoire, dans lefquels on trouve une defcription fuccincte de quelques meubles exécutés par cet habile ouvrier.

*Etat des ouvrages de commande, brûlés & péris, à quoi les fieurs Boule faifaient actuellement travailler* (1).

*Premièrement :* Quinze boîtes de pendulles, prefque toutes de différens modèles, & quafi faites; — une grande table, dont le deffus était de marbre, de huit pieds de long, avec un pied de marqueterie de cuivre & d'écaille de tortüe, & tous les bronzes faits; — cinq bureaux de cinq à fix pieds de long, de marqueterie de cuivre, & d'écaille de tortüe, tous les bronzes faits; — cinq bureaux de cinq à fix pieds de long, avec un pied de marqueterie d'écaille de tortüe & de bois de couleur, très avancés; — huit commodes différentes de marqueterie, de bois violet & autres couleurs, ornées de bronze; — trois armoires en bibliothèque, avec des glaces devant les portes, fervant à mettre des livres; — huit feux ou grilles différentes pour des cheminées, fur des models neufs; — neuf paires de bras de différentes grandeurs & différentes façons; — deux luftres de bronze, à huit branches; — deux médailliers de trois pieds & demi de haut; — tous lefquels ouvrages pouvaient monter, étant achevés, à 90,000 livres; fur quoi il a été donné à compte par ceux qui les ont commandés la fomme de 18,000 livres; refte 72,000 livres.

(1) Les fils de Boule travaillaient alors avec lui.

*Ouvrages qui ne font point de commande, brûlés ou péris.*

Douze bureaux, de fix pieds de long, plus ou moins avancés ; — quinze armoires, dont douze de huit à neuf pieds de haut, fermant à deux portes pleines ; — cinq ferre-papiers, de fix pieds de haut fur quatre de large, à moitié faits ; — vingt cabinets anciens à plufieurs tiroirs, dont un était d'ébeine & de pierre de Florence, fur un pied doré ; — dix commodes de différentes formes & grandeurs ; — douze coffres avec leurs pieds, de différentes grandeurs & formes ; — foixantes boîtes de pendulles, de différentes grandeurs, de différents models, plus ou moins avancés ; — une douzaine & demye de guéridons de marqueterie, garnis de bronze ; — douze tables d'environ quatre pieds de long ; — fix luftres de bronze de différentes formes ; — tous lefquels ouvrages, en l'état qu'ils étaient, pouvaient bien monter à 30,000 livres.

Cinq caiffes remplies de différentes fleurs, oyfeaux, animaux, feuillages, & ornemens de bois, de toutes fortes de couleurs naturelles, la plupart du s$^r$ Boule père, faits dans fa jeuneffe ; — douzes caiffes de toutes fortes de bois de couleur, rares, fervant aux ouvrages de pièces de rapport ; — valant, les deux articles enfemble, 8,000 livres.

*Item ;* une petite gallerie, de vingt pieds de long fur fix de large dans laquelle était toutes fortes de models de terre, cire, plaftre, de la main des meilleurs fculpteurs :

Michel-Ange, François Flamand, Girardon, Le Compte & autres ; tous les models de terre & cire que le s$^r$ Boule à fait faire, depuis qu'il exerce la profeffion, lui & fes enfants ; — toutes les figures antiques en petit, dont on a les boffes, très blanches & très confervées, & autres morceaux d'étude. Cet art. montant à la fomme de 27,000 livres, y compris deux chefs-d'œuvre en bois, qui étaient deux tableaux de fleurs de Montbouge.

*Item ;* tous les models en bronze de luftres, & de grilles, qui fe trouvent caffés & ruinés, vingt bas-reliefs ifolés, moulés fur les yvoirs de Vanoftal, qui font dans le cabinet du Roy, 9,000 livres.

Vingt établis & affutages d'ouvriers, dont deux pour les menuifiers, & dix-huit pour les ébéniftes, tous complets : les fcies, les preffes, villebrequins & autres équipages brûlés; — les outils & uſtancils de ſix compagnons limeurs, monteurs & ouvriers en bronze, recuits, caſſés & briſés; valant, les deux articles enſemble, 4,200 livres.

Tous les bois de ſapin, de cheſne, de noyer, de panneau ou mairin, bois de Norvegne, amaſſés & conſervés, depuis longtemps, pour la bonté & qualité des ouvrages, 12,000 livres.

Plus, tous les matériaux, bois de charpente, fers, plomb, thuilles, qui appartenaient au s$^r$ Boule, ayant fait tous ces bâtiments, à leurs dépens.

Somme totale de toute la perte, 370,770.

Boule a publié une ſuite de huit planches repréſentant des meubles, bronzes, &c., &c... Quoique la gravure en ſoit fort médiocre, ces pièces ſont cependant précieuſes, parce qu'elles donnent les ſeules compoſitions authentiques du maître & peuvent nous aider à apprécier ſon talent, mais il faut avoir grand ſoin de ſe rappeler que Boule était ſurtout ſculpteur en moſaïque (1), & que les formes quelquefois malheureuſes de ſes meubles pouvaient être atténuées par la beauté des bronzes & l'harmonie des couleurs des moſaïques, qualités que la gravure ne peut pas faire ſentir.

André-Charles Boule mourut en mars 1732, laiſſant quatre fils : Jean-Philippe Boule, Pierre-Benoît Boule, André-Charles Boule & Charles-Joſeph Boule, tous les quatre ébéniſtes du Roi.

(1) Voici ce que dit le père Orlandi à ce propos : « Au moyen des « bois des Indes & du Bréſil de couleurs différentes, il imita dans ſes « ateliers toute eſpèce de fleurs, de fruits, d'animaux; il en compoſait « des tableaux avec des chaſſes, des batailles; entourés d'ornements « d'un goût exquis & enrichis de bronzes. C'eſt ainſi qu'il exécuta des « tables, des eſcritoires, des bureaux, des armoires, des chiffres, des « horloges, des ornements, & tout ce qui lui venait à l'eſprit. » (*Abecedario Pittorico*, p. 63, édition de 1719).

# BIBLIOGRAPHIE.

NOUVEAUX DESSEINS DE MEUBLES ET OUVRAGES DE BRONZE ET DE MARQUETERIE, inventés & gravés par André-Charles Boule. — On lit fur une banderole : *à Paris, chez Mariette, aux Colonnes d'Hercules, rue St-Jacques.* — Suite de huit planches, y compris le titre. Elles font numérotées à droite.

Voici le détail des pièces gravées fur chaque planche :

N° 2. — Petite pendule de cabinet; — Grande pendule à fecondes; — Pendule propre pour une chambre; — Pendule à réveil & à répétition; — Figure de bronze fur fon piédeftal; — Groupe de bronze fur fon piédeftal.

N° 3. — Ecritoire de cabinet qui porte deux chandeliers; — Commode de deux deffeins différents; — Serre-papier vu par le profil; — Coffre de toilette monté fur fon pied; — Ecritoire de cabinet; — Deffeins différents de bureaux de cabinet dans l'afpect qu'ils préfentent, étant veus de face & placés à côté de leur ferre-papier; — Armoire qui s'ouvre par les deux bouts & fur laquelle eft pofé le ferre-papier.

N° 4. — Guéridon; — Bureau de cabinet veu par le bout, accompagné de fon ferre-papier veu en face fur lequel eft pofée une pendule au milieu de deux vafes; — Torchère pour une galerie; — Serre-papier, veu de face, dans le corps duquel eft engagée une pendule.

N° 5. — Grande table; — Table à jouer; — Table à mettre dans un trumeau; — Miroir de toilette; — Petite table de cabinet; — Petite armoire de cabinet. (Collection de M. le baron Pichon.)

N° 6. — Différents deffeins de feux ou grilles pour cheminées.

N° 7. — Trois deffeins différents de girandoles à quatre branches marqués 1. 2. 3; — Moitié d'un luftre à huit branches; — Cartouche A du luftre cy-deffus deffiné en grand; — Grand luftre à huit branches. (Collection de M. Villot.)

N° 8. — Bras de cheminée à trois branches pour une galerie; — Bras à plaque; — Bras pour de grandes cheminées; — Plaque propre à recevoir deux branches; — Bras pour un grand cabinet; — Bras pour une cheminée qui fe trouve dans un appartement dont les planchers font bas; — Branche d'un bras de cheminée; — Bras pour une cheminée de cabinet.

Partie A de la branche du bras de cheminée cy-deffus deffiné en grand. (Collection de M. Villot.)

*Planches anonymes qui peuvent être attribuées à Boule.*

BIBLIOTHEQUE de forme baffe, divifée en trois parties : celle du milieu eft fermée, les deux autres font ouvertes. Ces meubles font d'un beau ftyle.

TROIS MOTIFS DE CABINETS: ils ne font repréfentés que par moitié.

PIEDESTAL fupportant un groupe. (Collection de M. Villot.)

*Catalogues de vente où font mentionnés des meubles de Boule. — De Pontchartrain. —* 1747.

JUPITER SUR UN AIGLE, ET JUNON SUR UN PAON, au deffus d'un globe porté par deux figures des Vents; groupes de 42 pouces de haut exécutés d'après les modèles de l'Algarde, pofés fur fcabellons de marqueterie; ouvrage de Boule; 5,204 livres.

*Duc de Tallard, gouverneur de la Franche-Comté. —* 22 *mars* 1756.

1032. — UN TRES-BEAU CABINET DE MARQUETERE, de Boule, garni de bronze doré d'or moulu, ouvrant dans fon milieu par une porte cintrée, qui renferme quatre grands tiroirs : aux deux côtés de la porte font quatre autres grands tiroirs dont les faces font apparentes. Cette pièce eft portée fur un pied de bois à quatre piliers très-bien fculptés & dorés. Le cabinet porte 42 pouces de haut dans fon milieu qui fe termine carrément, propre à recevoir une belle pendule : la largeur eft de 48 pouces fur 18 pouces de profondeur. Le pied eft de 36 pouces de haut; 361 livres.

Sur ce pied eſt une urne de porcelaine bleue & blanche en broderie, portée ſur un trépied de bronze doré d'or moulu. Cette porcelaine fut vendue 140 livres.

1033. — UN CABINET DE MARQUETERIE, de Boule, avec une médaille de Louis XIV; 1,501 livres. (N° 777 de la vente Randon de Boiſſet.)

*M. Augrand, vicomte de Fonſpertuis. — E.-F. Gerſaint, expert. — Lundi 4 mars 1748.*

369. — DEUX FORT BELLES TABLES DE MARQUETERIE, de Boule le père, de forme contournée, portant chacune 4 pieds de large ſur 19 pouces & demi de profondeur, & 30 pouces de hauteur; toutes deux d'un même deſſin, mais le deſſus de l'une eſt la contrepartie du deſſus de l'autre. Elles ſont ornées de bandes, termes, agrafes & maſcarons de bronze parfaitement réparés & dorés d'or moulu; 624 livres.

370. — UN COFFRE-FORT DE MARQUETERIE fait par le même Boule, & orné également de bandes, agrafes & plaques de bronze doré d'or moulu, monté ſur un pied auſſi de marqueterie, à huit portants en forme de gaîne.

*Chupin, conſeiller du roy. — Julliot fils, expert. — 17 août 1756.*

UN GRAND BRONZE très-bien réparé repréſentant Apollon & Daphné changée en laurier. 30 pouces de haut ſur 14 de face. Poſé ſur un eſcabellon de marqueterie, de Boule, garni de bronzes dorés d'or moulu; 820 livres.

*De Selle. — P. Remy, expert. — 1761.*

143. — UNE COMMODE EN TOMBEAU DE MARQUETERIE, montée ſur huit pieds, dont quatre forment les côtés & les quatre

autres fupportent le tombeau; quatre belles têtes de femmes en relief; des bandes & ornements arrangés, de goût & en nombre, qui font parfaitement dorés d'or moulu, enrichiffent extraordinairement ce bureau, dont le deffus eft d'écaille avec oifeaux, animaux & ornements de cuivre incruftés de la plus grande richeffe. Cette commode eft un des chefs-d'œuvre de Boule; elle a 4 pieds de large & 2 pieds de profondeur; 1,551 livres.

144. — UNE AUTRE COMMODE de 4 pieds de large, garnie de fix tiroirs & d'un coffre dans le milieu, dont la porte en s'ouvrant tombe en bas. Chacun de ces tiroirs a pour poignée une tête de lion tenant un anneau dans fa gueule; des têtes de femmes fur le haut des deux angles de face, une belle tête de lion fur chacun des deux côtés, & autres pièces de bronze bien réparées & dorées d'or moulu, forment un agréable affemblage : tous les fonds & le deffus de cette commode font d'écaille avec figures, ornements & oifeaux incruftés en cuivre; 550 livres.

145. — UNE ARMOIRE ornée de bronzes dorés d'or moulu : elle a trois portes; fur celle du milieu eft repréfenté un vafe de fleurs pofé fur un focle; le tout de bois de rapport de plufieurs couleurs, fur un fond noir; fur les côtés, des bouquets de fleurs, ornements & oifeaux, auffi de même bois de rapport; les trois parties forment chacune un panneau dont les pourtours font en marqueterie, enrichis d'ornements incruftés en cuivre : elle a 4 pieds 3 pouces de haut fur 5 pieds de large & 17 pouces de profondeur; 461 livres.

146. — UNE ARMOIRE A DEUX BATTANTS ornée de figures & ornements chinois, incruftés en cuivre, d'une grande richeffe de compofition; elle eft garnie de bronzes dorés d'or moulu, & porte 7 pieds 9 pouces de haut fur 5 pieds 3 pouces de large & 23 pouces de profondeur; elle a befoin de quelques réparations; 241 livres.

*M. Gaillard de Gagny. — Pierre Remy, expert. —*
*29 mars 1762.*

54. — DEUX CORPS DE BIBLIOTHEQUE EN MARQUE-

TERIE, à ornements de cuivre, qui peuvent fervir à faire des médailliers; chacun a 4 pieds de haut fur 3 pieds 9 pouces de large. Elles ferment à deux battants : des figures à demi-reliefs, des médailles en guirlandes, & autres agréments dorés d'or moulu ornent ces deux bibliothèques qui font de Boule le père; 3,012 livres.

55. — UN CABINET EN MARQUETERIE, auffi à ornements de cuivre, garni de bronze doré, du même Boule, compofé d'une porte fur le devant, renfermant quatre tiroirs; fur chacun des côtés font quatre autres tiroirs : deffus la petite porte une figure de femme, & au deffus une médaille de Louis XIV avec attributs. Ce beau cabinet dont l'exécution eft parfaite porte 34 pouces de largeur fur 27 pouces de hauteur, non compris un très-beau pied à confoles en marqueterie, garni de bronze doré, qui a 3 pieds 3 pouces de haut; 1,401 livres. Ce cabinet eft, je crois, le même que celui vendu fous le n° 778 chez M. Randon de Boiffet.

56. — UN COFFRE-FORT SUR SON PIED A QUATRE CONSOLES DE MARQUETERIE, avec ornements de cuivre, garni de têtes de femmes, mafques, ornements & bandes de cuivre, de bronze doré d'or moulu. Ce joli morceau eft un ouvrage diftingué de Boule, il porte 3 pieds 9 pouces de haut fur 2 pieds 1 pouce; 482 livres.

*Vente de M. de Julienne. — Pierre Remy, C.-F. Julliot, experts.*
*— Lundi 30 mars 1767. — 15 pièces.*

1628. — DEUX BELLES BIBLIOTHEQUES DE MARQUETERIE, de Boule, de forme agréable & peu répétée, ouvrant à deux portes, & enrichies fur le milieu des faces, de griffes & d'un cartel qui fupporte des figures repréfentant les quatre faifons & autres ornements, le tout en bronze : elles portent 3 pieds 2 pouces de haut fur 32 de large, 14 de profondeur; 2,266 francs.

1645. — UN GRAND ET MAGNIFIQUE CABINET DE MARQUETERIE, de Boule, richement orné de bronze, à quatre tiroirs de hauteur fur la face : une très-belle porte cintrée forme le milieu & renferme une niche en glaces. Ce cabinet porte 40 pouces de haut de sa plateforme carrément terminée & dominante sur la porte ; sa longueur est de 4 pieds 1 pouce : il est placé sur un pied à six piliers à quatre pans, plaqué en bois d'ébène, avec trois tiroirs en marqueterie dans l'entablement, toutes les faces des tiroirs & des piliers sont encadrées de moulures & garnies d'autres ornements en bronze : il porte 4 pieds 4 pouces de long, 20 pouces de profondeur sur 24 de haut ; vendu 2,860 francs.

1646. — UN PETIT COFFRE DE TOILETTE EN TOMBEAU DE MARQUETERIE, de Boule, garni de bronze ; 391 fr.

1652. — UN TRES-BEAU PIEDESTAL DE FORME OCTOGONE EN MARQUETERIE, de Boule, riche d'ornements, avec fleurs de lis en bronze sur les quatre principaux pans ; ce morceau est d'une forme peu commune, il s'ouvre sur une des faces, & est très-propre à supporter soit une figure ou un vase ; il est revêtu sur le dessus d'un marbre africain : sa hauteur est de 40 pouces sur 21 de diamètre.

*Cayeux, sculpteur. — Pierre Remy, expert. — 11 décembre* 1769.
*— 2 pièces.*

65. — L'ECORCHE DE MICHEL ANGE BUONAROTTI, ET UNE BACCHANTE AVEC UN SATYRE, d'après Robert-le-Lorrain. Chacun de ces deux bronzes porte 13 pouces de hauteur, non compris les pieds en marqueterie, de Boule ; 69 livres.

67. — L'ENLEVEMENT D'UNE SABINE, par Jean de Bologne, d'après l'original en marbre qui est à Florence ; & BOREE QUI ENLEVE ORITIE, d'après François Girardon. Ces deux groupes, chacun composé de trois figures modelées & réparées par d'excellents artistes, portent chacun 21 pouces de haut non compris leurs pieds de 7 pouces 6 lignes en marqueterie, ornés de masques & ornements, de Boule ; 1,040 livres

*Blondel d'Azincourt. — Pierre Remy, expert. — Avril* 1770.

UNE TABLE CONTOURNEE DE MARQUETERIE, de

Boule, à quatre pieds à confole, garnie de mafcarons, cadre & moulures de bronze doré; 414 livres.

### *Lalive de Jully.* — *P. Remy, expert.* — 5 *mars* 1770.

258. — UNE BIBLIOTHEQUE, en retour des deux côtés, en bois d'ébène; la face a 15 pieds 10 pouces, chaque côté 5 pieds 6 pouces, & profondeur 18 pouces. Elle eft compofée de trois doubles portes fur la furface, & d'une double à chaque côté; les panneaux defdites portes font de fils de laiton, très-proche les uns des autres; elles font féparées par des pilaftres enrichis d'ornements incruftés en cuivre, & des mafques, feuilles, bandes, &c., une corniche fimple & belle qui règne au pourtour, eft garnie de branches de girafole & de feuillage; des belles franges ornent les pieds au deffus des pilaftres : le tout eft parfaitement doré d'or moulu, ainfi que tous les bronzes des objets fuivants; 9,000 livres.

159. — UN TRES-BEAU BUREAU à quatre pieds, garni de deux tiroirs. Il eft très-riche en marqueterie de cuivre incrufté & eft orné de cadres, mafques, feuilles de refend & autres ornements dorés d'or moulu. Ce morceau eft un des beaux que Boule ait faits. Il porte 2 pieds 7 pouces de haut fur 4 pieds 3 pouces de large, & 23 pouces de profondeur; 731 livres.

260. — LE MEME BUREAU ayant quelques légères différences dans l'ordonnance de l'architecture, & auffi dans la compofition des bronzes; 480 livres.

261. — UN CORPS D'ARMOIRE DE MARQUETERIE EN ECAILLE, il n'a qu'une feule porte décorée d'un Apollon en relief qui fait écorcher Marfyas; fur l'un des côtés Bacchus, & fur l'autre un vieillard qui fe chauffe; des agrafes, fleurons, baguettes, doucines, & de très-beaux mafques enrichiffent ce morceau qui porte 3 pieds de haut fur 3 de large & 6 pouces de profondeur; 901 livres.

262. — UNE JOLIE TABLE CONTOURNEE DE MARQUETERIE EN ECAILLE, à quatre pieds de biche & deux gaînes avec

entrejambes ; elle eſt ornée de maſques, godrons, roſettes & autres agréments ; ſa longueur eſt de 3 pieds 7 pouces 6 lignes, largeur 17 pouces 6 lignes & hauteur 2 pieds 5 pouces ; 650 livres.

263. — UN PIED DE MARQUETERIE EN ECAILLE, garni de maſques & ornements : il porte 8 pouces de haut, 12 de long & 7 pouces 6 lignes de large ; 45 livres.

264. — UNE PAIRE DE BRAS, compoſée d'une conſole d'où ſortent deux branches, on y voit un dragon accroupi qui ouvre la gueule contre un crocodile qui deſcend d'une branche ; 140 livres.

265. — DEUX CHANDELIERS OU FLAMBEAUX richement ornés & très-bien ciſelés. Ils portent chacun 11 pouces de hauteur ; 72 livres.

266. — UN FEU compoſé de deux vaſes ornés chacun de trois maſques & d'un cartel d'ornement, qui va ſe joindre à une grenade allumée, 342 livres.

267. — UNE PENDULE ſur ſon pied de marqueterie de cuivre écaillé, orné de bronze doré d'or moulu ; la forme de ſa boîte eſt ronde ; il y a au deſſus une lampe dans le goût antique ; le mouvement eſt de Rubby ; 291 livres.

*M. Boucher, premier peintre du roy. — P. Remy, expert. — 18 février 1771.*

1008. — UNE COMMODE DE BOIS D'EBENE, à trois tiroirs ornée de maſques & trophées de bronze doré, ouvrage de Boule ; ſon deſſus eſt de griotte d'Italie, de 4 pieds de longueur ; il eſt caſſé.

1028. — UNE TRES-BELLE CONSOLE EN MARQUETERIE DE BOULE, ornée de maſcarons, moulures, nœuds de rubans & roſettes de bronze doré ; ſon deſſus eſt de marbre noir & blanc antique ; 150 livres.

*Lauraguais. — P. Remy, expert. — 1772.*

UNE BELLE PENDULE EN MARQUETERIE, de Boule ;

elle eft ornée fur les deux côtés de deux figures de bronze, le *Jour* & la *Nuit* d'après Michel-Ange; mouvement de Brouire; 1,500 livres. (N°s 1632 de la vente de Julienne & 799 de celle de M. Randon de Boiffet.)

*Crozat, baron de Thiers.* — *P. Remy, expert.* — 1772.

1111. — UN COFFRE EN FORME DE TOMBEAU, pofé fur un pied à quatre gaînes avec entrejambes & un fond en doffier; le tout en marqueterie avec ornements en étain & cuivre, richement orné, de bronze doré à l'or moulu, par Boule, ouvrage de la plus haute confidération. Le tout enfemble porte 4 pieds 4 pouces de haut fur 2 pieds 8 pouces de large & 29 pouces de profondeur; 867 livres.

1112. — UN CABINET ouvrant à une porte fur la face qui renferme trois tiroirs, à chacun des côtés quatre tiroirs en marqueterie, incrufté en cuivre & étain, d'un très-riche deffein, orné d'un médaillon de Louis XIV, guirlandes, têtes d'enfants, mafques, feuillages & autres ornements en bronze doré d'or moulu par Boule, fur un pied d'ébène garni de filets & bâtons rompus en bronze; hauteur, 3 pieds 2 pouces 9 lignes; largeur, 2 pieds 4 pouces; profondeur, 18 pouces. Au deffus dudit cabinet eft un ferre-papier auffi en marqueterie de Boule, dont le milieu renferme une pendule de forme ronde, ornée d'une figure en ronde-boffe dorée d'or moulu, repréfentant le Temps; 1,146 livres.

1113. — UNE COMMODE A TROIS TIROIRS, arrondie des deux côtés avec une gaîne à chacun, en marqueterie de cuivre fur écaille, garnie de bronze doré d'or moulu, par Boule, le deffus de marbre d'Egypte antique entouré d'un bandeau auffi de bronze doré : hauteur, 2 pieds 6 pouces; largeur, 5 pieds; profondeur, 20 pouces; 1,199 livres.

1114. — UNE AUTRE COMMODE A DEUX TIROIRS, en marqueterie fond cuivre, ornée d'un mafque fur le devant & un de chaque côté; bandes, gorges, feuilles & moulures par Boule. Cette belle pièce porte 2 pieds 6 pouces 6 lignes de haut, 4 pieds 4 pouces de large, & 22 pouces de profondeur; 625 livres.

1115. — UNE JOLIE TABLE, contournée à quatre pieds de

biche & deux gaînes, avec entrejambes, en marqueterie de Boule, ornée d'un mafque de femme, de quatre têtes de fatyres, feuilles, godrons & autres ornements de bronze doré ; elle porte 2 pieds 4 pouces 6 lignes de haut, 3 pieds 8 pouces de large & 18 pouces 6 lignes de profondeur ; 499 livres.

1116. — UNE TABLE EN MARQUETERIE, d'ornements, cuivre & étain; auffi de Boule; elle a quatre pieds avec entrejambes, & eft garnie de bronze doré : le deffus eft couvert d'une peau : hauteur, 2 pieds 4 pouces 9 lignes; largeur, 2 pieds 3 pouces 6 lignes; profondeur, 18 pouces; 130 livres.

1117. — UNE AUTRE PETITE TABLE DE BUREAU à fix pieds, en forme de gaîne avec un fond & entrejambes de cuivre & étain, par Boule; le deffus eft en bois : hauteur, 2 pieds 8 pouces ; largeur, 2 pieds 2 pouces 6 lignes; profondeur, 18 pouces; 80 livres.

1118. — UN PIED DE TABLE A DEUX CONSOLES avec fon deffus formant un demi-cercle, en marqueterie & ornements de cuivre fur écaille, enrichi de deux têtes de béliers, de leurs pattes, d'un mafque de femme, moulures & ornements dorés d'or moulu. Ce morceau eft de la plus grande richeffe, Boule s'y eft diftingué ; il porte 2 pieds 6 pouces de haut fur 2 pieds 9 pouces 6 lignes dans fon diamètre, & 21 pouces de profondeur; 700 livres.

1119. — UNE JOLIE TABLE A QUATRE PIEDS, cintrée fur les angles de devant avec ornements & figures en écaille, garnie de deux agréables têtes de femmes, de deux mafques, bandeau, plate-bandes & ornements dorés d'or moulu, par Boule : largeur, 4 pieds ; profondeur, 17 pouces; hauteur, 2 pieds 5 pouces 9 lignes ; 360 livres.

1120. — AUTRE TABLE EN MARQUETERIE, avec ornements & figures en cuivre, de même forme & grandeur, garnie de pareils bronzes dorés d'or moulu ; 400 livres.

1121. — UNE CASSETTE DE MARQUETERIE, de Boule, garnie de bandes, plaques, agrafes, mafques, feuilles en bronze doré de bon goût : hauteur, 12 pouces; largeur, 21 pieds; profondeur, 14 pouces ; 400 livres.

*Le comte de Dubarry.* — *P. Remy, expert.* — 1774.

195. — UNE TABLE A QUATRE GAINES EN MARQUE-
TERIE, garnie de mafcarons & tablier, de Boule, ornements de bronze,
deffus de marbre vert de mer ; 4 pieds 11 pouces de long fur 2 pieds
1 pouce de large; 1,610 livres.

196. — UN LUSTRE A SIX BRANCHES de bronze doré d'or
moulu, ouvrage de Boule.

197. — UN PAREIL LUSTRE.

*Mariette.* — *Bafan, graveur, expert.* — 1775.

SARRASIN. — Un groupe de deux enfants jouant avec un bouc.
C'eft le modèle du même fujet qui fe voit dans les jardins de Marly, exécuté en marbre. Il porte 8 pouces fur 6, non compris un beau piédeftal
fur lequel il eft, & qui eft un ouvrage de Boule avec divers ornements
en cuivre doré d'or moulu ; 460 livres.

*Lemarié, confeiller au Châtelet.* — *Joullain fils, expert.* — 1776.

LE GROUPE DE LAOCOON D'APRES L'ANTIQUE, bronze
monté fur pied de marqueterie de Boule, orné de bronze doré; 24
pouces fur 20 ; 720 livres.

*M. Blondel de Gagny.* — *Pierre Remy, expert.* — *Mardi* 10
*décembre* 1776.

954. — UNE GRANDE COMMODE EN TOMBEAU, à quatre
tiroirs, les ornements en écaille & les fonds de cuivre, ornée richement
de mafques de femmes & de mufles de lion, avec anneaux, feuilles & autres
ornements & encadrements de bronze doré, fon deffus de marbre noir
& blanc antique : hauteur, 36 pouces ; largeur, 6 pieds 4 pouces ; profondeur, 2 pieds 7 pouces ; 2,000 francs.

955. — UNE ARMOIRE A DEUX PORTES EN MARQUE-TERIE, fonds de cuivre & ornements d'écaille, ornée fur la face de deux figures, l'une d'un vieillard, l'autre d'une femme qui tient un plan d'architecture, des médailles en guirlandes relatives aux guerres de Louis XIV, des rofettes, moulures & équerres, avec ornements de bronze doré : hauteur, 4 pieds ; largeur, 3 pieds 9 pouces ; profondeur, 17 pouces ; 980 livres.

956. — UNE BELLE ARMOIRE EN MARQUETERIE DE CUIVRE SUR ECAILLE, à trois portes, dont deux garnies de glaces, ornées de mafques, rofettes, confoles tournantes, encadrements & moulures d'ornements de bronze doré, fon deffus de marbre africain : hauteur, 3 pieds 9 pouces ; largeur, 6 pieds 2 pouces ; profondeur, 17 pouces ; 781 livres.

957. — UNE AUTRE ARMOIRE à trois portes, celles des côtés font garnies de glaces ; elle eft de marqueterie en ébène, garnie de mafques, rofettes, encadrements, équerres, moulures en oves & autres ornements de bronze doré : hauteur, 4 pieds 2 pouces ; largeur, 6 pieds ; profondeur, 15 pouces ; 804 livres.

958. — UN BAS D'ARMOIRE EN MARQUETERIE DE CUIVRE SUR ECAILLE, premier modèle, garni de mafques, rofettes, moulures d'ornements & petites confoles de bronze doré ; le deffus de différents marbres en compartiments : hauteur, 2 pieds 9 pouces 6 lignes ; largeur, 3 pieds 6 pouces ; profondeur, 19 pouces ; 679 livres.

959. — UNE BIBLIOTHEQUE EN MARQUETERIE SUR EBENE, compofée de trois portes, dont deux garnies de glaces ; elle eft ornée de mafques, rofettes, moulures, équerres avec ornements de bronze doré : hauteur, 4 pieds 1 pouce ; largeur, 6 pieds 2 pouces, profondeur, 14 pouces ; 665 livres.

960. — UN BAS D'ARMOIRE EN MARQUETERIE, garnie de bronze doré ; elle a deux portes garnies de glaces, le deffus de brèche

grife de Flandre : hauteur, 3 pieds 5 pouces; largeur, 3 pieds 10 pouces, profondeur, 18 pouces; 605 livres.

961. — UN BUREAU à quatre confoles & à deux tiroirs, avec fon deffus de marqueterie fur ébène, orné d'un mafque de fatyre & de deux autres mafques fur les côtés, feuilles d'ornements, moulures & encadrements de bronze doré : hauteur, 32 pouces; largeur, 52 pouces; profondeur, 19 pouces; 999 livres.

962. — UN AUTRE BUREAU auffi en marqueterie, orné de bronze, pareil au précédent; c'eft la contre-partie ; 942 livres.

963. — UNE TABLE contournée & en demi-cercle, à deux pieds de biche & une gaine en marqueterie, ornée d'un mafque de femme fur le devant, de deux têtes de béliers fur les côtés, pieds de biche, vis, rofettes & autres ornements de bronze doré ; le deffus de marbre d'Antin, bordé d'un carderon auffi de bronze : hauteur, 2 pieds 7 pouces; largeur, 2 pieds 6 pouces ; 1,620 livres.

964. — UNE TABLE toute pareille à la précédente ; 1,561 livres.

965. — UNE TABLE à quatre pieds de biche & à trois tiroirs de marqueterie, ornée d'un mafque, rofette, feuilles d'ornements & moulures de bronze doré : hauteur, 28 pouces ; largeur, 42 pouces; profondeur, 16 pouces ; fon deffus eft d'albâtre oriental; 502 livres.

966. — UN PILASTRE en angle ouvrant à une porte, de marqueterie de cuivre fur écaille, les corps en ébène, orné de mafques différents, d'un enfant, de feuilles, godrons, filets & bandes de bronze doré. Ce morceau qui eft très-richement orné, porte 5 pieds 4 pouces de haut, fur 1 pied 5 pouces de large; 540 livres.

967. — DEUX BELLES TORCHERES EN MARQUETERIE, garnies de bronze doré; leur forme eft de bon goût : hauteur, 3 pieds 6 pouces 6 lignes. Il y a fur chacune une girandole à deux branches de bronze doré, dont le corps eft d'écaille ; 1,500 livres.

968. — UNE GAINE de forme carrée, à une porte de marqueterie fur écaille, les corps & le deffus plaqués en ébène; elle eft ornée d'un mafque d'efpagnolette, feuilles d'ornements, rofettes & moulures de bronze doré : hauteur, 3 pieds 5 pouces; largeur, 18 pouces; profondeur, 9 pouces ; 461 livres.

969. — UNE BELLE GAINE en marqueterie, garnie de bronze doré; fon deffus de marbre africain : hauteur, 4 pieds 1 pouce 6 lignes : 291 livres.

970. — DEUX CONSOLES en bois d'ébène & filets de cuivre, garnies de mafcarons, feuilles & ornements de bronze doré; 220 livres.

971. — UN VASE EN FORME DE NACELLE, de marqueterie d'écaille, couleurs de lapis & nacre de perle, fur fond de cuivre. orné de cannelures, têtes de fatyres & anfes de bronze doré, fur un pied à quatre confoles tournantes & culot de bronze doré. Ce morceau eft très-curieux ; 700 livres.

972. — UN BAROMETRE ET THERMOMETRE, en marqueterie & garnis de bronze doré : hauteur, 42 pouces; 399 livres.

*Comte Du Luc. — Julliot & Joullain fils, experts. —* 1777.

UNE COMMODE DE BOULE EN TOMBEAU, à double entablement; le corps eft à deux tiroirs & à quatre pieds de biche; les entrejambes font garnis de chutes à têtes de femmes ailées... & deffus de porphyre : 36 pouces fur 48 & 24; 1770 livres.

*Le prince de Conti. — Remy, expert. — Mardi 8 avril* 1777.

2019. — UNE PENDULE A SECONDES, A SONNERIE ET A QUARILLON, dans fa boîte de marqueterie de Boule, avec une compenfation de la chaleur & du froid par Plâtrier, horloger de Son Alteffe; 1,400 livres.

*Randon de Boiffet.* — *P. Remy & C.-F. Julliot, experts.* — 1777.

LES BUSTES D'AUGUSTE ET DE VESPASIEN pofés fur gaînes de marqueterie, enrichis d'ornements; ouvrage de Boule; 7,700 livres.

UNE PENDULE portant le nom de C. D. G. Mefnif; Boule en a tiré les figures (le jour & la nuit) d'après Michel-Ange. On y remarque des bas-reliefs d'enfants. Elle provenait du cabinet Julienne; 1,901 livres.

UN FEU, de Boule, compofé de figures, homme & femme adoffés; fujet de fatyre portant une caffolette; ils font placés fur un piédeftal contourné, s'évafant par le bas, fupporté de chaque côté par des griffes de lion, avec grille, pelle, pincettes & tenailles de fer, & deux croiffants, deux plateaux angulaires cintrés fur le devant, en bronze doré; 1,260 livres.

773. — DEUX BAS D'ARMOIRE, de Boule, s'ouvrant par trois battants pleins : l'un, première partie; l'autre, contre-partie, mais orné de même : le battant du milieu eft garni du haut d'un fort mafcaron de fatyre entre deux rouleaux à rinceaux d'ornements; ceux à côté, de très-riches équerres à mafcarons & fleurons, de fujets d'enfants, d'attributs de mufique & moulures; les deux côtés le font d'attributs de chaffe fufpendus par un ruban & encadrés, le tout en bronze doré : fur chaque bas d'armoire eft une pendule, leur boîte de même forme & mêmes ornements; le devant eft décoré d'un riche cartel & de trois figures caractérifant les Parques, avec cadre fur les côtés; le tout en bronze doré. Le mouvement de l'une eft à quarts & porte le nom d'André Furet. L'autre porte le nom de Moify; elle marque les jours, les quantièmes du mois & les phafes de la lune : longueur, 5 pieds 10 pouces; profondeur, 15 pouces; hauteur, 35 pouces, non compris la pendule qui porte 18 pouces 6 lignes; 4,701 livres.

774. — DEUX PIEDS OCTOGONES, de Boule; l'un, première partie; l'autre, contre-partie, garnis de quatre forts mafcarons de frife à fleurons de moulures régnant fur le pourtour & de quatre boules en bronze doré : diamètre, 17 pouces ; hauteur, 8 pouces 9 lignes; 503 livres.

775. — DEUX PETITES TABLES contre-partie, de Boule, en encoignures, à entablement cintré & à gorge fur le devant fupporté par trois confoles à rouleau par bas avec entrejambes portant un vafe de cuivre couleur de bronze, à anfes, écharpes & piédouches dorés, le deffus eft à moulures & le pourtour de l'entablement eft orné de quinze cadres à plate-bande formant feftons par bas, dont cinq fur le devant, renfermant chacun un deffin de marqueterie & un très-petit mafcaron, le tout en bronze doré ; elles font encore relevées par un triangle en bois d'ébène, à moulures & boules dorées fur le bois : hauteur, y compris le triangle, 28 pouces 6 lignes fur 19 pouces de profondeur & 17 de diamètre; 1,780 livres.

776. — UNE AUTRE TABLE CINTREE, de Boule, contre-partie, à deux entablements, l'un en vouffure, & l'autre à gorge & à trois confoles chantournées, avec entrejambes; elle eft garnie de moulures, tête & pied de bélier en bronze doré : longueur, 22 pouces; profondeur, 12 pouces 6 lignes; hauteur, 25 pouces 6 lignes; 700 livres.

777. — DEUX CABINETS ET LEURS PIEDS, de Boule, première partie, à riches deffins en cuivre & étain, s'ouvrant dans le milieu par un battant carré fermant quatre petits tiroirs : chaque face eft enrichie d'un médaillon de Louis XIV à guirlandes de lauriers, d'un encadrement à plates-bandes, à zéphirs par le haut, terminé par rinceaux à griffes & de mafcarons par bas; fur chaque côté font quatre tiroirs auffi enrichis de cadre & mafcaron, l'entablement des pieds, orné de triglyphes, eft fupporté fur le devant par deux gaînes carrées à têtes de bélier, entre lefquelles eft un pilaftre avec mafcaron & autres acceffoires; le tout en bronze doré & fur le derrière par deux pilaftres & un panneau : hauteur, le pied compris, 5 pieds 3 pouces fur 30 pouces de long & 20 de profondeur; 2,901 livres.

778. — UN AUTRE CABINET ET SON PIED, de même forme, genre de marqueterie & ornements en bronze doré que les deux précédents, à l'exception du médaillon qui eft ici accompagné de trophées militaires & du battant qui eft orné d'une figure en bas-relief, de l'entablement du pied qui a de plus un cadre à rinceaux fur chaque côté & qui eft fupporté par quatre gaînes, dont deux avec un pilaftre fur le devant & deux fur le derrière : hauteur, 5 pieds 3 pouces 6 lignes, y compris le pied ; longueur, 36 pouces 9 lignes ; profondeur, 18 pouces 6 lignes ; 1,600 livres.

779. — UNE COMMODE EN TOMBEAU, première partie, de Boule, à quatre pieds de biche & à quatre pieds d'entrejambes finiffant par des dés & pieds en limaçon, garnie de carderon ; fortes chutes à tête de femme ailée, de pieds à griffes, de cadres & autres ornements, le tout en bronze doré : longueur, 48 pouces fur 23 de profondeur & 32 de hauteur ; 4,999 livres.

780. — UNE AUTRE COMMODE, première partie, de Boule ; carré long à frife fur le pourtour de l'entablement à fix pilaftres, à deux grands & à deux petits tiroirs & à panneaux de côté en marqueterie, le focle fupporté par fix pieds carrés de bronze ; garnie de chapiteaux à larges feuilles de perfil, de cadres, mafcarons, tant fur le devant que fur les côtés & autres acceffoires ; le tout en bronze doré avec fon marbre de griotte d'Italie : longueur, 54 pouces, fur 24 de profondeur & 34 de haut ; 5,000 livres.

781. — UN SUPERBE BUREAU, de Boule, première partie, à trois tiroirs & à quatre pieds de biche, avec entrejambes cintrés de chaque côté fortant des pieds, fe réuniffant à un pilier carré rentrant en deffous & fervant de fupport ; il eft garni de carderons, de fortes chutes à têtes de femme, forts mafcarons, cadres, de pieds à griffes de lion & acceffoires en bronze doré : longueur, 6 pieds 6 pouces, fur 36 de large ; 3,600 livres.

782. — UN AUTRE BUREAU, de Boule, première partie, à trois tiroirs & à quatre pieds de biche, garni de carderon contourné, de chutes

à têtes de fatyre, mafcarons, cadres & autres ornements en bronze doré : longueur, 59 pouces fur 31 de large ; 601 livres.

783. — UN PETIT CAISSON, forme de tiroir, en bois d'ébène, garni fur le bord d'une moulure unie en bronze doré : longueur, 14 pouces ; 24 livres.

784. — UNE RICHE TABLE, de Boule, première partie, de forme cintrée fur le devant, à entablement à gorge fupporté par deux confoles avec entrejambes ; l'entablement eft enrichi de carderons, de plufieurs cadres à plate-bande dont le bas eft feftonné de forts mafcarons fur la face, & les confoles de fortes têtes & pieds de bélier & acceffoires ; le tout en bronze doré : longueur, 33 pouces 6 lignes, fur 20 de profondeur & 31 de haut ; 1,400 livres.

785. — UNE AUTRE TABLE, de Boule, première partie, de même forme que la précédente, garnie de fortes têtes de lion, mafque de Bacchus fur le devant, de pieds à griffes & à rinceaux & autres ornements en bronze doré avec fon deffus d'albâtre oriental de la plus ancienne roche : longueur, 29 pouces ; profondeur, 20 pouces ; hauteur, 30 pouces 6 lignes, y compris le marbre ; 1,300 livres.

786. — UNE TABLE, première partie, à entablement chantourné à quatre pieds de biche & à deux gaînes rondes fur les côtés du devant richement orné de chutes à têtes de fatyre, de mafcarons fur la face, de cadres fur le pourtour & autres ornements en bronze doré, d'un vafe de cuivre couleur de bronze, fur les entrejambes, avec anfes, écharpes fur la panfe & piédouche doré : longueur, 44 pouces ; profondeur, 18 pouces ; hauteur, 28 pouces ; 745 livres.

787. — UNE TABLE de même forme, grandeur & genre d'ornements, le deffus première partie & le furplus contre-partie ; 770 livres.

788. — UN BAS D'ARMOIRE, de Boule, première partie, de forme carrée à étroit panneau de hauteur, à deffin de lyre en marqueterie de chaque côté de la face, s'ouvrant dans le milieu par un battant

carré long, encadré ainſi que les côtés d'une bordure de marqueterie ; il eſt orné de fort carderon ouvragé, d'un Apollon & d'un Marſias, de maſcarons & de faiſons en bas-relief, le focle ſupporté par quatre forts pieds en limaçon eſt auſſi orné de riches moulures, coquille à grands rinceaux, de maſcarons & acceſſoires ; le tout en bronze doré ; 2,000 livres.

789. — DEUX GAINES, de Boule, première partie, leur chapiteau eſt orné d'équerres, de larges feuilles & de fleurons, leur face de tapis fond bleu en marqueterie d'étain entouré de franges ; les côtés ſont auſſi ornés de forte volute à rouleau & large rinceau, & le ſurplus de moulures ; le tout en bronze doré : hauteur, 47 pouces ; 1,604 livres.

790. — DEUX AUTRES GAINES, de Boule, de même forme, marqueterie, ornements & hauteur ; 1,700 livres.

791. — DEUX GAINES, première partie, auſſi de même forme & à ornements très-riches ; même hauteur des précédentes ; 1,600 livres.

792. — DEUX AUTRES GAINES, contre-partie, ſemblables aux dernières ; 1,400 livres.

793. — DEUX GUERIDONS, de Boule, première partie, à tige ronde, forme de baluſtre ſortant d'un vaſe placé ſur une eſpèce de fût de colonne accompagné de trois conſoles à rouleau formant pied triangulaire ; le plateau eſt orné de moulures à feuilles de laurier, la tige du petit chapiteau ionique, le vaſe de têtes & pieds de bélier à rinceau, les trois panneaux du fût qui ſont entre les conſoles, de cadres, maſcarons, & chaque côté des conſoles de rinceaux ; le tout en bronze doré : hauteur, 55 pouces 6 lignes ; 1,499 livres.

794. — DEUX AUTRES GUERIDONS, de Boule, contre-partie ; de même forme, ornements & hauteur comme les précédents ; 1,300 liv.

795. — DEUX GUERIDONS, de Boule, à tige ronde, forme de

baluftre fortant d'un focle à trois tapis & à trois confoles à rouleau faifant pied triangulaire, le tout en marqueterie d'étain ; le plateau eft orné de moulures à feuilles de laurier ; la tige de triglyphes, de petits mafcarons, de têtes & pieds de bélier & de différents acceffoires, les tapis de franges, mafcarons, & les rouleaux de rinceaux ; le tout en bronze doré : hauteur 48 pouces ; 1,051 livres.

796. — DEUX AUTRES GUERIDONS, de Boule, à tige triangulaire, même marqueterie, forme & ornements que les précédents : hauteur, 52 pouces ; 1,000 livres.

797. — UN SECRETAIRE EN ARMOIRE, première partie, l'intérieur garni de gradins de fix tiroirs en bois fatiné, de cornets & cuvette de cuivre argenté ; l'abattant forme un tableau de treize figures dont entre autres quatre enfants fe balançant dans un berceau d'arbres & un homme conduifant deux buffles attelés ; l'entablement à grand tiroir fur la face eft orné d'une frife à feuilles de perfil entre deux carderons à plates-bandes ; le devant & les côtés de cadres, chaque battant l'eft auffi d'un enfant couché à bas-relief avec fupport ; le tout en bronze doré, avec fon deffus de marbre de griotte d'Italie : hauteur, 51 pouces ; largeur, 33 pouces ; profondeur, 16 pouces 9 lignes ; 1,601 livres.

798. — UN AUTRE SECRETAIRE AUSSI EN ARMOIRE, première partie, à abattant & porte, le corps eft à angles coupés fur la face & revêtu d'un pilaftre à cannelures de cuivre liffe garni de chapiteaux ioniques, de chutes à feuilles de laurier & de cadres en bronze doré avec fon deffus de marbre bleu turquin : hauteur, 47 pouces, fur 34 de long & 14 pouces 6 lignes de profondeur ; 1,200 livres.

799. — UNE PENDULE A MOUVEMENT, à quart, portant le nom de C. D. G. Mefnif dans fa boîte à riche cadran à bas-reliefs d'enfants, terminée du haut par un fablier avec autres attributs du temps ; portée par une tige en bronze doré, accompagnée fur les côtés de deux figures de bronze affifes & penchées caractérifant le jour & la nuit, placées fur un pied cintré à panneau renfoncé orné de marqueterie, garni de fleurons, moulures à oves, de focles de chaque côté en avant-

corps en bronze doré & fupporté par un autre pied plaqué en bois d'ébène & bandes de cuivre liffe, à entablement à moulures à rofettes foutenu par fix carrés à rofaces en bronze doré ; le tout pofé fur un focle en bois fculpté doré : hauteur, 37 pouces, fur 32 de long & 8 de profondeur. Achetée 1,421 livres à la vente de M. de Julienne; 1,901 livres.

800. — UNE AUTRE PENDULE, à fecondes, le mouvement fait par Moyfi, marquant auffi le quantième du mois, dans fa boîte en forme de gaînes chantournées, première partie cuivre & étain & à petits tapis fur le devant orné de franges, garni du haut d'une lampe de goût antique & le furplus de mafcarons, rinceaux & autres ornements en bronze doré : hauteur, 6 pieds ; 481 livres.

801. — UNE AUTRE A BAROMETRE, marquant feulement les jours & les phafes de la lune, dans fa boîte de même forme, genre de marqueterie, ornements & hauteur que celle du précédent article. 490 livres.

802. — UNE GRANDE PENDULE, de première partie, mouvement à quart fait par Rabby, le cadran orné d'un groupe de deux figures à bas-relief; la boîte eft de forme droite avec chapiteau à gorge & riche ; focle à baromètre fur le devant garni du haut d'une lampe antique & fur le pourtour de confoles, cadres & autres ornements ; fur chaque côté du focle eft un fphinx fupportant la boîte ; le tout en bronze doré : hauteur, 44 pouces fur 21 de large ; 801 livres.

803. — UNE AUTRE PENDULE, le mouvement feulement à heures, porte le nom de Gaudron, dans fa boîte de marqueterie de Boule, forme ronde à pied carré à gorge ; le haut orné d'une lampe de goût antique ; les côtés, de mafcarons, guirlandes, & le furplus, de différents acceffoires en bronze doré, placée fur un double pied à vouffures de chaque côté, auffi de marqueterie, garni de bronze doré ; 380 livres.

804. — UNE AUTRE PENDULE, dans un globe furmonté d'un enfant qui en marque les heures, placé dans un nuage, porté par une intéreffante figure en bronze caractérifant le Temps, ayant un genou

fur une terraffe où font fes attributs, accompagné de deux groupes d'enfants de terre cuite bronzée repréfentant les arts, le tout pofé fur un pied de marqueterie de forme ovale à contour, richement garni d'ornements & cadres en bronze doré : hauteur en tout, 39 pouces, la figure feule porte 19 pouces; longueur du pied, 21 pouces; 1,681 livres.

805. — UN BAROMETRE, forme ronde du haut & dont le bas fe termine en gaîne, plaqué d'écaille, plates-bandes en cuivre liffe garni d'un groupe de deux enfants & autres ornements en bronze doré : hauteur, 39 pouces 6 lignes; 321 livres.

806. — UN PIED PRESQUE CARRE, contre-partie, garni de têtes de fatyre & de mafcarons en bronze doré : il porte 8 pouces 6 lignes de long fur 7 de profondeur; 40 livres.

807. — DEUX BELLES CONSOLES, plaquées en bois d'ébène, chacune garnie fur la face de forts mafcarons & chutes d'ornements en bronze doré; 530 livres.

808. — DEUX AUTRES CONSOLES femblables à celles de l'article précédent.

835. — UN LUSTRE, de Boule, à huit branches, riche cul-de-lampe orné de mafques de femme, têtes de bélier, de quatre panneaux à plufieurs figures à bas-relief, vafe à médaillons & guirlandes formant la tige, accompagné de quatre confoles, chacune furmontée d'une tête à deux vifages d'homme & femme. Ces confoles foutiennent le couronnement de ce luftre qui eft terminé par quatre zéphirs portant l'anneau : hauteur, 36 pouces; 35 de diamètre; 1,202 livres.

## FEUX DE BRONZE DORE.

842. — UN FEU, de Boule, compofé de deux figures, homme & femmes adoffés, fujet de fatyre, portant une caffolette; ils font placés fur un piédeftal contourné s'évafant par bas, fupporté de chaque côté par griffes de lion, avec grille, pelle, pincettes & tenailles de fer & deux

croiffants, deux plateaux angulaires cintrés fur le devant en bronze doré; 1,260 livres.

844. — UN FEU, de Boule, à vafe fupporté d'un fort pied en limaçon avec rinceau contourné formant léger recouvrement & fa grille de fer garnie de bombes, auffi de bronze doré, avec pelle, pincettes & tenailles; 355 livres.

*M. l'abbé Le Blanc. — J.-B.-P. Le Brun, expert. —*
*14 février 1781.*

141. — UNE PENDULE, de Boule, le mouvement de Julien Le Roi, de forme ronde, furmontée d'une lampe, le tour du cadran orné d'un riche cercle de bronze à rofaffe, ainfi que deux panneaux de chaque côté à coquille, mafcarons & chutes de laurier; le tout pofé fur un pied orné de marqueterie à fond d'écaille, enrichi d'ornements, cadran & baguettes dorés : hauteur totale, 22 pouces; 250 livres.

142. — UN FEU DE BRONZE DORE, de Boule, n° 844 de Randon de Boiffet; 188 livres.

143. — UN FEU, de Boule, compofé de deux fphinx pofés fur des draperies ornées de trois mafques, avec tenailles & pincettes.

*M. le Marquis de Menars. — F. Bafan & Joullain, experts. —*
*février 1782.*

583. — UNE COMMODE EN MARQUETERIE, par Boule, à deux tiroirs : elle eft ornée fur le devant d'un mafcaron à tête de fatyre, carderon, rinceaux à feuilles, d'ornements, moulures, entrées & mains; le tout en bronze doré, avec deffus de marbre de Flandre : hauteur, 2 pieds 9 pouces; longueur, 4 pieds 4 pouces; profondeur, 2 pieds; 300 livres.

*Le comte Merle. — Al. J. Paillet & Julliot fils, experts. —*
*1784.*

UNE COMMODE, première partie, de Boule, le corps bombé en tombeau ouvrant à deux grands tiroirs avec quatre pieds en console, & quatre autres terminés par des dés & pieds en limaçon formant entre-jambes dégagées à jour; elle eſt garnie de riches chutes de têtes de femme ailée, de pieds à griffes, de cadres & autres ornements en bronze doré, & de ſon deſſus en marbre griotte d'Italie, taillé à gorge avec carrés formant avant-corps : 32 pouces ſur 46 de longueur & 23 de profondeur, chef-d'œuvre du maître; 3,320 livres. (N° 779 de la vente Randon.)

*Dubois, orfèvre. — 1784. — 11 pièces.*

*De Saint-Julien. — Lebrun, expert. — 1784.*

*M. M\*\*\*. — Le Brun, expert. — 3 mai 1786.*

488. — DEUX ARMOIRES EN EBENE, plaquées de filets en marqueterie à panneau de glace, bordées d'une baguette de bronze à feuilles de perſil, ornées du haut d'un maſcaron de Boule, doré d'or moulu. Ces deux jolis meubles auſſi à panneaux de chaque côté, portent 43 pouces de haut ſur 32 de large ; ſaillie, 12 pouces.

*Lambert & Du Porail. — J. B. Lebrun, expert. — 1787. —*
*12 pièces.*

*Lebrun, peintre, garde des tableaux du comte d'Artois.* — 11 *avril*
1791.

767. — DEUX GAINES décrites fous le n° 789 de la vente Randon de Boiffet. Elles paffèrent chez M. de Saint-Foi, & furent vendues fous le n° 147, 1,481 livres.

768. — DEUX GAINES, de Boule, de même forme & de même hauteur que celles du précédent numéro. Elles viennent auffi de la vente de M. de Saint-Foi, n° 148; vendues 1,401 livres.

769. — DEUX GRANDES ARMOIRES A TROIS PANNEAUX, décrites dans le catalogue de la vente Blondel de Gagny, n°$^s$ 956-957.

770. — UNE GRANDE ARMOIRE, carrée en hauteur, contrepartie, ouvrant à deux battants, garnie d'ornements fur le devant & fur les côtés, à quatre figures repréfentant les quatre faifons ; le tout en bronze doré d'or moulu : hauteur, 4 pieds & demi ; largeur, 4 pieds ; profondeur, 20 pouces ; elle vient de la vente de feu M. Marin, n° 713.

771. — UN BEAU MEUBLE, de Boule, ouvrant à trois portes ; le morceau du milieu à rinceaux & plaques de marqueterie, fur fond d'écaille & encadrement de bronze, furmonté d'un fort mafcaron de fatyre, avec guirlandes & rinceaux d'ornements, enrichi de dix rofaces ou entrées de ferrures fur le bas d'un mafque de femme & d'un quarderon enrichi de deux ornements ; la tablette garnie de fix équerres : hauteur, 43 pouces & demi ; largeur, 73 pouces ; profondeur, 16 pouces & demi ; 760 livres.

772. — DEUX MEUBLES, de Boule, ouvrant chacun à deux battants, à panneaux de glaces & à baguettes à feuilles d'eau en bronze ; l'encadrement à deffin de marqueterie, enrichis d'équerres & rofaces en bronze doré, recouvert de leur deffus de marbre en bleu turquin : hau-

teur, 39 pouces ; largeur, 38 pouces ; profondeur, 14 pouces & demi; 401 livres.

773. — DEUX JOLIS BAS D'ARMOIRE, ouvrant à un battant, avec encadrement de filets de marqueterie, frifes à panneaux, & grillage de laiton, le tout élevé fur quatre boules, & à deffus de marbre gris : hauteur totale, 38 pouces; largeur, 28 pouces & demi; 260 livres.

774. — DEUX PIEDS OCTOGONES, décrits fous le n° 774 dans la vente Randon de Boiffet.

775. — UN PIED EN MARQUETERIE, fond écaille, le milieu formant tiroir, enrichi de bronze, fupporté par quatre mafques & griffes de lion : hauteur, 8 pouces; largeur, 15 pouces & demi; 37 livres.

776. — DEUX PETITS PIEDS DE MARQUETERIE à huit pans, à mafques de lion & à moulures, foutenus fur quatre confoles d'ornements : hauteur, 2 pouces 2 lignes; largeur, 3 pouces 9 lignes; 432 livres.

781. — UNE PENDULE DE MARQUETERIE, de Boule; je crois que c'eft le n° 804 de la vente Randon de Boiffet ; 520 livres.

789. — PLUSIEURS MONTURES DE VASES, PIEDS, SOCLES, MASCARONS ET ORNEMENTS, de Boule, en bronze doré & non doré, qui feront vendus par lots au commencement des vacations.

*Le citoyen Vincent Donjeux. — Lebrun & Paillet, experts. — Lundi 29 avril 1793.*

545. — DEUX BAS D'ARMOIRE ; ils ont été décrits fous le n° 773 de la vente Randon de Boiffet.

546. — UNE GRANDE ET MAGNIFIQUE ARMOIRE EN

MARQUETERIE, de Boule, feconde partie ouvrant à deux portes, & le milieu marquant en avant-corps, avec lunette qui détourne le balancier d'une riche pendule, accompagné de figures d'enfants, & fe trouve former un ornement diftingué dans le meuble richement décoré de bronze & du meilleur ftyle, parfaitement cifelé & doré d'or moulu : hauteur totale, compris un grand focle plaqué en bois d'ébène, 9 pieds 8 pouces; largeur, 6 pieds.

547. — UNE AUTRE du même genre & grandeur, auffi riche.

548. — Il eft décrit fous le n° 26 de la vente Lalive de Sully.

549. — UN PETIT MEUBLE A PANNEAUX SAILLANTS, de marqueterie de cuivre & d'étain, ouvrant à un battant, avec figure de l'Abondance en bas-relief; le haut couronné d'un médaillon & trophée de guerre, avec encadrement & pieds à rinceaux d'ornements & griffes de lion ; le milieu occupé par un mafque de femme à draperies; le tout élevé fur quatre pieds à vis & à rofeaux, les retours enrichis d'encadrements figurant quatre tiroirs ; le tout couvert d'un marbre griotte d'Italie : hauteur, 37 pouces; largeur, 36 pouces.

550. — UNE JOLIE TABLE A CONSOLE, de forme circulaire, à deffin de marqueterie avec quart-deron de bronze à reffauts, enrichie fur le devant de mafques de faune & d'ornement faifant frange, fupportée par deux confoles de marqueterie, enrichie par le haut de têtes de bélier & terminée en pied de même : hauteur, 31 pouces; largeur, 30 pouces.

551. — AUTRE TABLE du même genre que la précédente, recouverte d'un m bre rare tirant fur le ferpentin violet ou brèche à petites taches.

552. — UNE COMMODE EN TOMBEAU, contre-partie, ouvrant à deux tiroirs, garnie d'entrée à rinceaux d'ornements, de poignée & mafque de femme avec encadrement uni, enrichie fur les confoles de forts mafques de lion & rinceaux d'ornements, élevée fur quatre pieds du même genre, & à griffes de lion, terminée dans le mi-

lieu par un corps de fatyre, couverte de fon marbre de griotte d'Italie : hauteur, 32 pouces; largeur, 46 pouces.

553. — UN MEUBLE à deux tiroirs de chaque côté dont le milieu eft enrichi d'un mafque de fatyre, de bandeaux à rinceaux d'ornements & à corniche d'oves, le deffus de marbre bleu turquin, encadré d'un quart de rond de bronze ; le tout élevé fur quatre pieds triangulaires enrichis de rinceaux d'ornements : hauteur, 34 pouces ; largeur, 52 pouces.

555. — DEUX GAINES déjà décrites fous le n° 789 de la vente Randon de Boiffet.

556. — DEUX AUTRES GAINES, même vente, n° 790.

557. — DEUX GAINES même forme; même vente, n° 791.

560. — UN GRAND ET TRES-BEAU BUREAU, de Boule, garni de trois tiroirs, & richement orné de fontes en bronze bien cifelé & doré d'or moulu : longueur, 6 pieds ; largeur, 32 pouces.

579. — UN TRES-BEAU LUSTRE A HUIT BRANCHES, modèle de Boule, à quatre confoles à figures de femme parfaitement cifelées, & doré d'or moulu.

581. — UNE PAIRE DE BRAS A UNE BRANCHE, montés fur une plaque ronde à mafque de faune, modèle de Boule, parfaitement dorés d'or moulu.

# ALEXIS LOIR, 1630 † 1713.

Nicolas & Alexis Loir étaient fils d'un orfèvre de Paris fort diftingué dans fa profeffion : Nicolas, l'aîné, fe livra à la peinture & eut à fon époque une affez grande réputation. Alexis refta orfèvre, mais les confeils de fon frère, les facilités qu'il trouva auprès de lui, firent qu'il pouffa affez loin fes études artiftiques. Il apprit à peindre, à deffiner & même à graver.

Ses recueils d'ornements font compofés avec beaucoup de goût & gravés fimplement, mais avec intelligence. Son talent de graveur le fit recevoir à l'Académie le 26 mars 1678. — Il mourut à Paris le 15 avril 1713.

## BIBLIOGRAPHIE.

FRISES ET ORNEMENTS DE PANNEAUX nouvellement inventez & gravez par A. Loir. A Paris, chez N. Loir, rue Saint-Jacques. 6 planches non numérotées.

NOUVEAUX DESSINS DE GUERIDONS dont les pieds font propres pour des croix, chandeliers, chenets & autres ouvrages d'orfèvrerie & de fculpture, inventez & gravez par A. Loir. Chez N. Langlois. 6 planches non numérotées.

SUITE DE SIX PIECES DE FRISES, numérotées à droite, par A. Loir. Chez N. Langlois.

NOUVEAUX DESSEINS d'ornements pour l'embelliffement des carroffes, panneaux, lambris, &c.; nouvellement inventés par N. Loir & gravez par A. Loir. Chez N. Langlois. 6 planches non numérotées.

NOUVEAUX DESSEINS d'ornements de panneaux, lambris, carroffes, &c.; inventez & gravez par A. Loir. A Paris, chez N. Langlois. 6 planches non numérotées.

# ROBERT DE COTTE

Né en 1656 † 1735.

---

Pendant les années qui précédèrent la mort de Jules Hardouin Manfard (1708), il semblerait qu'il y ait eu un temps d'arrêt dans l'architecture.

On peut l'attribuer aux guerres si malheureuses qui attristèrent la fin du règne de Louis XIV & firent complètement négliger les arts.

Robert de Cotte, beau-frère de Manfard, affocié de bonne heure à tous les grands travaux de l'époque, fut naturellement appelé à recueillir fa fucceffion. — Il appartenait à une famille d'architectes (1) & était de l'Académie depuis 1699.

D'un efprit vif, intelligent, plein d'expérience quoique fort

---

(1) Son aïeul Frémin de Cotte était architecte du roi Louis XIII & fervait comme ingénieur au fiége de La Rochelle ; fon père eft auteur d'un ouvrage affez rare dont voici le titre : *Explication briève & facile des cinq ordres d'architecture*, démontrée par M. Frémin de Cotte, architecte ordinaire du roi. A Paris, chez l'auteur, rue de Vert-Bois, 1644, in-fol., 10 feuilles numérotées, compris titre & dédicace à Monfeigneur Antoine de Mefme dont il était architecte.

jeune, nul n'était plus capable que lui de diriger le mouvement qui allait fe produire dans les arts décoratifs auſſitôt après la mort de Louis XIV.

L'architecture du grand roi paraiſſait trop grave, trop févère, à une fociété animée du goût du luxe & des plaifirs; les artiſtes durent chercher des formes plus gracieuſes, plus fines.

Dans les décorations de l'hôtel de Touloufe (1713-1719), Robert de Cotte montra tout ce qu'on pouvait tirer du mélange de l'ancien & du nouveau ſtyle, deſtiné à prendre le nom de ſtyle Louis XV.

L'ornementation qu'il emploie, tout en conſervant le grand afpect des compofitions du ſtyle Louis XIV, eſt empreinte d'une certaine liberté dans les détails qui la rend tout à fait féduifante. Malheureuſement, accablé de travaux, de Cotte laiſſa faire plutôt qu'il ne fit lui-même : je dis malheureuſement, parce qu'il aurait pu, par fon influence, maintenir l'art dans une voie plus élevée.

A vrai dire, la décoration extérieure des édifices conferva une certaine mefure fi on la compare à ce qui s'exécutait vers la même époque en Italie & en Allemagne, mais la décoration intérieure fut facrifiée de plus en plus au matérialiſme, afin d'être en harmonie avec les goûts fenfuels de la fociété du XVIIIᵉ fiècle.

De cette époque date l'art de diſtribuer les intérieurs, art qui fut alors pouſſé auſſi loin que poſſible (1). On ne fe contenta

---

(1) On a reproché aux diſtributions de cette époque d'avoir l'inconvénient d'une falle à manger précédant le falon : fi l'on réfléchiſſait aux habitudes du temps, on verrait que ce reproche n'eſt pas fondé. L'on dînait à midi & l'on ne recevait pas avant cette heure : les vifites fe faifaient plus habituellement dans la foirée & l'on foupait; il n'y avait donc aucun inconvénient à trouver, en entrant dans le falon, une table chargée de fruits & de mets légers généralement fans odeur.

plus d'avoir un certain nombre de pièces les unes à la fuite des autres, il fallut en graduer les proportions fuivant leur importance.

Les architectes apprirent à dégager les chambres, à les entourer des dépendances néceffaires pour rendre la vie intérieure facile & commode (1); enfin, les befoins matériels de notre fociété furent fi bien compris, fi parfaitemet fatisfaits, qu'à notre époque les architectes en font encore réduits à imiter leurs prédéceffeurs.

R. de Cotte put voir cette révolution s'accomplir, car il vécut jufqu'en 1735.

Peu d'architectes ont eu une carrière auffi occupée.

On connaît de lui, à Paris, les hôtels de Touloufe, du Maine, d'Eftrée, le portail de Saint-Roch, celui des Pères de la Charité, le Château-d'Eau, place du Palais-Royal (2), la Samari-

(1) Toutes ces diftributions agréables que l'on admire aujourd'hui dans nos hôtels modernes, qui dégagent les appartements avec tant d'art; ces efcaliers dérobés, toutes ces commodités recherchées qui rendent le fervice des domeftiques fi aifé, & qui font de nos demeures des féjours délicieux & enchantés, n'ont été inventés que de nos jours. Ce fut au palais de Bourbon, en 1722, qu'on en fit le premier effai qui a été imité depuis en tant de manières; ce changement dans nos intérieurs fit auffi fubftituer à la gravité des ornements, dont on les furchargeait, toutes fortes de décorations de menuiferie, légères, pleines de goût & variées de mille façons diverfes. On fit dans les gardes-robes ces lieux à foupapes auxquels on donne improprement le nom de lieux à l'anglaife. On fupprima les folives apparentes des planchers, on les revêtit de ces plafonds qui donnent tant de grâce aux appartements & que l'on décore de frifes & de toutes fortes d'ornements agréables.

*Monuments érigés en France à la gloire de Louis XV, précédés d'un tableau du progrès des arts & des fciences fous ce règne*, par M. Patte, architecte de S. A. S. Mgr le prince Palatin, duc régnant des Deux Ponts. A Paris, chez l'auteur, 1765, in-fol.

(2) Détruit en 1848.

taine (1), le chœur & l'autel de Notre-Dame (2); à Verſailles, le grand Trianon & la chapelle du château qu'il acheva; à Saint-Denis, les bâtiments de l'abbaye, gravés par Lepautre.

Voici ce qu'écrit d'Argenville à ce ſujet (3) :

« *L'intérieur du royaume & des pays étrangers offrent, ainſi que la capitale, des monuments de ſon génie & de la ſupériorité de ſes talents. Tels ſont les plans de la place Louis XIV à Lyon, du grenier de l'abondance, de la façade de la ſalle du concert, du palais épiſcopal de Verdun, du château de Freſcati, ſuperbe maiſon de plaiſance de l'évêque de Metz, & du palais épiſcopal de Strasbourg.*

« *L'évêque de Cologne, celui de Bavière, le comte de Hanau, l'évêque de Wurtzbourg & pluſieurs princes étrangers le chargèrent auſſi de la conſtruction de châteaux magnifiques.* »

M. Duſſieux, dans ſon beau travail ſur les artiſtes français à l'étranger (4), donne des détails fort curieux ſur R. de Cotte & les nombreux travaux exécutés par lui à l'étranger. Il nous permet d'ajouter à la liſte des noms déjà cités par d'Argenville, ceux du roi d'Eſpagne Philippe V, du roi de Sardaigne, du prince de la Tour & de Taxis, & celui du comte Zingendorf à Vienne.

Robert de Cotte mourut à Paſſy, le 1$^{er}$ juillet 1735, laiſſant un fils, Jules-Robert de Cotte, qui lui ſuccéda comme intendant général des bâtiments & directeur général des monnaies.

Voici l'énumération des titres & emplois de Robert de Cotte, tels qu'ils ſont indiqués au bas de ſon portrait, gravé par Dre-

---

(1) Détruite en 1809.
(2) Détruits en 1860.
(3) *Vie des fameux architectes*, par M. D\*\*\*. A Paris, chez Debure aîné, MDCCXXXVII, t. 1$^{er}$, p. 415.
(4) *Les Artiſtes français à l'étranger*, par L. Duſſieux. Paris, Gide & Baudry, libraires-éditeurs, 1856, in-8º.

vet pour l'Académie d'après la peinture de Rigaud : Chevalier de l'ordre de Saint-Michel, confeiller du roi en fes confeils, premier architecte, intendant des bâtiments, jardins, arts & manufactures de Sa Majefté, directeur de l'Académie royale d'architecture & vice-protecteur de celle de peinture & fculpture.

# BIBLIOGRAPHIE.

Il exifte au cabinet des Eftampes huit volumes in-folio de deffins, un manufcrit & fix portefeuilles de papiers de R. de Cotte. Ils ont été achetés en 1811 à la vente de Cotte. — Je crois devoir donner le détail du contenu de ces volumes & portefeuilles, en me réfervant de m'étendre fur ceux qui ont particulièrement rapport à la décoration.

## ETUDES D'ARCHITECTURE DE DE COTTE.

PAVILLONS DE JARDIN AVEC BALUSTRADES EN PIERRE. Trois deffins lavés à l'encre de Chine.

QUATRE CROIX DE PIERRE deffinées à la plume ou lavées fur crayon.

CINQ DESSINS DE PORTES COCHERES parmi lefquels celui de l'hôtel d'Eftrée.

SIX MAITRES-AUTELS, deffins à la plume, lavés au biftre.

DEUX LITS, deffins à la plume lavés à l'encre de Chine, très largement faits dans la manière de P. Lepautre.

UNE HORLOGE PLACEE SUR UN MEUBLE, ou cabinet en marqueterie.

QUARANTE-UN DESSINS de lambris, cheminées, alcôve, chambranle de cheminée, détails de fenêtre, &c; je citerai les lambris de la chambre de M$^{me}$ de Maintenon, du grand cabinet du roy avec un détail de la cheminée & celui de la chambre du duc d'Orléans à Verfailles, les cheminées de la duchefse de Berry à la Muette, de la princefse de Chimay, du cabinet de M. Carel, & de M$^{me}$ de Chaulnes. Je dois noter à part un deffin de cheminée pour la chambre de la princefse de Conty à Verfailles : ce deffin eft intéreffant à caufe de la grande glace qui furmonte la cheminée, & comme il eft figné de Manfard & daté de 1700, il indique bien pofitivement que ce n'eft pas à Robert de Cotte qu'il faut attribuer cette mode deftinée à avoir un fuccès fi durable.

DIX-SEPT DESSINS DE PROFILS, la plupart pour les intérieurs ; ils font d'un très-beau ftyle.

TROIS CADRES DE GLACES, deffins lavés.

UN BUREAU deffiné au crayon rouge dans la manière de Boule.

ONZE DESSINS de tapis, portières, lambrequins, &c.

TROIS DESSINS de mofaïque de marbre pour deffus de meubles. Ces quatorze deffins font très-remarquables comme coloris, ils font gouachés avec une grande habileté. Je ne les crois pas tous de la même main.

UN DESSIN POUR JARDINAGE.

## VASES ET VAISSELLE D'ARGENT.

Sous ce titre on a recueilli une férie de deffins fort intéreffants fur l'orfèvrerie; ils ne font pas tous de de Cotte. En voici le détail :

QUATRE DESSINS DE SOUPIERE dans la manière de Meiffonnier.

AUTRE SOUPIERE.

DEUX VASES dans le ſtyle Louis XIV.

DESSEIN D'UNE CUVETTE approuvée par le Roy & par Monſeigneur le Duc.

DESSEIN D'UN SUCRIER approuvé par le Roy & par S. A. S. Monſeigneur le Duc.

On lit ſur un deſſin faiſant partie d'une ſuite de quatre :

« Ce deſſein de cadenat a été exécuté en or pour la Reine Marie-Thérèſe, épouſe du Roy Louis XIV, & feu M. de Colbert régla la fa- çon de cet ouvrage à 4,000 livres, ledit cadenat peſant 20 marcs d'or. « Signé de Launay, 1675. »

Le cadenas était un coffret d'or ou de vermeil renfermant le couvert du Roi; on le plaçait avec apparat auſſitôt qu'il s'était mis à table. On en connaît fort peu. Le deſſin de de Launay eſt fort curieux à cet égard.

DESSEIN D'UNE SALIERE pour le Roy, approuvé par S. M. & S. A. S. Monſeigneur le Duc.

DESSEIN D'UNE SOUCOUPE.

PROFIL DE LADITE SOUCOUPE avec ſon pied.

PALAIS DE L'ELECTEUR DE COLOGNE à Bonn. — Plans, coupes, élévations, deſſins de décoration intérieure, croquis au crayon, &c.; 36 pièces grand in-fol.

PALAIS DU BUEN RETIRO. — Plans généraux & détaillés; 20 pièces grand in-fol.

DOME DES INVALIDES; deux volumes.

Le premier contient des projets & des plans, les détails de la conſ- truction de la coupole & le tracé du pavage en marbre; 30 deſſins grand in-fol.

Dans le ſecond volume ſe trouve tout ce qui a rapport à la décoration intérieure, ſtatues, bas-reliefs, chapiteaux, corniches, deſſus de porte, orgue, croix de fer, &c.; 54 deſſins in-fol.

EGLISES D'ITALIE deſſinées par R. de Cotte. J'indique ſeulement le titre de ce volume que je n'ai pu voir au cabinet des Eſtampes.

BIBLIOTHEQUE DU ROY. — Projets, plans, coupes, élévations; 39 deſſins, 1 vol. grand in-fol.

PAPIERS RELATIFS A L'HOTEL DE NEVERS. Voici les pièces les plus importantes contenues en ce volume :

Etat des bâtiments de l'hôtel de Nevers, ſeis rue de Richelieu. 1717

Détail des ouvrages à faire à l'hôtel de Nevers au ſujet de la bibliothèque du Roy, ſuivant le dernier projet du mois de novembre 1717.

Vente de l'hôtel de Nevers à M. Law, 10 may 1719. Petit in-fol.

## PAPIERS DE R. DE COTTE.

*Portefeuille portant ſur le dos les numéros ſuivants : 1 à 500.*

Papiers relatifs au palais électoral de Bonn.

Ordre adreſſé par le roi Louis XIV au Prieur & aux Religieux de l'abbaye de Saint-Denis, de laiſſer R. de Cotte détruire des armoiries miſes mal à propos au tombeau de M. Turenne par ſes héritiers. 1710.

Demande des Religieux de Saint-Denis, de détruire le tombeau des Valois qui menace ruine.

Procès-verbal de la viſite faite à Saint-Denis, le 8 mars 1719, par Monſeigneur le duc d'Antin & R. de Cotte. La réparation & achèvement du tombeau des Valois ſont évalués 30,000 livres.

Deſtruction du tombeau des Valois & tranſport dans l'égliſe Saint-Denis du monument d'Henri II, ordonnés par le roy. Avril 1719.

Procès-verbal de la viſite de la chapelle & tombeau des Valois, par Nicolas de l'Eſpine & Jean Beauſire, le 14 juin 1719.

Lettres-patentes & autres papiers relatifs à cettte affaire.

Devis des travaux de marbrerie & bronze pour la chapelle des Condé en l'égliſe des Pères Jéſuites, rue Saint-Antoine.

Devis des travaux de Sainte-Croix d'Orléans. 26 novembre 1708.

Mémoires, inftructions, lettres envoyées à de Cotte au fujet des inondations & débordements de la Seine dans Paris.

Devis de marbrerie pour le piédeftal de la ftatue équeftre de Louis le Grand à Montpellier.

Lettre au fujet de la clofture du chœur de la Sorbonne par une baluftrade en fer. 1715.

Devis de cette clofture par François Caffin. 1714.

Conftatation de réparations à faire à l'éperon du terre-plein du pont Neuf. 1716.

### *Portefeuille*, 501 à 1,000.

Devis de fculptures en marbre du maître-autel de Saint-Jean-en-Grève, d'après les deffins de R. de Cotte.

Lettre de M. de Pontchartrain qui ordonnne à de Cotte de voir & de rendre compte au Roy des réparations qui s'exécutent à l'Abbaye-aux-Bois. 1715.

Devis des travaux à faire à Croiffy pour M. de Torcy.

Devis, correfpondance au fujet des travaux exécutés au Palais du Roy & à l'églife Saint-Jean à Dijon en 1706.

Devis & marchés relatifs à la chapelle de la Vierge à Notre-Dame de Paris.

Travaux de Lyon : loge du Change, &c. R. de Cotte eft chargé de remettre aux confuls le deffin du piédeftal de la ftatue du Roy par Manfard. 1707.

Travaux du palais de l'évêché de Châlons. 1721.

Devis par Coyfevox pour la conftruction dans l'abbaye de Royaumont du maufolée de Monfeigneur le prince d'Harcourt. Le deffin eft de R. de Cotte. 1704.

Travaux de la chapelle de la Vierge à Notre-Dame de Paris.

Mémoire de fculpture par Vaffé. 1720, 1721, 1722.

Devis de baluftrade en fer par Ofmont.

Devis de marbrerie par Tarlé. 1718.

Devis d'ouvrage en bronze pour le tabernacle. 1719.

Mémoire de fculpture de Vaffé. 1719.

Devis, prix & qualités des ouvrages de marbre pour le maître-autel.

Travaux de la chapelle Saint-Denis qui fait fymétrie à celle de la Vierge.

Devis de fculpture par Hoffement, Charpentier, N. Montheau. 1719.

Mémoire des augmentations de fculpture faites à l'autel de Saint-Denis par Charpentier & Montheau. 1722.

Marché de Nicolas Couftou qui s'engage à faire la figure de faint Denis en marbre blanc. 1721.

Devis de fculpture, par Fremin, 1719; par Cayot, 1719; par J. Bouffeau & P. Lepautre.

Mémoire de ferrurerie par Ofmont.

Marché paffé avec Rennequint pour la conftruction du pont de bois fervant à la communication de l'île Notre-Dame à l'île Saint-Louis. 1717.

Devis de la conftruction de ce pont de bois.

Papiers relatifs à la fuppreffion de l'égout Saint-Louis au Marais & fes branches ainfi que celle du grand égout Saint-Paul.

Travaux du pont de Touloufe.

Devis pour l'hôtel de Villeroy.

Explication du palais du Roy à Madrid.

### Portefeuille, 1,001 à 1,300.

Correfpondance au fujet des travaux exécutés en Efpagne, de 1712 à 1715, ainfi que la note d'honoraires qui réfume les travaux de de Cotte.

Divers arrêts du confeil d'Etat & du Parlement fur les travaux de Paris & principalement fur la conftruction du nouvel hôtel des Moufquetaires, quai d'Orfay. 1720.

Devis, marchés, mémoires relatifs à un projet d'hôtel à Francfort pour le prince de la Tour & Taxis. 1727.

Correfpondance relative aux travaux du comte d'Aneau à Strasbourg. 1728, 1729.

Devis des travaux à faire pour la conftruction d'un nouveau palais épifcopal à Strasbourg. 1727, 1731.

Correfpondance avec Monfeigneur le cardinal de Rohan & autres à ce fujet.

## Volume, 1,301 à 1,600.

Mémoire en forme de devis pour la conftruction de l'ambaffade française à Conftantinople. 1722.

Extrait de la dépenfe à faire pour la bibliothèque du Roy au Louvre. 1724.

Supplique au Roy & diverfes pièces au fujet des eaux de Paffy. 1725.

Correfpondance avec le duc d'Antin au fujet de la place de Bordeaux. 1728.

Devis des travaux à faire pour M$^{me}$ la ducheffe douairière de Conty, au couvent des Dames Bénédictines de la Ville-l'Evêque.

Réparations demandées à l'églife Saint-Thomas du Louvre.

Eftimation de l'hôtel de Maillebois à Fontainebleau.

Correfpondance avec l'évêque de Verdun.

Mémoire des travaux exécutés pour Monfeigneur l'évêque de Verdun.

## Portefeuille, 1,601 à 2,300.

Eftat des maifons qu'il convient de démolir pour faire l'ouverture de la place Dauphine, fuivant le deffein préfenté à Monfeigneur de Louvois.

Procès-verbal de R. de Cotte au fujet d'une pièce du château de Berny que le cardinal de Biffy, abbé de Saint-Germain-des-Prés, demande à convertir en boulingrin. 1735.

Mémoires concernant les eaux de Rongis & d'Arcueil.

Devis des travaux à faire à l'hôtel de Fleuri, feis rue des Poulies à Paris, pour l'établiffement des poftes.

Eftat & eftimation de plufieurs maifons appartenant au Roy, à Paris.

Mémoires relatifs aux eaux d'Arcueil, à leur diftribution, à leur entretien.

Mémoire concernant l'adminiftration des eaux de Rongis.

Contrat relatif aux eaux de la Samaritaine. 1607.

Correfpondance au fujet de la conftruction de l'églife de Donfront. 1711.

Mémoire pour éclaircir, avec le plan du palais de l'Académie roïale de Rome, ce qu'on y peut meubler.

Diverfes pièces fort curieufes donnant le détail des tapifferies envoyées des Gobelins pour cet ameublement. 1726.

Correfpondance à ce fujet de Wlengel, directeur de l'Académie, & de R. de Cotte.

Devis, mémoires, foumiffions & prix donnés par les fculpteurs; deffins des groupes, bas-reliefs & chapiteaux, &c.; le tout en dedans de l'églife des Invalides.

Détail de la dépenfe à faire pour le piédeftal de la figure pédeftre de Louis XIV que le Roy défire placer dans la cour des Invalides.

Travaux de Vincennes. 1739, 1740, 1741, 1742.

Mémoire des travaux à faire pour l'entier parachèvement de l'églife de l'abbaye de Poiffy. 1717.

Lettre du duc d'Antin donnant ordre à R. de Cotte d'évaluer des terrains fitués entre le mur du parc de Boulogne & de la rivière de Seine, pour y faire des places convenables à la décoration de fon château de Madrid. 1725.

Pièces diverfes à ce fujet.

Evaluation de plufieurs propriétés que le Roy veut acquérir pour l'augmentation des plants d'arbres des Champs-Elyfées. 1717.

Procès-verbal de la vifite faite par R. de Cotte au château d'Amboife. Il avait été affigné comme habitation à M$^{me}$ la ducheffe de Berry par fon douaire. La ducheffe demandait qu'on rendît le château habitable. La vifite de R. de Cotte avait donc pour but d'eftimer toutes les dépenfes à faire pour mettre le château en état. 1708. Cette pièce eft fort curieufe.

Détail d'un projet pour l'églife des Grands-Auguftins.

Arpentage des terrains à acquérir pour les nouveaux plants d'arbres aux environs des Invalides. 1720.

Mémoire fur les travaux de l'églife cathédrale de Montauban, où des vices de conftruction s'étaient manifeftés.

*Portefeuille*, 2,301 à 2,738.

Mémoire pour accompagner les plans du Luxembourg. 1747.
Mémoire pour la diftribution des eaux du palais du Luxembourg.

Pièces relatives à l'agrandiffement du jardin de la chancellerie.

Eftat des réparations à faire à l'hoftel de M. le premier Ecuyer du Roy.

Mémoire pour accompagner le plan du palais des Tuileries. 1700.

Mémoire pour accompagner le plan des logements du Louvre. 1708.

Mémoire pour accompagner le plan des logements du Louvre. 1716.

Mémoire pour accompagner le plan des logements du Louvre. 1721.

Mémoire pour accompagner le plan des logements du Louvre. 1724.

Etat des perfonnes logées aux galeries du Louvre, le 1er mars 1746.

Etat des maifons appartenantes au Roy, à Paris, le 1er mars 1746.

Ordonnance du Roy relativement à la conftruction du nouvel hôtel des Moufquetaires. 1720.

Mémoire concernant la voyerie de Verfailles.

Mémoire des maifons à abattre tant dans la place Dauphine & rue de Marlay que fur le quay des Orfèvres & celluy des Morfondus pour faire une place vis-à-vis le cheval de bronze.

# MEISSONNIER 1693 † 1750.

Juſt-Aurèle Meiſſonnier, né à Turin en 1693, eſt un des artiſtes qui ont le plus contribué à entraîner l'art décoratif dans cette voie fantaſque, bizarre même, mais ſouvent gracieuſe qui régna en France de 1719 à 1745.

Elevé probablement dans les errements de l'école de Borromini (1), il vint en France & ſe fit d'abord apprécier comme orfèvre; art dans lequel il ſe montre vraiment ſupérieur. — Quoique Mariette ſemble lui préférer Germain, on ne peut s'empêcher, en feuilletant l'œuvre de Meiſſonnier, d'admirer la variété & la facilité qui règnent dans ſes compoſitions. « *Son mérite ſeul*, dit l'abbé de Fontenay (2), *lui fit obtenir le brevet d'orfèvre & de deſſinateur du cabinet du roi.* »

Comme architecte, il ſe diſtingua par l'aſpect de grandeur de ſes décorations & l'adreſſe avec laquelle certains détails ſont traités; on regrette d'y trouver les formes bizarres & contournées qui dénotent le mauvais goût de l'école italienne à cette

---

(1) Le Borromini mourut en 1667, mais il laiſſa de nombreux imitateurs qui exagérèrent encore les défauts du maître.

(2) *Dictionnaire des Artiſtes*, 1776, in-12, t. II, p. 107.

époque ; il faut ajouter cependant que, dans presque tous ses projets de décoration, il indique des effets de peinture en perspective qu'il est bien difficile d'apprécier dans des gravures & qui devaient dissimuler les défauts que je signale.

En résumé, Meissonnier, Oppenord (1) & quelques autres artistes donnèrent à l'art décoratif, créé sous Louis XIV, par les Lepautre & les Marot, une impulsion toute nouvelle.

Quoique l'influence de Meissonnier ait été grande, elle ne fut pas absolue ; l'école française, en adoptant la liberté de formes qui régnait dans le nouveau style, sut lui donner un cachet tout particulier de légèreté, de grâce & d'esprit bien différent de la bizarrerie & du mauvais goût des Italiens & des Allemands. Il est intéressant de constater cette résistance des artistes français, & je crois devoir donner quelques extraits de pièces publiées par Cochin le graveur, dans le *Mercure de France*.

C'est en affectant une forme ironique qu'il attaque l'école de Meissonnier.

Voici le titre du premier article :

« Supplication aux orfèvres, ciseleurs, sculpteurs en bois
« pour les appartements & autres, par une société d'archi-
« tectes. »

J'en extrais les lignes suivantes :

« *Sont priés les orfèvres, lorsque sur le couvercle d'un pot à ouille, ou sur quelque autre pièce d'orfèvrerie, ils exécutent un artichaud ou un pied de céleri de grandeur naturelle, de vouloir bien ne pas mettre à côté un lièvre grand comme le doigt, une allouette grande comme le naturel, & un faisan du quart ou du cinquième de*

---

(1) Je suis d'autant plus porté à croire qu'Oppenord partageait les idées de Meissonnier que je possède un livre de dessins exécutés par lui en Italie, & que tous sont des croquis ou des études d'après les œuvres du Borromini & de son école.

sa grandeur; des enfants de la même grandeur qu'une feuille de vigne; des figures supposées de grandeur naturelle, portées sur une feuille d'ornement qui pourrait à peine soutenir, sans plier, un petit oiseau; des arbres dont le tronc n'est pas si gros qu'une de leurs feuilles, & quantités d'autres choses également bien raisonnées. — Nous leur serions encore infiniment obligés, s'ils voulaient bien ne pas changer la destination des choses, & se souvenir par exemple qu'un chandelier doit être droit & perpendiculaire pour porter la lumière, & non pas tortué, comme si quelqu'un l'avait forcé; qu'une bobêche doit être concave pour recevoir la cire qui coule & non pas convexe pour la faire retomber en nappe sur le chandelier, & quantités d'autres agréments non moins déraisonnables, qu'il serait trop long de citer.

« Pareillement sont priés messieurs les sculpteurs d'appartements d'avoir agréable, dans les trophées qu'ils exécutent, de ne pas faire une faux plus petite qu'une horloge de sable, un chapeau ou un tambour de basque plus grand qu'une basse de viole, une tête d'homme plus petite qu'une rose, une serpe aussi grande qu'un râteau, &c., &c.

Dans le second article, qui a pour titre : « Lettre à M. l'abbé R*** sur une très-mauvaise plaisanterie qu'il a laissée imprimer dans le Mercure de décembre 1754; par une société d'architectes qui pourraient bien être du premier mérite & de la première réputation quoiqu'ils ne soient pas de l'Académie, Cochin suppose que ses adversaires répondent aux attaques contenues dans sa supplication aux orfèvres, &c.; je n'en citerai que le passage qui se rapporte plus particulièrement à Meissonnier :

« ..... Il fallait donc trouver un nouveau genre d'architecture, où chacun pût se distinguer & faire goûter au public des moyens d'être habile homme, qui fussent à la portée de tout le monde; cependant il ne fallait pas choquer grossièrement les préjugés reçus, en mettant tout d'un coup au jour des nouveautés trop éloignées du goût régnant & risquer de se faire siffler sans retour.

« Le fameux Oppenord nous servit dans ces commencements avec beaucoup de zèle. Il s'était fait une grande réputation par ses dessins :

« La touche hardie qu'il y donnait, séduisit presque tout le monde, & on fut longtemps à s'apercevoir qu'ils ne faisaient pas le même effet en exécution.

« Il se servit abondamment de nos ornements favoris, & les mit en crédit, il nous est même encore d'une grande utilité, & nous pouvons compter au nombre des nôtres ceux qui le prennent pour modèle.

« Cependant ce n'était pas encore l'homme qu'il nous fallait : il ne pouvait pas s'empêcher de retomber souvent dans l'architecture ancienne, qu'il avait étudiée dans sa jeunesse. Nous trouvâmes un appui plus solide dans les talents du grand Meissonnier. Il avait à la vérité étudié en Italie, & par conséquent n'était pas entièrement des nôtres : mais comme il y avait sagement préféré le goût de Borromini au goût ennuyeux de l'antique, il s'était par là rapproché de nous ; car le Borromini a rendu à l'Italie le même service que nous avons rendu à la France en y introduisant une architecture gaie & indépendante de toutes les règles de ce que l'on appelait anciennement le bon goût. Les Italiens ont depuis bien perfectionné cette première tentative, & du côté de l'architecture plaisante ils ne nous le cèdent en rien. Leur goût n'est pas le nôtre dans ce nouveau genre, il est beaucoup plus lourd : mais nous avons cela de commun, que nous avons également abandonné toutes les vieilles modes pour lesquelles on avait un respect superstitieux. Meissonnier commença à détruire toutes les lignes droites qui étaient du vieil usage ; il tourna & fit bomber les corniches de toutes façons ; il les cintra en haut & en bas, en devant, en arrière, donna des formes à tout, même aux moulures qui en paraissaient les moins susceptibles ; il inventa les contrastes, c'est-à-dire qu'il bannit la symétrie, & qu'il ne fit plus les deux côtés des panneaux semblables l'un à l'autre ; au contraire, ces deux côtés semblaient se défier à qui s'éloignerait le plus, & de la manière la plus singulière, de la ligne droite à laquelle ils avaient été jusqu'alors asservis.

« Rien n'est si admirable que de voir de quelle manière il engageait les corniches des marbres les plus durs à se plier avec complaisance aux bizarreries ingénieuses des formes de cartels ou autres choses qui devaient porter dessus.

« Les balcons ou les rampes d'escalier n'eurent plus la permission de passer droit leur chemin; il leur fallut serpenter à sa volonté, & les matières les plus raides devinrent souples sous sa main triomphante. Ce fut lui qui mit en vogue ces charmants contours en S, que votre auteur croit rendre ridicules, en disant que leur origine vient des maîtres écrivains; comme si les arts ne devaient pas se prêter des secours mutuels : il les employa partout, & à proprement parler, ses dessins, même pour des plans de bâtiments, ne furent qu'une combinaison de cette forme dans tous les sens possibles. Il nous apprit à terminer nos moulures en rouleau, lorsque nous ne saurions comment les lier ensemble & mille autres choses non moins admirables, qu'il serait trop long de vous citer : enfin l'on peut dire que nous n'avons rien produit depuis dont on ne trouve les semences dans ses ouvrages. Quels services n'a-t-il pas rendus à l'orfèvrerie ? Il rejeta bien loin toutes les formes quarrées, rondes ou ovales, & toutes ces moulures, dont les ornements répétés avec exactitude donnent tant de sujétion : avec ces chers contours en S il remplaça tout. Ce qu'il y a de particulier, c'est qu'en moins de rien l'orfèvrerie & les bijoux devinrent très-aisés à traiter avec génie. En vain, le célèbre Germain voulut s'opposer au torrent, & soutenir le vieux goût dont il avait été bercé dans son enfance; sa réputation même en fut quelque peu éclipsée, & il se vit souvent préférer Meissonnier par l'appui que nous lui donnions sous main; cependant, le croiriez-vous ! ce grand Meissonnier n'était pas encore notre homme; il tenait trop à ce qu'ils appellent grande manière, de plus il eut l'imprudence de laisser graver plusieurs ouvrages de lui, & par là mit le public à portée de voir que ce génie immense qu'on lui croyait n'était qu'une répétition ennuyeuse des mêmes formes. Il se décrédita & nous l'aban-

*donnâmes d'autant plus facilement que, malgré les secours que nous lui avions prêtés pour l'établissement de sa réputation, il ne voulait point faire corps avec nous, & nous traitait hautement d'ignorants.* »

La pièce entière mériterait d'être citée, malheureusement elle est un peu longue ; mais il est facile de voir, d'après ce qui précède, l'esprit d'indépendance dont nos artistes étaient animés.

Meissonnier mourut à Paris en 1750.

# BIBLIOGRAPHIE.

OEUVRE DE JUST-AURELE MEISSONNIER, peintre, sculpteur, architecte, &c.; dessinateur de la chambre & cabinet du Roy. Première partie exécutée sous la conduite de l'auteur. On lit plus bas : *A Paris, chez Huguier, rue Saint-Jacques, au coin de celle des Mathurins.*

Cet ouvrage a besoin d'une description détaillée, parce qu'il est rarement complet. Tous les exemplaires que j'ai collationnés sont dans l'état que je vais décrire :

1<sup>re</sup> *Feuille.* — Le titre que j'ai donné ci-dessus est gravé au milieu d'une composition architecturale fort riche.

2<sup>e</sup> *Feuille.* — Le portrait de l'auteur, à droite on lit : *N.-D. Beauvais perfecit;* & à gauche, *J.-A. Meissonier ad vivum del.*

3<sup>e</sup> *Feuille.* — Le plan & trois élévations de la maison du sieur Brethons. Ces quatre planches portent à droite & en haut les numéros 1, 2, 3, 4, & à gauche la lettre A. Cette maison fut construite à Bayonne.

4<sup>e</sup> *Feuille.* — Cinq plans de la même maison, ils portent à droite les numéros 5, 6, 7, 8, 9, & à gauche la lettre A.

5<sup>e</sup> *Feuille.* — Une planche du *Livre d'Ornements* dont le titre se trouve sur la 6ᵉ feuille ; elle porte à droite le numéro 26, & à gauche la lettre D.

Deux coupes de la maison du sieur Brethons, elles n'ont à droite que des astérisques, mais à gauche elles ont la lettre A.

6ᵉ *Feuille*. — Le titre du *Livre d'Ornements*. Sur le milieu d'un cartouche on lit : *Livre d'Ornements inventés & dessinés par J.-A. Meissonier, architecte, dessinateur de la chambre & du cabinet du Roy*. En haut & à droite le numéro 20, & à gauche la lettre D.

Un chandelier. Au bas on lit : *Chandeliers de sculpture en argent, invanté par J. Meissonier, architecte, en 1728, avec privilége du Roy*. En haut & à droite le numéro 10, & à gauche la lettre B.

Enfin une planche du *Livre d'Ornements ;* elle porte le numéro 21 & la lettre D.

7ᵉ *Feuille*. — Deux planches du *Livre d'Ornements* avec les numéros 22, 23 & la lettre D. — Une planche de la suite des chandeliers avec le numéro 11 & la lettre B.

8ᵉ *Feuille*. — Deux planches du *Livre d'Ornements ;* elles portent les numéros 24 & 25 & la lettre D. — Une planche de la suite des chandeliers avec le numéro 11.

9ᵉ *Feuille*. — Six planches & le titre suivant : *Livre de Légumes inventés & dessinés par J. Meissonier*, &c., &c. Elles portent en haut & à droite les numéros 13, 14, 15, 16, 17, 18, 19, & à gauche la lettre C.

10ᵉ *Feuille*. — On lit dans un cartouche : *Sixième livre des OEuvres de J.-A Meissonier*, &c., &c.; & plus bas, au-dessous d'un fragment d'entourage : *Partie des Ornées de la Carte chronologique du Roy, faite en 1733*. En haut & à droite le numéro 35, à gauche la lettre F.

11ᵉ *Feuille*. — Autres fragments de la même carte. En haut & à droite le numéro 36, à gauche la lettre F.

12ᵉ *Feuille*. — Autres fragments ; à droite le numéro 37, à gauche la lettre D.

13ᵉ *Feuille*. — Une planche représentant le développement de bordure pour le portrait du Roy. En haut le numéro 38 & à gauche la lettre F.

Autre planche de développement de bordure pour le portrait du Roy. Elle porte le numéro 39 & la lettre F.

14ᵉ *Feuille*. — Développement de bordure pour une chaffe du Roy. On lit en haut le numéro 40 & la lettre F.

Autres fragments de bordure pour la même chaffe. En haut le numéro 41 & la lettre F.

15ᵉ *Feuille*. — Une planche repréfentant un écritoire en porcelaine; on lit en haut : *Septième livre des OEuvres de J.-A. Meiſſonier*. A droite le numéro 42, à gauche la lettre G.

Plan du même écritoire. Il eft numéroté 43 & porte la lettre G.

16ᵉ *Feuille*. — Cifeaux & pommes de canne. En haut le numéro 44 & la lettre G.

Traîneau de jardin fait pour la Reine, première douairière d'Efpagne, en 1735. En haut le numéro 45 & la lettre G.

17 *Feuille*. — Table de cabinet. En haut le numéro 47 & la lettre G.
Table d'appartement. En haut le numéro 48 & la lettre G.

18ᵉ *Feuille*. — Une planche repréfentant différents deffeins de tabatières; on lit en haut : *Huitième livre des OEuvres de M. Meiſſonier*. A droite le numéro 49, à gauche la lettre H.

Gardes d'épées d'or pour les préfents du mariage du Roy, en 1725. En haut le numéro 52 & la lettre H.

19 *Feuille*. — Différents deffeins de tabatières & pommes de cannes. En haut le numéro 53 & la lettre H.

Boêtes de montre. En haut le numéro 54 & la lettre H.

20ᵉ *Feuille*. — Une planche repréfentant un furtout de table; on lit en haut : *Neuvième livre des OEuvres de M. Meiſſonier*. A droite le numéro 55 & à gauche la lettre I.

Autre planche repréfentant une cuvette pour le Roy. En haut le numéro 56 & la lettre I.

21ᵉ *Feuille*. — Terrine. En haut le numéro 57 & la lettre I.

Seau à rafraîchir exécuté pour M. le Duc en 1723. En haut le numéro 58 & la lettre I.

22ᵉ *Feuille*. — Salières & tabatières. En haut le numéro 59 & la lettre I.

Porte-huilier. En haut le numéro 60 & la lettre I.

23 *Feuille*. — Surtout de table. En haut de cette planche on lit :

*Dixième livre des OEuvres de J.-A. Meiſſonier*. A droite le numéro 61, à gauche la lettre K.

Terrine. En haut de cette planche le numéro 62 & la lettre K.

24ᵉ *Feuille*. — Différents deſſeins de falières. En haut le numéro 63 & la lettre K.

Nef pour le Roy. En haut le numéro 64 & la lettre K.

25ᵉ *Feuille*. — Pot à oil. En haut le numéro 65 & la lettre K.

Bougeoir, mouchette & porte-mouchette. En haut le numéro 66 & la lettre K.

26ᵉ *Feuille*. — Projet de grand chandelier à branche pour le Roy. En haut le numéro 68 & la lettre L.

Planche repréſentant un cartouche ſur lequel on lit : *Cinquième livre d'ornements inventés par J.-A. Meiſſonier & gravés par Huquier*. En haut le numéro 28 & la lettre E.

27ᵉ *Feuille*. — Projet de chandelier à branche pour le Roy. En haut de cette planche on lit : *Onzième livre des OEuvres de M. Meiſſonier*. A droite le numéro 67 & la lettre L.

Une planche du 5ᵉ *Livre d'Ornements*. En haut le numéro 29 & la lettre E.

28ᵉ *Feuille*. — Girandole à branche de porcelaine garnie d'or. En haut le numéro 69 & la lettre L.

Girandole à branche de porcelaine garnie d'or. En haut le numéro 70 & la lettre L.

29ᵉ *Feuille*. — Miroir de toilette. En haut le numéro 71 & la lettre L.

Côté de l'écritoire de M. le comte de Maurepas. En haut le numéro 72 & la lettre L.

30ᵉ *Feuille*. — Livre de chandeliers de ſculpture en argent; on lit en haut : *Douzième livre des OEuvres de J.-A. Meiſſonier*. A droite le numéro 73, à gauche la lettre M.

Une planche de la ſuite du 5ᵉ *Livre d'Ornements*. En haut le numéro 30 & la lettre E.

31ᵉ *Feuille*. — Un chandelier de la ſuite du 12ᵉ Livre. En haut le numéro 74 & la lettre M.

Une planche de la ſuite du 5ᵉ Livre. En haut le numéro 31 & lettre E.

32ᵉ *Feuille*. — Un chandelier de la suite du 12ᵉ Livre. En haut le numéro 75 & la lettre M.

Une planche de la suite du 5ᵉ Livre. — En haut le numéro 32 & la lettre E.

33ᵉ *Feuille*. — Un chandelier de la suite du 12ᵉ Livre. En haut le numéro 76 & la lettre M.

Une planche de la suite du 5ᵉ Livre. En haut le numéro 33 & la lettre E.

34ᵉ *Feuille*. — Un chandelier de la suite du 12ᵉ Livre. En haut le numéro 76 & la lettre M.

Une planche de la suite du 5ᵉ Livre. En haut le numéro 34 & la lettre E.

34ᵉ *Feuille*. — On lit en haut de la planche : *Livre d'Orfèvrerie d'église, 13ᵉ livre de J.-A. Meissonier;* & plus bas : *Soleil exécuté en argent pour les religieuses Carmélites de Poitiers en 1727.* Cette planche porte le numéro 78 & la lettre N.

35ᵉ *Feuille*. — Croix d'autel. En haut le numéro 79 & la lettre N.

36ᵉ *Feuille*. — Ciboire. En haut le numéro 80 & la lettre N.

37ᵉ *Feuille*. — Chandelier d'église. En haut le numéro 81 & la lettre N.

38ᵉ *Feuille*. — Encensoir. En haut le numéro 82 & la lettre N.

39ᵉ *Feuille*. — Lampe d'église. En haut le numéro 83 & la lettre N.

40ᵉ *Feuille*. — Projet de sallon de la princesse Sartorinski en Pologne, du côté des croisées. En haut le numéro 84 & la lettre O.

41ᵉ *Feuille*. — Vue du même sallon, du côté des glaces. En haut le numéro 85 & la lettre O.

42ᵉ *Feuille*. — Vue du même sallon, par le bout des sophites. En haut le numéro 86 & la lettre O.

Pieds de table pour trumeaux. Cette planche porte le numéro 46 & la lettre G.

43ᵉ *Feuille*. — Cabinet de M. le comte Bielenski, grand maréchal de la Couronne de Pologne, exécuté en 1734. En haut le numéro 87 & la lettre P.

44ᵉ *Feuille*. — Vue de l'angle du même cabinet. En haut le numéro 88 & la lettre P.

45ᵉ *Feuille*. — Vue des trumeaux du même cabinet. En haut le numéro 89 & la lettre P.

46ᵉ *Feuille*. — Planche repréfentant un plafond ; on lit au bas, fur l'épaiffeur du mur : *Plafond de peinture pour le cabinet de M. le comte de Bielenski, grand maréchal de la Couronne de Pologne.* En haut le numéro 90 & la lettre P.

47ᵉ *Feuille*. — Projet de porte d'appartement fait pour Mᵐᵉ la baronne de Befenval. En haut le numéro 91 & la lettre Q.

48ᵉ *Feuille*. — Projet d'un trumeau de glace pour un grand cabinet fait pour le Portugal. En haut le numéro 92 & la lettre Q.

49ᵉ *Feuille*. — Développement d'un trumeau de glace fait pour le Portugal. En haut le numéro 93 & la lettre Q.

50ᵉ *Feuille*. — Canapé exécuté pour M. le comte de Bielenski, maréchal de la Couronne de Pologne en 1735. En haut le numéro 94 & la lettre Q.

51ᵉ *Feuille*. — Projet du plafond d'une maifon feife rue de Rochouard. En haut le numéro 95 & la lettre Q.

52ᵉ *Feuille*. — Projet de l'angle d'un fallon portatif pour le Roy, en 1730. En haut le numéro 96 & la lettre Q.

53ᵉ *Feuille*. — Projet d'une grande pendule placée fur un panneau. En haut & à droite le numéro 97, mais il n'y a pas de lettre.

54ᵉ *Feuille*. — Cadran à vent de M. le duc de Mortemart en 1724. En haut le numéro 98.

55ᵉ *Feuille*. — Projet d'un tombeau pour M. le Préfident de la *** à Dijon en 1733. En haut le numéro 99.

56ᵉ *Feuille*. — Epitaphe de marbre & bronze de M. le baron de Befenval, exécuté à Saint-Sulpice à Paris. En haut le numéro 100.

57ᵉ *Feuille*. — On lit en haut de cette planche & dans la gravure : *Ce projet a efté fait par M. le curé de Saint-Sulpice en 1727, pour la chapelle de la Vierge;* & au bas : *Elévation géométrale du projet de la chapelle de Saint-Sulpice de Paris.* A droite le numéro 101 & à gauche la lettre R.

58ᵉ *Feuille*. — Elévation géométrale du projet de l'autel de l'églife de Saint-Aignan d'Orléans avec la châffe d'argent dudit faint. En haut le numéro 102 & la lettre R.

59ᵉ *Feuille*. — Elévation géométrale d'un des projets de l'autel de Saint-Leu de Paris. En haut le numéro 103 & la lettre R.

60ᵉ *Feuille*. — Elévation perspective d'un des projets de l'autel Saint-Leu de Paris. En haut le numéro 104 & la lettre R.

61ᵉ *Feuille*. — Projet du portail de l'églife de Saint-Sulpice de Paris, préfenté à M. le curé de Saint-Sulpice en 1726. En haut le numéro 105 & la lettre R.

62ᵉ *Feuille*. — Projet d'un plafond de peinture pour la chapelle de la Vierge de Saint-Sulpice de Paris. En haut le numéro 105, indiqué déjà à la planche ci-deffus, & la lettre R.

63ᵉ *Feuille*. — Moitié des plans des projets d'autel de Saint-Aignan & Saint-Sulpice de Paris. En haut le numéro 106 & la lettre R.

Plans des deux projets pour Saint-Leu de Paris. En haut le numéro 107 & la lettre R.

64ᵉ *Feuille*. — Projet fait pour le maître-autel de l'églife Saint-Sulpice de Paris. En haut le numéro 109.

65ᵉ *Feuille*. — Saint Aignan guériffant Agrippin, bas-relief de fculpture en argent, exécuté fur la châffe de Saint-Aignan d'Orléans. En haut le numéro 110.

66ᵉ *Feuille*. — Saint Aignan, évêque d'Orléans, bas-relief de fculpture en argent, exécuté par l'auteur fur la châffe de Saint Aignan d'Orléans. En haut le numéro 111.

67ᵉ *Feuille*. — Elévation du projet d'un feu d'artifice fur l'eau pour le mariage de Mᵐᵉ Première. En haut le numéro 112.

68ᵉ *Feuille*. — Projet du plan & élévation de la charpente du feu fur l'eau pour le mariage de Mᵐᵉ Première. En haut le numéro 113.

69ᵉ *Feuille*. — Projet d'un feu d'artifice dans un jardin. En haut le numéro 114.

70ᵉ *Feuille*. — Projet de fculpture en argent d'un grand furtout de table & les deux terrines qui ont été exécutés pour le millord duc de Kinfton en 1735. En haut le numéro 115.

71ᵉ *Feuille*. — Grande compofition architecturale. En haut le numéro 116.

72ᵉ *Feuille*. — Un Chrift en croix dans un riche encadrement; on lit au bas : *C. Boncier, f.* En haut le numéro 118.

J'ai toujours trouvé cet ordre de pagination que je réfume ici : les numéros fe fuivent de 1 à 26, le 27 manque, mais les deux coupes de la maifon du fieur Brethous ne font pas numérotées; de 27 à 108 il n'y a pas de lacune, il y a un numéro 105 double. Enfin de 108 à 118, les numéros 109 & 117 manquent. Grand in-folio.

PARALLELE GENERAL DES EDIFICES CONSIDERABLES DEPUIS LES EGYPTIENS, LES GRECS, JUSQU'A NOS DERNIERS MODERNES, deffignés fur la même échelle par J.-A. Meiffonier :

1° Obélifque égyptien. — 2° Temple Aræoftile. Vitruve. — 3° Temple Proftile. Vitruve. — 4° Temple Pfeudiptère. Vitruve. — 4° Temple Périptère. Vitruve. — 5° Temple Pfeudodiptère. Vitruve. — 6° Temple Diptère. Vitruve. — 7° Temple Hipætre. Vitruve. — 8° Temple Monoptère. Vitruve. — 9° Temple Aræoftile. Vitruve. — 10° Panthéon avant la réédification. — 11° Panthéon fuivant la réédification. — 12° Galluce. Palladio. — 13° Plan du temple de Mars le Vengeur. — 14° Temple de Nerva Trajan. Palladio. — 15° Temple de Jupiter ou frontifpice des Néron. Palladio. — 16° Temple de la Paix. Palladio. — 17° Saint-Pierre de Rome comme il était avant fa réédification. — 18° Sainte-Sophie de Conftantinople. — 19° Le portail de la cathédrale de Rouen. — 20° La tour de Malines. — 21° La cathédrale de Strafbourg. — 22° La tour de porcelaine près Nankin, à la Chine. — 23° Pagode de Sinkicien, à la Chine. — 24° Saint-Pierre de Rome joint au Vatican. — 25° Saint-Paul de Londres. — 26° Saint-André de la Valle. — 27° Sainte-Marie de la Paix. — 28° Sainte-Agnès jointe au palais Pamphyle. — 29° L'églife & le palais de la Sapience. — 30° Saint-Jean de Turin ou le Saint-Suaire. — 31° Saint-Charles de Vienne.

On lit en haut, à gauche : Planche première, & plus bas : A Paris, chez Huquier.—Autre édition moins complète, chez Daumont. 1 planche grand in-folio.

32° Portail de Notre-Dame de Paris. — 33° Arc de Triomphe de la porte Saint-Antoine. — 34° Portail de Saint-Gervais. — 35° Eglife de la Sorbonne. — 36° Portail & partie du monaftère du Val-de-Grâce. — 37° L'églife & l'hôtel des Invalides de Paris. — 38° La vue du château de Verfailles du côté du jardin. — 39° Vues & coupes de la chapelle de Verfailles. — 40° Place Vendôme. — 41° Place des Victoires. — 42° Projet du vieux Louvre donné par le Bernin. — 43° La même façade du vieux Louvre exécutée du côté de la rivière. — 44° La façade du périftyle du vieux Louvre. — 45° La façade avec des couronnements & ftatues. — 46° Projet de l'églife & palais de l'Ordre des chevaliers du Saint-Efprit, contenu dans l'emplacement des Grands-Auguftins de Paris, par Jufte-Aurelle Meiffonier, deffinateur du cabinet du Roi.

A. Eft le projet du nouvel Hôtel-de-Ville contenu dans l'emplacement de la place Dauphine.

B. L'hôtel de Conti reftauré.

C. Le palais du clergé.

D. L'églife & collége des Quatre Nations.

On lit en haut de la planche, à gauche : Planche deuxième, & au bas : A Paris, chez Huquier, rue des Mathurins, au coin de celle de Sorbonne. Avec privilége du Roi. Grand in-folio.

PLANCHES FAISANT PARTIE DES CATALOGUES DES DESSINS DE DIFFERENTS GENRES, gravés pour l'inftruction élémentaire de l'Ecole royale gratuite de deffin. Paris, 1783.

153. — AGRAFES.

410. — VASE AVEC ENFANT.

PORTRAIT DE M. DE BESENVAL dont il fit le tombeau à Saint-Sulpice; on lit au bas, à gauche : *Meiffonier, architecte, del.*, & à droite : *A. Drevet, fculps.*

# F. DE CUVILIES.

## Né en 1698 ✝ 1767.

François de Cuviliés, né à Soiſſons en 1698, vint à Paris en 1714 pour y étudier l'architecture (1).

Robert de Cotte, dont il fut l'élève, était à cette époque l'arbitre du goût en Europe ; la plupart des ſouverains s'adreſ-ſaient à lui pour en obtenir des projets & pour qu'il leur envoyât de jeunes architectes chargés de les exécuter.

Ayant à mettre en œuvre les plans conçus pour le palais de Jacques Clément, électeur de Cologne, Robert de Cotte lui envoya ſucceſſivement, comme architectes, Benoît de Fortier, qui reſta de 1715 à 1766, & Hamberat qui, en 1721, fut nommé intendant de S. A. E. & conſeiller des finances. L'envoi de Cuviliés en Allemagne eut-il lieu à cette époque ou en 1724 ſeulement, époque ou Cuviliés fut nommé ſous-architecte de l'électeur de Bavière ? C'eſt un point que je n'ai pu éclaircir, mais il eſt poſitif que dans ſes premières pièces gravées, Cuviliés prend le titre de conſeiller-architecte de S. A. S. E. de Cologne.

(1) La plupart des faits contenus dans cette notice ſont tirés d'un excellent travail ſur Cuviliés, publié par M. Bérard, dans la *Revue univerſelle des Arts*. — Paris, 1859.

Les travaux de tous genres qui lui furent confiés, le mirent à même de faire apprécier fon talent ; en 1738 il fut nommé gentilhomme de bouche & premier architecte de l'électeur de Bavière. En 1745, lorfque ce prince devint empereur d'Allemagne, Cuviliés prit le titre de confeiller & architecte de S. M. Impériale.

On voit fréquemment paraître, dans l'œuvre de Cuviliés, le nom d'un graveur nommé Lefpiliés, qui paffe pour avoir été fon élève, qui était en même temps fon ami & prefque fon affocié dans fes travaux. La mort de cet ami, en 1754, fut tellement fenfible à Cuviliés qu'il demanda fon congé pour conduire fon fils à Paris & faire diverfion à fa douleur.

Marié en 1733, il avait eu deux enfants : un fils, François de Cuviliés, né en 1734, & une fille, Marie-Anne, en 1739.

Après la mort de M. Gundfreimer, directeur des bâtiments de la Couronne, Cuviliés obtint ce titre qui dut fatisfaire une ambition fort exigeante, fi l'on en juge par le nombre des demandes qu'il adreffait fans ceffe. — Il mourut fubitement (1) vers la fin de 1767 ou le commencement de 1768. — Cette même année fon fils fut nommé architecte de la Cour, ingénieur & capitaine au corps du génie. — Il était entré comme lieutenant au régiment français du colonel Helfenberg en 1757, après avoir échoué en 1756 dans la demande qu'il avait faite

---

(1) On lit au bas d'une planche portant la lettre E & le n° 9 :

« Ichnographia Propylæi feu extimæ faciei qua Templum Clericorum Regularium vulgo Theatinorum, Monachy a fer$^{mis}$. Progenitorum Ferdinando M. & H. M. Adelaide ex voto maximis fumptibus olim extructum huic tandem anno R. S. MDCCLXVIII juffu Ser. Maximiliani. Ios. Bavariæ ducis ac Electoris non minori magnificentia exornatum completumque integrè fuit *fub infpectione primum Francifci de Cuvilies*, Electoralis architecturæ directoris, dein poft ejus obitum inopinatum Francifci de Cuvilies ejufdem filii. »

d'une place de fous-architecte. On lui avait objecté à cette époque fon peu de connaiffances pratiques.

François Cuviliés fils édita, en 1773, les œuvres de fon père, & les planches qu'il a gravées dans cette édition dénotent une main fort habile. — On préfume qu'il mourut vers 1805, d'après une demande de penfion adreffée à cette époque par fa veuve Catherine Forftner.

François Cuviliés le père eut un véritable mérite comme architecte. Il entendait bien les difpofitions générales d'un plan (1); fes décorations intérieures, à la fois originales & gracieufes, peuvent être regardées comme des types achevés du ftyle Louis XV. — A plufieurs époques Cuviliés a publié des fuites intéreffantes renfermant de nombreux projets de palais, châteaux & de maifons de campagne, &c..... mais le principal mérite de fon œuvre gravé confifte dans les planches relatives à la décoration.

Les exemplaires de fon œuvre font devenus affez rares depuis quelques années, par fuite du goût du public pour tout ce qui fe rapporte au XVIIIe fiècle. Il en exifte bien certainement plufieurs tirages, mais on ne peut les précifer.

La fâcheufe habitude qu'ont beaucoup de collectionneurs de caffer des volumes pour fe faire des œuvres entiers, au lieu de conferver les fuites dans leur condition primitive, quand ils ont le bonheur de les rencontrer, prive la bibliographie de renfeignements précieux pour le claffement.

Je ne crois pas qu'il foit encore poffible de faire un catalogue

---

(1) Jean-Antoine, dans fon *Traité d'Architecture*, écrit : « Les fieurs « de Cuviliés père & fils architectes des Electeurs de Bavière & de Co- « logne, qui ont deffiné des deffeins de grands goûts pour des diftribu- « tions de plufieurs maifons de plaifance, & toutes fortes de deffeins « d'architecture. » *Traité d'Architecture*, par Jean-Antoine, architecte & arpenteur général du département de Metz. Trèves, MDCCLVIII.

complet de Cuviliés. — Le hafard m'ayant fait rencontrer un exemplaire de fes œuvres, en reliure du temps, aux armes de Bavière, je m'en fuis fervi pour dreffer ce catalogue.

Tout me porte à croire que cet exemplaire contient la dernière édition des œuvres de Meffieurs de Cuviliés père & fils. — Elle a dû être publiée par ce dernier en 1773 (1). Il modifie le claffement primitif en y inférant des fuites publiées à part ou même inédites, & il s'y trouve une dédicace au duc Maximilien de Bavière & des defcriptions en vers qui n'exiftent pas dans les éditions précédentes.

## BIBLIOGRAPHIE.

*Cette fuite porte la date de* 1738 *dans le catalogue* A *publié par M. Bérard.*

Nº 1. LIVRE DE CARTOUCHES PROPRES A DIVERS USAGES, inventés par F. de Cuviliés, confeiller & architecte de Leurs A. S. E. de Bavière, gentilhomme de bouche & architecte de S. A. S. E. de Cologne, gravés par F. X. Jungwierth. 6 planches.

Nº 2. LIVRE DE CARTOUCHES A DIVERS USAGES. . . . . . . . . . . . . . . . . . . . . . . . . . . . . . . . gravés par F.-X. Jungvierth, de Munich. 6 planches en largeur.

(1) « Cuviliés fils publia les deffins de fon père & les fiens gravés par lui & par divers autres artiftes. » Huber & Roft, t. VIII, p. 79.

No 3. LIVRE DE CARTOUCHES REGULIERS, gravés par F.-X. Jungwierth, de Munich. 6 pièces en largeur.

No 4. LIVRE DE CARTOUCHES IRREGULIERS, gravés par F.-X. de Jungwierth, de Munich. 6 pièces en largeur.

No 5. LIVRE DE CARTOUCHES REGULIERS, gravés par F.-X. Jungwierth, de Munich. 6 pièces en hauteur.

No 6. LIVRE DE CARTOUCHES PROPRES A DIVERS USAGES, gravés par F.-X. Jungwierth. 6 pièces en hauteur.

No 7. LIVRE DE CARTOUCHES IRREGULIERS, gravés par Zedeletsky. 6 planches en hauteur.

No 8. RECUEIL DE CARTOUCHES PROPRES A DIVERS USAGES, gravés par C.-A. de Lespilliez, à Munich. 6 planches en largeur.

No 9. LIVRE DE CARTOUCHES REGULIERS, gravés par C.-A. de Lespilliez, à Munich. 6 planches en largeur.

No 10. SECOND LIVRE DE CADRES DE GLACES ET BORDURES DE TABLEAUX, gravés par C.-A. de Lespilliez. 6 pièces en hauteur.

No 11. TROISIEME LIVRE DE CADRES, BORDURES DE TABLEAUX OU DE GLACES, gravés par C.-A. de Lespilliez, de Munich. 6 pièces en hauteur.

No 12. LIVRE DE PLAFONDS IRREGULIERS, gravés par F.-X. Jungwierth. 6 pièces en largeur.

No 13. LIVRE DE PLAFONDS, gravés par F.-X. de Jungwierth. 6 pièces en largeur.

No 14. LIVRE DE PLAFONDS REGULIERS, gravés par C.-A. de Lespilliez. 6 pièces en largeur.

No 15. LIVRE DE PLAFONDS, gravés par C.-A. de Lespilliez. 6 pièces en largeur.

N° 16. NOUVEAU LIVRE DE PLAFONDS, gravés par C.-A. de Lefpilliez. 6 pièces en largeur.

N° 17. LIVRE DE PLAFONDS IRREGULIERS, gravés par C.-A. de Lefpilliez. 6 pièces en largeur.

N° 18. LIVRE DE PLAFONDS REGULIERS, gravés par C.-A. de Lefpilliez. 6 pièces en largeur.

N° 19. NOUVEAU LIVRE DE PLAFONDS, gravés par C.-A. de Lefpilliez. 6 pièces en largeur.

N° 20. LIVRE DE LAMBRIS, gravés par C.-A. de Lefpilliez. 6 pièces en hauteur.

N° 21. NOUVEAUX DESSINS DE LAMBRIS, gravés par C.-A. de Lefpilliez, à Munich. 6 planches.

N° 22. NOUVEAUX DESSINS DE LAMBRIS, gravés par C.-A. de Lefpilliez. 6 planches en hauteur.

N° 23. LIVRE DE LAMBRIS, gravés par C.-A. de Lefpilliez, Munich. 6 pièces en hauteur.

N° 25. LIVRE NOUVEAU DE MORCEAUX DE FANTAISIE A DIVERS USAGES, gravés par C.-A. de Lefpilliez. 2 planches en hauteur.

Je puis ajouter le livre fuivant à ceux indiqués par M. Bérard.

N° 30. LIVRE DE SERRUERIE, inventé par F. de Cuviliés, gentilhomme de bouche & architecte de Leurs A. S. E. de Bavière & de Cologne. Au bas : *F. de Cuviliés, inv. & del. & exc. C. P. S. C. M. — C.-A. de Lefpilliez, fc. Mon.* 6 planches.

Il doit y avoir une fuite compofée d'au moins 22 cahiers & publiés à l'époque où il prenait le titre de confeiller & architecte de S. A. S. E. de Bavière, gentilhomme de bouche & architecte de S. A. S. E. de Cologne. Je n'en poffède que les cahiers fuivants :

N° 6. LIVRE NOUVEAU DE PANNEAUX A DIVERS USAGES,

inventés par François de Cuviliés, conseiller & architecte de S. A. S. E. de Bavière, gentilhomme de bouche & architecte de S. A. S. E. de Cologne. C.-A de Lespiliez, sc. Mon. En haut, à droite, le numéro 6. — Cum priv. S. C. M.

N° 9. LIVRE DES PLAFONDS, nouvellement inventés par François de Cuviliés, architecte de Leurs A. S. E. de Bavière & de Cologne. C.-A. Lespiliez, sc. — Cum privil. S. C. Maj.

N° 11. LIVRE DE CARTOUCHES IRREGULIERS, nouvellement inventés par François de Cuviliés, conseiller, architecte & gentilhomme de bouche de Leurs A. S. E. de Bavière & de Cologne. Zedeleski, scu. Mon.
Au bas de la planche on lit : F. de Cuviliés, inv. del. — Cum privil. S. C. Maj. — B. S. Setlezky, sc. M.

N° 18. LIVRE DE PANNEAUX IRREGULIERS A DIVERS USAGES, nouvellement inventés par François de Cuviliés, conseiller & architecte de S. A. S. E. de Bavière, gentilhomme de bouche & architecte de S. A. S. E de Cologne. C.-A. de Lespiliez, sc. Monachy. — Cum priv. S. C. M.

N° 22. LIVRE NOUVEAU DE MORCEAUX DE FANTAISIE A DIVERS USAGES, inventé par François de Cuviliés, conseiller, gentilhomme de bouche & architecte de Leurs A. S. E. de Bavière & de Cologne. C.-A. de Lespiliez, sc. Monachy. — Cum privil. S. C. Maj.

*Cette suite porte dans le catalogue Bérard la date de 1745.*

*Recueil d'ornements divisés en 20 livres par ordre alphabétique.*

1<sup>er</sup> Livre. — Lettre A.

MORCEAUX DE CAPRICES PROPRES A DIVERS USAGES. 6 planches numérotées.

2<sup>me</sup> Livre. — Lettre B.

MORCEAUX DE CAPRICES A DIVERS USAGES. 6 planches numérotées.

3ᵐᵉ Livre. — Lettre C

LIVRE DE PANNEAUX A DIVERS USAGES. 7 planches numérotées.

4ᵐᵉ Livre. — Lettre D.

MORCEAUX DE CAPRICES A DIVERS USAGES. 6 planches numérotées.

5ᵐᵉ Livre. — Lettre E.

LIVRE DE PIEDS DE TABLE DE DIFFERENTS DESSEINS. 6 planches numérotées.

6ᵐᵉ Livre. — Lettre F.

LIVRE DE DIFFERENTS DESSEINS DE COMMODE. 6 planches numérotées.

7ᵐᵉ Livre. — Lettre G.

LIVRE DE SERRURERIE. 6 planches numérotées.

8ᵐᵉ Livre. — Lettre H.

LIVRE DE SERRURERIE. 6 planches numérotées.

9ᵐᵉ Livre. — Lettre I.

MORCEAUX DE CAPRICES PROPRES A DIVERS USAGES. 6 planches numérotées.

10ᵐᵉ Livre. — Lettre K.

MORCEAUX DE CAPRICES A DIVERS USAGES. 4 planches numérotées.

11ᵐᵉ Livre. — Lettre L.

LIVRE D'ORNEMENTS. Dans cette édition, la fuite fe compofe de cinq planches au lieu de quatre.

Au bas de la planche portant le numéro 3, qui ne fe trouve pas dans le tirage précédent, on lit : « Grand chandelier d'églife exécuté en argent fur les deffeins de M. de Cuviliés père, mis au jour par fon fils en 1770. »

12$^{me}$ Livre. — Lettre M.

Cette lettre ayant dans cette édition un nombre de planches fort confidérable, j'indiquerai féparément les numéros.

N° 1. SUITE DE FONTAINES PUBLIQUES ET AUTRES MONUMENTS EN TOUS GENRES, à l'ufage des architectes, peintres, &c..., dédiée à S. A. S. E. de Bavière par fon très-humble, très-obéiffant ferviteur Cuviliés fils; préfentée le 4 octobre l'an 1770.

N° 2. LA FONTAINE DES QUATRE PARTIES DU MONDE.

N° 3. QUATUOR BAVARIAE SEGIMINA IN FONTE REPRESENTATA.

N° 4. ETUDE D'UNE FONTAINE PUBLIQUE EN PERSPECTIVE.

N° 5. DECORATION DE THEATRE. On lit au bas : « Florida pompa domus artifque fidele theatrum. 1770. »

N° 5. DECORATION DE THEATRE. On lit au bas : « Squallida majeftas, & cœci carceris honor... 1771. »

N° 6. PLAN GEOMETRAL D'UNE DECORATION DE FEU D'ARTIFICE projeté pour Nimphembourg.

N° 6. ELEVATION GEOMETRALE D'UNE DECORATION POUR UN FEU D'ARTIFICE qui devait être exécuté de relief à Nimphembourg.

N° 7. LIVRE DE FONTAINES propres à placer dans le milieu d'une place publique... Cette fuite qui était la feule portant la lettre M dans le tirage précédent, comprend les numéros 7, 8, 9, 10.

N° 11. FONTAINE RUSTIQUE. On lit fur une pierre : *Cayer d'efquices à l'ufage des artiftes.*

N° 12. PROJETS DE PONTS EN PERSPECTIVE.

N° 13. FONTAINE DANS UNE NICHE DE CHARMILLE inventée & gravée par M. de Cuviliés.

N° 14. PREMIERE ESQUICE DE LA FONTAINE SAINT-JEAN NEPOMUCENE, projetée pour la place des Jéfuites à Munich.

N° 15. ESQUISSE DU DEUXIEME PROJET DE LA FONTAINE DE LA PLACE DE SAINT-JEAN NEPOMUCENE.

N° 16. SUITE DES MATINEES DE DIFFERENDS ARTISTES. — Fontaines.

N° 17. SUITE DES MATINEES DE DIFFERENDS ARTISTES. — Fontaines publiques.

N° 18. FONTAINE PUBLIQUE FESANT CLOTURE DE JARDIN.

N° 19. LE JARDIN DES GRACES.

N° 20. LE JARDIN DE DIANE.

N° 21. LES MATINEES DE DIFFERENDS ARTISTES à l'ufage des architectes, des fculpteurs & des peintres.

N° 22. LES MATINEES DE DIFFERENDS ARTISTES à l'ufage des architectes, des fculpteurs & des peintres.

N° 23. SUITE DE MONUMENTS.

N° 24. ESSAI DE DIFFERENTS MONUMENTS.

Les planches 25, 26, 27, 28, 29, 30, 31, 32, 33, font des efquiffes de différents monuments par MM. Cuviliés & Gafpari.

N° 34. BALUSTRES.

N° 35. BALUSTRES.

N° 36. PORTE DORIQUE.

N° 37. VESTIBULE EN PERSPECTIVE.

N° 38. AMORTISSEMENT ANTIQUE.

N° 39. FIGURES ALLEGORIQUES ET JEUX D'ENFANTS à l'ufage de différents bâtiments.

N° 40. ESSAI D'UN DOME ONDOYANT furmonté d'un piédeftal amorti d'un groupe de figures.

N° 41. ESSAI D'UN DOME ANTIQUE terminé d'un piédeftal amorti d'une figure pédeftre.

N° 42. On lit en haut de la planche : Inventé, deffiné & gravé par F. de Cuviliés fils, 1722.

DIVERS PROJETS DE DOMES. On lit au bas : *De Cuviliés, inv. & fecit.* Cette planche n'eft pas numérotée.

13ᵐᵉ Livre. — Lettre N.

PLANS, ELEVATIONS ET COUPES D'UNE MAISON DE CAMPAGNE. 5 planches numérotées.

14ᵐᵉ Livre. — Lettre O.

MORCEAUX DE CAPRICES A DIVERS USAGES. 4 planches numérotées.

15ᵐᵉ Livre. — Lettre P.

LIVRE DE PORTES COCHERES. 6 planches numérotées.

16ᵐᵉ Livre. — Lettre Q.

DESSEINS DE LAMBRIS. 6 planches numérotées.

17ᵐᵉ Livre. — Lettre R.

LIVRE DE PORTION DE PLAFONDS EN VOUSSURES. 6 planches numérotées 1 à 6.

LIVRE DE PORTION DE PLAFONDS ET D'UN POELE.
6 planches numérotées de 7 à 12.

18<sup>me</sup> Livre. — Lettre S.

LIVRE D'ORNEMENTS A DIVERS USAGES. 6 planches numérotées.

19<sup>me</sup> Livre. — Lettre T.

LIVRE DE DECORATIONS DE LAMBRIS. 6 planches numérotés 1 à 6.

ESQUISSES DE POELES. 4 planches numérotées 7, 8, 9, 10. Dans cette édition il fe trouve une fuite portant également la lettre T, je la décris auffi.

FRONTISPICE. — Une Renommée foutient un médaillon repréfentant le portrait de Maximilien de Bavière. On lit au bas :

> Fautori artificium tibi fe celtiffime princeps
> Ars fiftit, manibus laurea dona ferens.
> Ut fama fcandis maior mortalibus aftra.

F. *Le Moine*, inv. L. N. *Maag*, fc., 1768. En haut, à gauche, le n° 1.

APOLLON ET LES MUSES. — 1768. En haut, à gauche, le n° 2.

N° 3. MINERVE PRESIDANT LES ARTS LIBERAUX.

N° 4. ALEXANDRE ET APELLES. On lit au bas de la planche :

> Dum pingit nudæ fulgentia membra puellæ
> Pictor, alit flammas infcius ipfe fuas.

N° 5. PIGMALION REX TYRO. (*Ovid.* lib. x.)

N° 6. On lit au bas de la planche :

> Dum pingit vetulam lepida notiffima arte
> Pictor, picturam indicat ipfe fuam.

*Michel Hartwagner*, inv. & fculpt., 1769.

N° 7. LE PRINCIPE DU DESSIN. On lit :

> Artis principium non derivatur ab arte
> Picturæ vitam mobilis umbra dedit.

N° 8. L'OLYMPE.

N° 9. LES QUATRE AGES DE LA VIE.

N° 10. LEDA. Au bas on lit :

> Quam varias inducis amor pulcherrimè formas
> Nam modò fub corvo, jam fub olore places.

N° 11. DIANE ET ACTEON. Au bas on lit :

> Cornua fi ferrent qui nunc venantur amores.

N° 12. PERSEE ET ANDROMEDE. On lit au bas :

> Perfeus Andromachen tutatur ab hofte marino.

N° 13. PAYSAGE. On lit au bas :

> Wer die Natur wie Beich durch Farben alfo treibet
> Ift wurdig, dass mann ihn den Kunftler ein verleibet.

N° 14. PAYSAGE. On lit au bas : Efquiffe d'Hermeir, gravée par M. de Cuviliés

N°ˢ 15-16. JEUX D'ENFANTS.

N° 17. PAYSAGE REPRESENTANT DES RUINES. Cette planche eft fignée Jofeph Stephan, 1769.

N° 18. FRONTISPICE.

N°ˢ 19-20. LE CORPS DES CADETS.

N° 21. FLORE ET ZEPHIR. Cette pièce eft dédiée à Madame la comteffe de Daun. 1767.

N° 22. DIANE ET ENDYMION. Cette pièce eft dédiée à M. le comte de Daun. 1767.

RENARD PRIS AU PIEGE. — RENARD EMPORTANT UN CANARD. Ces deux pièces n'ont aucune indication.

20<sup>me</sup> Livre. — Lettre V.

LIVRE DE DEVELLOPEMENTS DE BORDURES DE TABLEAUX. 6 planches numérotées.

Au bas de toutes les planches de ce recueil on lit : Se vend à Paris, chez le fieur de Poilly, rue Saint-Jacques, à l'*Image Saint-Benoît*, & chez l'auteur.

*Recueil d'ornements rangés par ordre alphabétique.*

FRONTISPICE repréfentant le Temps & l'Immortalité qui foutiennent le portrait de l'Electeur de Bavière Maximilien-Jofeph. On lit au bas :

> Hæc Patris Patriæ nos confervantis imago eft,
> Qualis ab augufto promicat ore Decor?
> Majeftas oculis, vultuque, & pectore fpirat,
> Et millena pio gratia corde fedet
> Ecce tibi meritos cantabit Apollo triumphos.

Cette planche eft fignée à gauche : *Criftian Winck Pictor Monachii, inv.* Et à droite : *Michael Hartwagner Pictor Monachii, fculpf.*

La feconde feuille eft une dédicace en latin dont voici le texte :

*Sereniffimo ac Potentiffimo Principi Domino, Domino Maximiliano Jofepho, utriúfque Bavariæ, & Superioris Palatinus Duci, Comiti Palatino Rheni facri Romani imperii Archidapifero, & Electori, Landgravio Leuchtembergenfi, &c. Principi ac Domino Clementiffimo præfens hoc opus mente devotiffima dicat dedicat Francifcus Seraphicus D'Couvillies, rei bellico, aulicoque Architectoriæ Præfectus primarius.*

Cette dédicace eft fuivie d'une feconde feuille de texte & porte pour titre : *Vicinia urbis Monacenfis*, & donne en vers latins une defcription des environs de Munich.

La troisième feuille représente un plan de la ville de Munich & des environs, on lit au bas : *Metropolis Bavariæ situs, & confinia, lector apparent oculis, scena superba, tuis.*

*Si nondum capias, descriptio plura notabit, contentusque opera, dùm recrearis eris.*

Cette planche est signée à gauche : *De Cuviliés, direx.*, & à droite : *Joseph Kaltner, sculp.*

4$^{me}$ *Feuille.* — VUE DE LA VILLE DE MUNIC (capitale de la Bavière) regardée du Pont de l'Iser, du côté du couchant. *Bernardus Belloty de Canaletto pinxit*, 1761. *Jungwierth sculpsit & delineavit Monachii*, 1772. Grand in-fol. obl.

5. — Une feuille de vers allemands qui porte pour titre *Von der fagd* (de la chasse) & est signée *Mathias Ethenhueber.*

C'est alors seulement que commencent les planches qui sont rangées par ordre alphabétique :

### Lettre A.

PROJET D'UN BATIMENT ELEVE SUR UNE TERRASSE ACCOMPAGNE DE SEIZE PAVILLONS, le tout destiné pour un rendez-vous ou pour un retour de chasse.

Plus bas, & dans un cartouche on lit : « Dédié à Son Altesse sérénissime Electoralle de Bavière, par ses très-humbles, très-obéissants, très-respectueux serviteurs Cuviliés père & fils. »

5 planches in-folio, numérotées. Les planches portaient la lettre C dans un premier tirage. J'ignore les motifs de cette transposition. On a ajouté aux planches deux ou trois fonds de paysages assez adroitement touchés.

Avant la lettre B se trouve une feuille de vers allemands qui a pour titre : *Vorzüge der prächtigen natur in Bildung Auserlesener Garten-Aulagen*, & une planche dont le titre : *Plan de la maison & jardins de Stowe en Buckinghanshire*, est gravé sur une pierre.

### Lettre B.

N° 1. PARTIE DU PLAN GENERAL DE LA FAVORITE ELECTORALE à Favoritenbourg.

N° 2. ELEVATION DU COTE DE L'ENTREE ET DU COTE

DU JARDIN joint à la diſtribution du plan de la Favorite électorale, mis au jour en 1771.

On lit au bas. « Inventé par M. de Cuviliés, capitaine au corps du Génie, & premier architecte de S. A. »

Les planches ſont précédées d'une feuille de vers allemands portant ce titre : *Vom dem Gebaüde der Favoriten.*

Lettre C.

PLAN GENERAL D'UN BATIMENT SITUE A L'ECART..... Inventés par M. de Cuviliés le père, & par ſon fils. Se vend à Paris, chez Huquier, rue des Mathurins & chez l'auteur à Munich.

Cette ſuite portait la lettre A. 4 planches numérotées.

Lettre D.

PLAN D'UN BELVEDERE ACCOMPAGNE DE DIFFE-RENTS BOSQUETS.....

On lit dans un cartouche : « Dédié à S. A. S. Monſeigneur le prince Guillaume, Landgrave de Heſſe Caſſel, par MM. de Cuviliés père & fils. »

Cette ſuite portait la lettre B au tirage antérieur. 3 planches numé-rotées.

Lettre E.

PLAN D'UNE MAISON DE PLAISANCE marquée A... On lit dans un cartouche : « Dédié à S. A. S. E. de Bavière, par MM. de Cu-viliés père & fils.

Cette ſuite portait la lettre D. 4 planches numérotées.

DESSEINS D'AUTELS dédiés à S. A. le Cardinal duc de Bavière, évêque & prince de Liège... par ſes très-humbles......... de Cuviliés père & fils. Se vend à Paris, rue des Noyers, chez le ſieur Patte, archi-tecte & graveur, & chez l'auteur à Munich. 4 planches numérotées 1 à 4.

PLAN D'UN PROJET DE SEPULCHRE à conſtruire ſous un dôme. Dédié à S. A. R. M. Joſeph, prince du Saint-Empire & évêque de Freyſing.....

Au bas on lit : « Inventé par F de Cuviliés, gravé par Valerian Funckh, en 1770. » 2 planches numérotées 5, 6.

ESQUISSE DU SEPULCHRE exécuté dans l'église paroiffiale de Notre-Dame à Munich. Inventé & peint par André Wolf, deffiné & gravé par M. Hartwagner, en 1770.

Cette planche portait le n° 7.

ESQUISSE DU MAITRE-AUTEL exécuté en marbre dans l'église paroiffiale de Saint-Pierre..... Inventé par M. Stouber, mis au jour en 1770. A droite, en haut, le n° 8.

ICHNOGRAPHIA electoralis templi Clericorum regularium vulgò Theatinorum ad SS. Adelaidem & Cajetorum Monachii ab anno MDCLXIII.

Cette fuite comprend 6 planches numérotées 9 à 14.

Le n° 9 porte au bas les lignes fuivantes qui font intéreffantes :

*Ichnographia Propylæi, feu extimæ faciei, qua templum Clericorum Regularium, vulgó Theatinorum, Monachy a ser<sup>mis</sup> Progenitorum Ferdinando M. & H. M. Adelaide ex voto maximis fumptibus olim extructum, huic tandem anno R. S.* MDCCLXVIII *juffu Ser. Maximiliani Ios. Bavariæ ducis ac Electoris non minori magnificentia exornatum completumque integrè fuit fub infpectione primum Francifci de Cuvilies Electoralis architecturæ directoris, dein poft ejus obitum inopinatum Francifci de Cuvilies, ejufdem filii militaris architecturæ centurionis ac architecti Electoralis.*

Plufieurs des planches de cette fuite portent la date de 1771.

Lettre F.

DES ENFANTS SOUTIENNENT UN ECUSSON. On lit au bas :

*Mufarum princeps mufas dignari amore, auxilioque tuo præfidioque beas,* &c.

. . . . . . . . . . . . . . . . . . . . . . . . . . . .

. . . . . . . . . . . . . . . . . . . . . . . . . . . .

*F. de Cuvilies inv. & fecit*. — *I. N. Maag fculpf.*, 1770. N° 1 à gauche, en haut.

LIVRES D'ETUDES deffinés par MM. de Cuviliés père & fils d'après différents morceaux exécutés. Se vend à Paris, rue des Noyers, chez le fieur Patte, architecte & graveur, & chez l'auteur à Munich. 6 planches numérotées de 1 à 6.

ETUDE D'UN PIEDROIT propre à placer entre des arbres d'allées. . . . . . . . . . . . . . . . . . . . .
Deffiné d'après un modèle du fieur Straub, fculpteur, par F. de Cuviliés..... gravé par I. N. Maag, 1770. N° 7 en haut, à gauche.

VASE AUX ATTRIBUTS DE GUERRE.
On lit au bas : « Modelé par le fieur Straub, fous la direction de M. de Cuviliés père, deffiné par le fils. — *J. Maag fculpf.* 1770. N° 8 en haut & à gauche.

VASES DANS LE GOUT ANTIQUE. — *J. Kaltner fculpf.* 1770. 2 planches numérotées 9, 10.

ESQUICES DE VASES PROJETES POUR NYMPHENBOURG. Inventé par J. de Cuviliés, capitaine ingénieur, & premier architecte de S. A. S. E. de Bavière, gravé par M. Hartwagner. En haut on lit : 1770. — 6 planches numérotées de 11 à 16.

ETUDES DE TROPHEES deffinés d'après l'ouvrage, par de Cuviliés père. *Valerianus Funckh, fc.*, 1770. 5 planches numérotées de 16 à 20.

TROPHEES A L'USAGE DES BATIMENTS. Inventés par F. de Cuviliés fils, gravés par J. Kaltner, 1770. 2 planches numérotées 21, 22.

ESQUICES DE TETES A L'USAGE DES CLEFS, DES PORTES ET DES CROISEES. Deffinées par F. de Cuviliés fils....., gravées par J. N. Maag, 1769. 4 planches numérotées de 23 à 26.

SUITE DES ENFANTS EXECUTEE A SCHLEISHAIM. — En haut la date de 1770, & à gauche le n° 27.

SUITE DES GROUPES D'ENFANTS EXECUTES A NIMPHEMBOURG. *M. Hartwagner, fc.*, 1770. 6 planches, de 28 à 31.

SUITE DES MATINEES DE DIFFERENTS ARTISTES, a

l'usage des architectes, des peintres, des sculpteurs. Nº 32 en haut, à gauche.

AMORTISSEMENT SAILLANT exécuté au corps-de-garde de la Place à Munich, novellement bâti sur les desseins de M. de Cuviliés ..... Gravé par Michel Hartwagner, mis au jour le 12 octobre 1770.....
Cette planche est accompagnée de deux autres représentant les plans & élévations de ce corps-de-garde. Elles portent les nºˢ 33, 34, 35.

Lettre G.

PROJET D'UNE VOLIERE A BATIR A L'EXTREMITE D'UN JARDIN..... Inventé par le sieur de Cuviliés..... — Se vend à Paris, rue des Noyers, chez le sieur Patte, architecte & graveur, & chez l'auteur à Munich. 6 planches numérotées.

Lettre H.

PLAN GENERAL D'UN PROJET DE BATIMENT ACCOMPAGNE DE SES JARDINS... Se vend à Paris, rue des Noyers, chez le sieur Patte, architecte & graveur, & chez l'auteur à Munich. — Au bas & à droite, on lit : *Valerian Funckh, sc. M.* 9 planches numérotées.

Lettre I.

PROJET D'UNE MAISON DE CAMPAGNE..... Se vend à Paris, chez le sieur Patte, architecte & graveur, & chez l'auteur à Munich. 4 planches numérotées.

Lettre K.

PLAN DU REZ-DE-CHAUSSEE D'UNE MAISON DE CAMPAGNE..... Se vend à Paris, rue des Noyers, chez le sieur Patte, architecte & graveur, & chez l'auteur à Munich. 4 planches numérotées.

Lettre L.

PLAN GENERAL D'UN BATIMENT SITUE DANS UN BOIS

..... Se vend à Paris, chez le fieur Patte, architecte & graveur, & chez l'auteur à Munich. 4 planches numérotées.

### Lettre M.

PROJET D'UN PETIT PAVILLON PLACE EN FACE D'UNE ALLEE DIAGONALE..... de l'invention du fieur de Cuviliés. Se vend à Paris, rue des Noyers, chez le fieur Patte, architecte & graveur, chez l'auteur, à Munich. 4 planches numérotées.

### Lettre N.

PLAN DU REZ-DE-CHAUSSEE D'UNE MAISON DE CAMPAGNE, inventé par le fieur de Cuviliés.

On lit au bas : *Fr. de Cuviliés inv.*, *Valerian Funckh fculp.* 5 planches numérotées.

### Lettre O.

On lit dans un cartouche :

PLAN GENERAL D'UNE MAISON DE CAMPAGNE, inventé par le fieur de Cuviliés. 5 planches numérotées.

### Lettre P.

PLAN GENERAL D'UNE MAISON DE CAMPAGNE.....

On lit au bas : *Fr. de Cuviliés inv. Valerian Funckh fc. Mon.* 5 planches numérotées.

### Lettre Q.

PLAN GENERAL D'UNE MAISON DE CAMPAGNE, inventé par le fieur de Cuviliés.....

Au bas : *Fr. de Cuviliés inv.*, *Valerian Funckh fc. M.* 6 planches numérotées.

### Lettre R.

PLAN GENERAL D'UNE MAISON DE CAMPAGNE AC-

COMPAGNEE DE SES JARDINS, inventé par le fieur de Cuvilíés. 6 planches numérotées.

Lettre S.

On lit dans un cadre orné :

PLAN GENERAL D'UN PROJET DE BATIMENT ET DE SON JARDIN, inventé par le fieur de Cuvilíés..... & plus bas : *Valerian Funckh fculpfit Monachi*. 7 planches numérotées.

Lettre T.

PLAN GENERAL DES BATIMENTS ET D'UN JARDIN projetés fur un terrain fitué hors de la porte de Sendling, à un demi-quart de lieue de la ville de Munich. Inventé par MM. de Cuvilíés père & fils, mis au jour en 1770. — Se vend à Paris & à Munich chez l'auteur. 3 planches numérotées.

Lettre V.

PLAN GENERAL DES BATIMENTS, JARDINS ET DEPENDANCES d'un projet fait fur un terrain fitué à quatorze lieues de Munich. Inventé & deffiné par F. de Cuvilíés, gravé par Jofeph Kaltner, 1770. — Se vend à Paris, & à Munich chez l'auteur. 5 planches numérotées.

VUE DE NYMPHENBOURG DU COTE DE L'ENTREE. — *Bernadus Belloti de Canaletto pinxit* 1761, *Jofeph Kaltner fculpfit, Monachy* 1772.

VUE DE NYMPHENBOURG DU COTE DU JARDIN. — *Bernadus Belloti de Canaletto pinxit* 1761, *Jungwierth fculpfit & delineavit* 1772.

DELINEATIO GENERALIS AEDIFICIORUM HORTORUMQUE NYMPHEMBURGAE. . . . . . . . . . . . .
. . . . . . . . . . . . . . . . . . . . . . . . . . . .
*A. Franc. de Cuvilíés filio* 1772, Jofeph Kaltner fculpfit.

VUE DE RUINES : Deux lions fe battent fur le premier plan. Au bas on lit : *De Cuviliés F. inv. & fecit.*

Lettre U.

PLAN GEOMETRAL DE L'HERMITAGE EXECUTE DANS LE JARDIN DE NYMPHENBOURG, mis au jour en MDCCLXXI.
On lit au bas : « Du deffein de M. d'Offner, architecte de feu l'Electeur Maximilien. » 2 planches numérotées 1-2.

PLAN DE BADENBOURG, exécuté dans le jardin de Nymphenbourg, MD.CC.LXXI. 2 planches numérotées 3 4.

PLAN D'UN PETIT BATIMENT projeté pour un des bofquets du jardin de Nymphenbourg, dédié à S. A. S. Madame l'Electrice de Bavière par de Cuviliés, 1771. 1 planche portant le numéro 5.

PLAN D'AMALIENBOURG, bâtie fur la gauche dans le jardin de Nymphenbourg.
On lit au bas : « Ce bâtiment a été exécuté fur les deffeins de M. de Cuviliés, & mis au jour en 1771. » 2 planches numérotées 6-7.

LES PLANS DE PAGOTENBOURG, bâtiment exécuté dans le jardin de Nymphenbourg. 1 planche, numéro 8.

Lettre W.

PLAN GENERAL DE FALQUENSLOUT, bâtie par feu S. A. S. E. de Cologne dans le parc de Bruell, furnommé Auguftenbourg, exécuté fur les deffeins de Cuviliés père & mis au jour par fon fils en 1770. 2 planches numérotées.

Lettre X.

PLAN GENERAL DU BATIMENT ET DU GRAND JARDIN ELECTORAL DE SAXE . . . . . . . . . . . . . . . . . . .
On lit au bas : « Inventé par MM. de Cuviliés père & fils & mis au jour par le dernier en 1771, gravé par Jofeph Kaltner. 1 planche numérotée.

DETAIL DU PLAN DE LA PARTIE DU BOSQUET DE
L'HERMITAGE ET DE LA GRANDE SALLE VERTE . . . . .
. . . . . . . . . . . . . . . . . . . . . . . . . . . 1770.
5 planches numérotées 1 à 5.

Lettre Y.

PLAN DU REZ-DE-CHAUSSEE DE LA SALLE DE L'OPERA
. . . . . . . exécuté fur les deſſeins de M. de Cuviliés en 17... & mis
au jour en 1770. 2 planches numérotées.

Après viennent deux planches fans lettres ni numéros dont voici les
titres : *Proſpectus Decorationum feſtivæ faltationis quæ decimo quarto januarii anno milleſimo ſeptingeſimo ſexageſimo quinto in honorem Sereniſſimæ Dominæ Joſephæ, Antoniæ Caroli ſeptimi Imperatoris.* . . . . . . . . . . .

*Delineatio fundamentalis continens duas inventiones unà cum duabus interciſionibus cujuſdam Theatri* . . . . . . . . . . . . . . . . . . . . . . . .
. . . . . . . . . . . . . . . . . . . . . . . . . . . . . . . . . . . . . . . . . .

Lettre Z.

PLAN GENERAL DES BATIMENTS, JARDINS ET D'UNE
PARTIE DES DEPENDANCES d'un projet fait fur l'emplacement
de Donzdorf.

Au bas on lit : « Inventé & deſſiné par F. de Cuviliés......... gravé
par Joſeph Kaltner. Mis au jour en 1770. »

Lettres Z. Z.

PLAN GENERAL DES BATIMENTS, JARDINS ET D'UNE
PARTIE DES ENVIRONS DE LA TERRE DE WACKERSTEIN....... Dédié à S. E. M. le comte de Daun... par de Cuviliés...
en 1770.

PLAN GENERAL DES BATIMENTS ET JARDINS D'UN
PALAIS A BATIR A TURCKEIM, inventé & deſſiné par F. de Cuviliés..... 1772. 4 planches fans numéros ni lettres.

## ECOLE D'ARCHITECTURE BAVAROISE.

DEUX RENOMMEES ET UN GENIE SOUTIENNENT DANS LES AIRS LE PORTRAIT DU ROI DE BAVIERE.
On lit en haut : *Ecole de l'architecture bavaroiſe*.

Voici le titre des planches qui concernent les ordres en général :

I. — MANIERE DE DESSINER, PLAN OU ICHNOGRAPHIE.

II. — MANIERE DE DESSINER, ELEVATION OU ORTHOGRAPHIE.

III. — MANIERE DE DESSINER, COUPE OU SCIOGRAPHIE.

IV. — MANIERE DE DESSINER, PERSPECTIVE OU SCENOGRAPHIE : Des moulures ; — De leur diſtinction ; — Manière de les tracer ; — Des moulures éloignées de la vue ; — Diminution des colonnes ; — Diminution des pilaſtres, méthode de Vignole ; — Diminution des colonnes, méthode de Scamozzi ; — Diminution des colonnes, nouvelle méthode ; — Des ordres en général ; — Des ordres en général, proportion des piédeſtaux. — 15 planches.
Des ordres en général, cottes des piédeſtaux ; — Diſpoſition des colonnes & pilaſtres ; — Profils de différents auteurs. — 17 planches.

*Ordre toſcan.*

Ce titre ſe trouve en tête d'une planche repréſentant des fontaines jailliſſantes, des baſſins, des colonnades, &c., & qui ſemble être un frontiſpice.

ENTRECOLONNEMENT.

PORTIQUE.

PIEDESTAL.

ENTABLEMENT.

PORTIQUE TOSCAN AVEC DIFFERENTES COLONNES RUSTIQUES.

PROJET DE LA FAÇADE D'UNE PRISON CRIMINELLE.

PLAN D'UN PROJET POUR UNE EGLISE PAROISSIALE : Elévation du portail ; — Coupe fur la largeur ; — Coupe fur la longueur d'un projet d'églife paroiffiale pour Montreuil près Verfailles.

PLAN ET ELEVATION DU PROJET D'UNE GROTTE.

VUE DU CHATEAU DE LA SOLITUDE ET AUTRES ENVIRONS DU FALAY : Plan à rez-de-chauffée du projet de la folitude de Falay ; — Coupe de la folitude ; — Elévation de la folitude prife du côté du falon.

PLAN A REZ-DE-CHAUSSEE D'UN CORPS-DE-GARDE ISOLE... Elévation de la façade du corps-de-garde.

PLAN A REZ-DE-CHAUSSEE D'UN EDIFICE dans lequel on voulait renfermer les marchés aux poiffons, aux fruits, aux herbes ; — Elévation de la façade extérieure ; — Coupe & élévation de la façade intérieure.

VUE PERSPECTIVE DE L'INTERIEUR D'UNE PRISON.

VUE PERSPECTIVE DE L'INTERIEUR D'UNE PRISON.

TROPHEE PROPRE A UNE PORTE DE VILLE d'ordonnance tofcane.

TROPHEE PROPRE A UNE MAISON DE CHASSE de l'ordre toscan ou dorique.

PLAN TRIANGULAIRE EN FORME DE TRUELLE projeté pour une loge de francs-maçons.

DEUX NICHES dans le genre toscan.

PLAN DE TROIS PROJETS D'EGLISES d'après Neufforge. — 24 planches.

*Ordre dorique.*

ENTRECOLONNEMENT.

PORTIQUE.

PIEDESTAL.

ENTABLEMENT AVEC DENTICULES.

ENTABLEMENT AVEC MUTULES.

DETAIL DES DEUX ENTABLEMENTS.

PLAFOND DES DEUX ENTABLEMENTS.

DIFFERENTS DETAILS.

PARALLELE D'ENTABLEMENTS.

PROFIL ANCIEN TROUVE A ALBANE : Elévation de la façade.

PLAN DEVELOPPE D'UNE FONTAINE OU CHATEAU D'EAU : Elévation de la façade du plan précédent.

PLANS DEVELOPPES D'UNE FONTAINE PUBLIQUE : Façade.....

PLAN D'UNE FONTAINE TRIANGULAIRE : Façade de la fontaine.....

PLAN DU BATIMENT DE BADENBURG : Coupe de Badenburg ; — Elevation de la façade de Badenburg.....

ORDRE DORIQUE. — HERMITAGE..

PLAN DETAILLE DE LA FONTAINE EN FORME DE TEMPLE : Elévation.....

PLAN A REZ-DE-CHAUSSEE DU PROJET DE LA PORTE DE NEUHAUSS : Elévation de la façade du côté de la ville ; — Elévation de la façade du côté de la ville projetée pour la porte de l'Hifer.

ELEVATION DE LA FAÇADE DU PROJET DE LA PORTE DE SENDLING.

MOITIE DU PLAN D'UNE FONTAINE ISOLEE : Elévation de la fontaine.

PLAN PAR MASSES D'UN CHATEAU, DE SES ISSUES ET DE SES DEPENDANCES : Plan à rez-de chauffée du château ; — Diftribution du plan du 1ᵉʳ étage ; — Elévation d'une des ailes.

DEUX DIFFERENTS DESSEINS DE THEATRE projetés pour Francfort.
On lit en haut : *Extérieurement règne à tous les deux projets l'expreffion dorique.*

PLAN PAR MASSES D'UN CHATEAU, DE SES ISSUES ET DE SES DEPENDANCES : Plan à rez-de-chauffée ; — Elévation du frontifpice ; — Plan à rez-de-chauffée d'une chapelle fépulchrale ; — Coupe de la chapelle fépulchrale ; — Plan des combles ; — Plan des fouterrains.

*Ordonnance dorique & compoſite.*

ELEVATION D'UN PROJET DE SEPULCHRE à conſtruire fous un dôme. — 39 planches.

*Ordre ionique.*

ENTRECOLONNEMENT.

PORTIQUE.

PIEDESTAL.

CONTOUR DES VOLUTES.

CONTOUR DES VOLUTES.

CONTOUR DES VOLUTES.

FACE DU CHAPITEAU ANTIQUE.

CHAPITEAU ANTIQUE.

ENTABLEMENT ANTIQUE.

CHAPITEAU MODERNE.

ENTABLEMENT MODERNE.

DETAIL DES DEUX ENTABLEMENTS.

PLAFOND DES DEUX ENTABLEMENTS.

CHAPITEAU DU PILASTRE.

PROJET D'UN PAVILLON A BATIR DANS UN JARDIN: Coupe du pavillon; — Elévation du pavillon; — Plan du pavillon.

PLAN D'UN MUR DE CLOTURE; ELEVATION DE LA FAÇADE DU PLAN PRECEDENT.

FONTAINE PUBLIQUE FESANT CLOTURE DE JARDIN: Elévation intérieure de la galerie.

PROJET D'UN BATIMENT fitué entre deux jardins de différents niveaux.

PROJET D'UN PONT DE JARDIN.

VUE PERSPECTIVE D'UN AVANT-COUR d'ordonnance ionique.

ORDONNANCE IONIQUE pour le fond d'une place publique.

DESSEINS DE CROISEES IONIQUES.

PLAN A REZ-DE-CHAUSSEE DE L'EGLISE-DE ZELLE.

ORDRE IONIQUE ET CORINTHIEN.

ORDRE IONIQUE ET CORINTHIEN : Coupe du falon.

METHODE POUR LES CANNELURES IONIQUES ET CORINTHIENNES.

ORDRE IONIQUE ET CORINTHIEN : Plan du rez-de-chauffée d'une maifon de campagne; — Plan du 1$^{er}$ étage; — Elévation de la façade du côté du jardin; — Coupe & profil du veftibule & du falon.

ORDRE IONIQUE ET CORINTHIEN : Projet d'une maifon de campagne; — Elévation de la façade du côté de l'entrée; — Coupe & profil fur la largeur du milieu du bâtiment; — Elévation de la façade latérale; — Plan de la partie du bâtiment qui eft élevée d'un étage. — 36 planches.

*Ordre corinthien.*

ENTRECOLONNEMENT.

PORTIQUE.

PIEDESTAL.

DETAIL DU CHAPITEAU

CHAPITEAU VU D'ANGLE.

ENTABLEMENT.

PLAFOND DE L'ENTABLEMENT.

CHAPITEAU DE PILASTRE.

PLAN D'UN TEMPLE EXECUTE EN TREILLAGE.

ELEVATION D'UN TEMPLE EN TREILLAGE.

PROJET D'UNE EGLISE PAROISSIALE.

ELEVATION DU FRONTISPICE D'UNE EGLISE PAROISSIALE.

FENETRES REGLEES SELON LE CARACTERE DES ORDRES. — Développement d'une fenêtre corinthienne.

ELEVATION DU PROJET D'UN ARC DE TRIOMPHE.
PLAN A REZ-DE-CHAUSSEE DE L'EGLISE DES DAMES RELIGIEUSES ITALIENNES.

ELEVATION DE LA FAÇADE DU PLAN PRECEDENT.

PARTIE DU PLAN GENERAL DE LA FAVORITE ELEC-

TORALE, à Favoritenbourg : Elévation du côté du jardin ; — Elévation du côté de l'entrée ; — Plan du rez-de-chaussée.

PORTIQUE CORINTHIEN POUR LA COUR D'UN PALAIS. — 19 planches.

*Ordre compoſite.*

ENTRECOLONNEMENT.

PORTIQUE.

PIEDESTAL.

DETAILS DU CHAPITEAU.

CHAPITEAU D'ANGLE.

ENTABLEMENT.

PLAFOND DE L'ENTABLEMENT.

CHAPITEAU DU PILASTRE.

ELEVATION PERSPECTIVE DU MAITRE-AUTEL DU SAINT-ESPRIT.

CHAPITEAU DE L'ARC DES LIONS, à Vérone.

NICHE COMPOSITE. — NICHE CORINTHIENNE.

COUPE DE L'EGLISE PAROISSIALE dont le plan & l'élévation font d'ordonnance corinthienne. — 32 planches.

*Ordres Perſique, Caryatide. — Thermes, &c.*

DEFAUT DE TRAITER ENSEMBLE UN ORDRE ET DES FIGURES HUMAINES.

DIFFERENTS DESSEINS DES ORDRES PERSIQUE ET CARYATIDE.

ORDRE PERSIQUE.

ORDRE PERSIQUE.

ORDRE PERSIQUE. — ORDRE CARYATIDE.

ORDRE CARYATIDE.

DESSEINS DE THERMES. — 7 planches.

*Architecture arabique.*

PLAN DE BAIN IMPERIAL EXECUTE PROCHE DE BADE EN HONGRIE : Coupe du bain ; — Elévation de la façade du bain.

NICHES DANS LES DEUX GENRES GOTHIQUES : Gothique ancien ; — Gothique moderne.

NICHES DANS LE GOUT CHINOIS.

AMORTISSEMENT ANTIQUE.

## SUITES DIVERSES.

RECUEIL DE DIVERSES SALLES DE SPECTACLE. — 8 planches.

VUES PERSPECTIVES DE DIFFERENTS MONUMENTS. — 12 pièces.

267

PROJETS DE MONUMENTS PROPRES A DIVERS USAGES.
— 12 pièces, format oblong.

ESQUISSES A L'USAGE DES ARTISTES.
M. Bérard, en indiquant cette fuite ifolément, lui donne 18 pièces ; elle fe trouve mêlée à l'œuvre publié en 1773 par de Cuviliés fils & que j'ai donné plus haut.

FONTAINES. — 18 planches en plufieurs recueils.

RECUEIL DE PONTS ANCIENS ET MODERNES, inventés ou exécutés par différents auteurs. — 32 planches, in-fol. obl.

ESSAI DE DIFFERENTS MONUMENTS. Sous ce nom l'on entend tout ouvrage d'architecture, de fculpture, de la réunion des deux ou de plufieurs arts enfemble deftinés à conferver la mémoire des hommes illuftres. De cette nature font : les obélifques (a), les tombeaux (b), les piédeftaux allégoriques (c), &c. . . . . . . . . . . . . .
. . . . . . . . . . . . . . . . . . . . . . . . . . . . . . . . . . . . . . . .

On donnera de trois en trois mois des efquiffes de tous les monuments ci-deffus mentionnés. — 12 planches en largeur.

# J.-B. LE ROUX.

† 1746.

Jean-Baptiſte Le Roux, architecte du roi, membre de l'Académie, fut un des architectes les plus employés de ſon temps. Il était élève de Dorbay & avait la réputation de bien entendre la décoration des intérieurs.

Il ne faut pas juger cet artiſte d'après les compoſitions de cheminées & de lambris qu'il a publiées, & qui ſont fort médiocres; pour apprécier ſon talent, il faut examiner les décorations des hôtels de Roquelaure, de Villars, de Villeroy, qui ſont vraiment remarquables.

Le talent de Le Roux mérite d'être étudié :

Sans principes arrêtés ſur ſon art, architecte à la mode, il cherchait à plaire avant tout; auſſi peut-on le regarder comme un reflet fidèle du goût de ſon époque.

Il eſt donc curieux de ſuivre, dans ſon œuvre, les variations qu'a ſubies l'art de la décoration pendant la première moitié du XVIIIe ſiècle. — Dans les ſuites de lambris & cheminées qu'il publia d'abord, il fut imitateur ſervile des formes adoptées par Manſard & ſes élèves. — L'hôtel de Roquelaure nous montre enſuite un changement notable dans les motifs d'ornements, mais on y trouve encore une certaine simplicité de lignes qui appartient à l'école du XVIIe siècle. Enfin, dans les décorations des hôtels de Villars & de Villeroy, en 1746, l'on remarque toute la liberté de formes & la légèreté d'ornementation qui caractérisent le style dit Louis XV.

Le Roux mourut à Paris en 1746.

## BIBLIOGRAPHIE.

NOUVEAUX LAMBRIS DE GALERIES, CHAMBRES ET CABINETS, par le sieur J.-B. Le Roux, architecte. A Paris, chez N. Langlois, rue Saint-Jacques, à *la Victoire*, au coin de la rue de la Parcheminerie, avec privil. du Roy. — 6 pièces numérotées au bas de la planche & à droite. In-fol. oblong.

SUITE DE CHEMINEES. On lit au bas & à gauche : *J.-B. Le Roux, inv*. A Paris, chez J. Mariette, rue Saint-Jacques, aux *Colonnes d'Hercule*. — 6 pièces numérotées à droite. In-fol.

DECORATION DE LA FAÇADE DU TEMPLE DE MARS, où s'est fait le festin des noces de Monsieur le marquis de Mirepoix avec Mademoiselle Bernard de Rieux, petite-fille de Monsieur Bernard, comte de Coubert.

On lit au bas, à gauche. *Le Roux, inv.*; & à droite : *Blondel, sculps*.

HOTEL DE VILLARS.

1re Planche. Plan de la galerie de l'hôtel de Villars.

2º Décoration de la cheminée de la galerie de l'hôtel de Villars avec partie des trumeaux de glace qui l'accompagnent;

3º Décoration intérieure du côté de l'entrée de la galerie de l'hôtel de Villars;

4° Décoration d'un des trumeaux de glace avec deux moitiés de croisées de la galerie de l'hôtel de Villars;

5° Décoration intérieure de la galerie de l'hôtel de Villars prife fur la largeur;

6° Chambranle de marbre de la cheminée de la galerie de l'hôtel de Villars avec les ornements de bronze dont il eft revêtu;

7° Décoration d'une des croifées & de fa vouffure avec deux moitiés de trumeaux de la glace de la galerie de l'hôtel de Villars;

8° Décoration intérieure de la galerie de l'hôtel de Villars prife fur la longueur. La galerie a 72 pieds dans œuvre. Planche double.

Toutes les planches font gravées par Blondel.

DECORATION DU SALON DE L'HOTEL DE VILLEROY.

DECORATIONS INTERIEURES DES VESTIBULES DE L'HOTEL DE ROQUELAURE, à Paris.

DECORATION DU COTE DE LA PORTE D'ENTREE DE LA PRECEDENTE ANTICHAMBRE.

DECORATION DU COTE DE LA CHEMINEE DE L'ANTICHAMBRE OU EST LA CHAPELLE DANS L'HOTEL DE ROQUELAURE.

DECORATION DU COTE DE LA CHEMINEE D'UNE ANTICHAMBRE DE L'HOTEL DE ROQUELAURE.

LAMBRIS DE L'HOTEL DE ROQUELAURE.

DECORATION DU COTE DE LA CHEMINEE DE LA CHAMBRE A COUCHER DE L'HOTEL DE ROQUELAURE.

Ces planches fe trouvent dans l'*Architecture françoife*, ou recueil des plans, élévations, coupes & profils des églifes, palais, hôtels & maifons particulières de Paris, & des châteaux & maifons de campagne ou de plaifance des environs & de plufieurs autres endroits de France, bâtis nouvellement par les plus habiles architectes & levés & mefurés exactement fur les lieux. A Paris, chez Jean Mariette, rue Saint-Jacques, aux *Colonnes d'Hercule*. MDCCXXVII. — 4 volumes in-fol.

# HUQUIER.

## 1695 † 1772.

Huquier, habile deffinateur & graveur, embraffa le commerce de la gravure & des deffins plutôt pour fatisfaire fon goût pour les objets d'art, que par amour du gain. Il quitta de bonne heure Orléans, fa ville natale, & vint s'établir à Paris.

Il fe fit une collection fort remarquable de deffins & de gravures qu'il laiffait vifiter aux artiftes & aux amateurs certains jours de la femaine. Le catalogue, qui en fut publié par C.-F. Joullain fils, eft un des plus intéreffants du XVIII$^e$ fiècle.

Comme deffinateur d'ornements, Huquier mérite quelque attention, & fon Recueil de ferrurerie, tout en préfentant le caractère gracieux de l'époque, en évite cependant les exagérations.

Il a beaucoup gravé d'après Gillot, Watteau, Oppenord, de la Joue, & divers autres maîtres. J'ai indiqué dans la bibliographie tout ce qui fe rapporte à l'ornementation dans fon œuvre de graveur.

Les Jéfuites lui attribuèrent une eftampe fatirique ; compromis dans cette circonftance, pour échapper aux pourfuites de la juftice, il fe réfugia en Angleterre & y mourut en 1772 (1).

(1) Voir la *Biographie univerfelle*.

# BIBLIOGRAPHIE.

NOUVEAU LIVRE DE SERRURERIE contenant foixante planches remplies de plufieurs penfées pour tous les différents ouvrages qui s'y exécutent, inventé, gravé & mis au jour par Huquier. A Paris, chez Huquier, rue des Mathurins, au coin de celle de Sorbonne. C. P. R.

Cet ouvrage fe divife en dix livres dont voici les titres.

Le premier n'a que le titre général cité plus haut & fe compofe de 6 planches numérotées en haut & à gauche; elles contiennent des détails de porte.

Voici les titres de ceux qui fuivent :

SECOND LIVRE DE SERRURERIE contenant différents détails, inventés & gravés par Huquier. 6 planches numérotées en haut & à gauche.

TROISIEME LIVRE DE SERRURERIE contenant des balcons. 6 planches numérotées en haut & à gauche.

DEUXIEME LIVRE DE BALCONS, inventé & gravé par Huquier. 6 planches numérotées en haut & à droite.

LIVRE DE DIFFERENTS PORTES-ENSEIGNES DE SERRURERIE ET DE RAMPES POUR LES ESCALIERS, inventé & gravé par Huquier. 6 planches numérotées en haut & à droite.

LIVRE DE GRILLES A DIVERS USAGES, inventé & gravé par Huquier. 6 planches numérotées en haut & à droite.

LIVRE DE DIFFERENTES GRILLES A L'USAGE DES EGLISES, inventé & gravé par Huquier. 6 planches numérotées en haut & à droite.

LIVRE DE DIFFERENTS PROJETS DE PORTES A DIVERS USAGES, inventé & gravé par Huquier. 6 planches numérotées en haut & à droite.

LIVRE DE FRAGMENTS DE DECORATIONS A L'USAGE DES EGLISES. 6 planches numérotées en haut & à droite.

LIVRE DE DIFFERENTS FRAGMENTS A L'USAGE DE LA SERRURERIE, inventé & gravé par Huquier. 6 planches numérotées en haut & à droite. In-fol.

LES SAISONS, Ant. Watteau. 4 p. en larg.

L'ALLIANCE ET LES CINQ SENS, Ant. Watteau. 6 p. Pour écrans.

LES SAISONS, Ant. Watteau. 4 p. dans des cartouches. In-fol. en haut.

LES SAISONS ET DEUX CARTELS POUR DERRIERE D'ECRANS, Ant. Watteau. 6 p.

LES ELEMENTS, Ant. Watteau. 4 p. Arabesques. In-fol., en haut.

SUJETS DIVERS POUR METTRE SUR DES ECRANS, Ant. Watteau. 46 p. En deux suites.

LIVRE NOUVEAU DE DIFFERENTS TROPHEES, Ant. Watteau. 12 p. en haut.

FRISES ET ORNEMENTS ARABESQUES. 12 p. en haut.

LIVRES DE TROPHEES DE FLEURS CHINOISES, Peyrotte. 12 p. en haut.

PREMIER LIVRE DE DIFFERENTS MORCEAUX à l'ufage de tous ceux qui s'appliquent aux beaux-arts, inventé par G.-M. Oppenord, architecte du roy, & gravé par Huquier. En haut, à droite, la lettre A. 6 planches numérotées à gauche.

J'ignore le titre du deuxième livre.

TROISIEME LIVRE CONTENANT DES FRISES OU PANNEAUX EN LONGUEUR. 6 planches numérotées & portant la lettre C.

QUATRIEME LIVRE CONTENANT DES MONTANTS OU PILASTRES. 6 planches numérotées & portant la lettre D.

CINQUIEME LIVRE CONTENANT DES CARTOUCHES. 6 planches numérotées & portant la lettre E.

SIXIEME LIVRE CONTENANT DES FEUX OU GRILLES DE CHEMINEES. 6 planches numérotées & portant la lettre F.

SEPTIEME LIVRE. Je n'ai pas le titre, mais il repréfente des fontaines.

TROIS GRANDS CARTOUCHES POUR TITRES DE LIVRES OU FRONTISPICES, Gilles-Marie Oppenord.

LIVRES D'AUTELS ET TOMBEAUX, Gilles-Marie Oppenord. 6 p. en haut.

LIVRE DE TOMBEAUX, Gilles-Marie. 6 p. en haut.

DIVERS FRAGMENTS D'ARCHITECTURE, Gilles-Marie Oppenord. Quatre livres de 6 feuilles chacun.

LIVRE D'AUTELS, Gilles-Marie Oppenord. 8 p. en haut.

LIVRES DE DIFFERENTES PORTES, Gilles-Marie Oppenord. Cahier de 6 p. en haut.

LIVRE DE DIFFERENTS OBELISQUES, Gilles-Marie Oppenord. 6 p. en haut.

LIVRE DE DIFFERENTES DECORATIONS D'ARCHITECTURE ET APPARTEMENTS, Gilles-Marie Oppenord. 6 pièces.

DIFFERENTS DESSINS DE CONSOLES, CARTELS, TROPHEES, CHANDELIERS, LUTRINS, ETC., Gilles-Marie Oppenord. Trois livres de 6 feuilles chacun.

DECORATIONS D'APPARTEMENTS, Gilles-Marie Oppenord, Trois cahiers de 6 feuilles chacun.

DECORATIONS D'APPARTEMENTS, Gilles-Marie Oppenord. Suite de 6 p. en haut.

LIVRE DE DIVERS FRAGMENTS DE DECORATIONS POUR FONTAINES, Gilles-Marie Oppenord. 6 p.

LIVRE DE FRAGMENTS D'ARCHITECTURE, recueillis & deffinés à Rome d'après les plus beaux monuments, par G.-M. Oppenort, directeur général des bâtiments de S. A. R. Monfeigneur le duc d'Orléans, régent. A Paris, chez Huquier, rue Saint-Jacques, au coin de celle des Mathurins. A. P. D. R. Cet ouvrage fe compofe de quatorze fuites d'études compofées chacune de 12 planches. In-4.

LIVRE DE CARTOUCHES COMPOSES D'ATTRIBUTS DE GUERRE, J. de la Joue. 7 p. y compris le titre.

RECUEIL NOUVEAU DE DIFFERENTS CARTOUCHES, J. de la Joue. Trois livres contenant chacun 12 p. en haut.

LIVRES DE DIVERS GRIFFONNEMENTS ET ESQUISSES, J. de la Joue. 10 p. en haut.

CARTOUCHES CONTENANT DES MONUMENTS D'ARCHITECTURE, FONTAINES, ETC., J. de la Joue. 6 p.

PREMIER ET DEUXIEME LIVRES DE DIVERS MORCEAUX DE PAYSAGES, ARCHITECTURE, ETC., J. de la Joue. 24 p.

CARTOUCHES POUR ECRANS, J. de la Joue. 6 p. en haut.

167-184. — NOUVEAU TABLEAU D'ORNEMENTS ET DE ROCAILLES, J. de la Joue, 18 p. formant deux livres .

LIVRE DE VASES, J. de la Joue. 6 p. en haut.

LIVRE DE BUFFETS, J. de la Joue. 7 p.

PRINCIPES D'ORNEMENTS, TROPHEES, CULS-DE-LAMPES, ETC., Claude Gillot. Deux livres de 12 p. chacun.

DEUX LIVRES DE VASES, Edme Bouchardon. 12 p. en haut.

# STYLE LOUIS XVI.

### DELAFOSSE. — DE LA LONDE. — SALEMBIER.

Dans la biographie de Meiffonnier, j'ai eu à fignaler l'efprit de réfiftance que l'exagération du ftyle Louis XV fit naître parmi les artiftes français.

On peut fixer de 1745 à 1750 l'époque où commença cette réaction (1).

La découverte des antiquités d'Herculanum occupait alors tous les efprits & les difpofait à revenir à un goût plus fimple (2).

Déjà Servandoni dans fes décorations, & de Vailly, fon élève, dans fes deffins, avaient cherché à ramener les artiftes à des

---

(1) L'abbé Leblanc, dans fes *Lettres d'un Français*, publiées en 1745, s'élève très-vivement contre le mauvais goût de l'époque. Celle adreffée à M. de Caylus, fur l'architecture en Angleterre, fe termine par ces lignes :... « *Celui* (le goût) *d'aujourd'hui, Monfieur, eft fi dépravé que je ne penfe pas qu'il puiffe durer encore longtemps; & fi quelque chofe peut en accélérer la chute, c'eft l'attention & l'encouragement que vous donnez aux arts.* »

(2) La découverte d'Herculanum eut lieu en 1706, mais ce ne fut que vers 1750 que les travaux de déblaiement offrirent des réfultats capables d'émouvoir le public artifte.

formes plus pures. Les révolutions dans le goût font ordinairement longues à s'opérer quand elles ne font pas aidées par les circonftances, mais il n'en fut pas ainfi à cette époque.

La marquife de Pompadour, dont le goût pour les arts eft bien connu, avait obtenu pour fon frère Abel-François Poiffon, marquis de Vandières, la furvivance de M. de Tournehem, directeur général des bâtiments. Pour préparer ce jeune homme (1) à remplir ces fonctions importantes, elle lui fit faire de 1749 à 1751, un voyage en Italie avec trois artiftes de talent, Soufflot, Ch.-N. Cochin & l'abbé Leblanc, tous trois animés des idées de la nouvelle école; auffi, grâce à leur influence fur M. de Vandières, qui fuccéda en 1751 à M. de Tournehem, fous le titre de marquis de Marigny, le changement qui s'opérait infenfiblement dans le goût public reçut une impulfion très-rapide (2). L'architecture eut à cette époque un beau moment : Servandoni terminait Saint-Sulpice & fa charmante chapelle de la Vierge; Gabriel conftruifait l'école militaire, la falle de fpectacle de Verfailles & décorait la place Louis XV; Louis était chargé du théâtre de Bordeaux & Antoine commençait la Monnaie.

Depuis Louis XIV la France n'avait pas vu s'élever de monuments auffi remarquables & auffi complets fous tous les rapports; les proportions font belles, les formes font pures, & cependant il règne dans les détails une certaine liberté qui exclut la froideur. Malheureufement il y eut de l'exagération dans cette

---

(1) Né en 1727, M. de Vandières avait alors vingt ans.

(2) M. de Vandières appelait fes compagnons de voyage *fes yeux*; il nomma Soufflot directeur des Gobelins & le chargea de la conftruction de l'églife Sainte-Geneviève. L'abbé Leblanc fut nommé hiftoriographe des bâtiments du roi, & Cochin, chevalier de Saint-Michel & garde des deffins du cabinet du roi.

réforme : le goût de l'antique fe développa outre mefure ; MM. Le Roy, Boullée, Paris, Peyre le jeune, par leurs leçons, entraînèrent l'architecture dans une froide imitation des monuments antiques qu'on parvint à exagérer encore fous la République & l'Empire.

Les trois artiftes dont les noms font en tête de ce chapitre appartiennent à la belle époque du ftyle Louis XVI.

Je fuis obligé d'avouer que, malgré le peu d'années qui nous féparent de ces artiftes & malgré toutes mes recherches, je n'ai pu trouver que de bien vagues renfeignements fur leur vie.

Le nom de J.-C. Delafoffe fe trouve dans l'*Almanach des artiftes*, 1776, parmi les deffinateurs en différents genres. Il y eft défigné comme *adjoint à profeffeur*. Il habitait en 1777 la rue Neuve-Saint-Martin. Dans l'*Iconologie hiftorique* qu'il publia en 1771, il prend le titre d'architecte-décorateur & profeffeur en deffins. L'ouvrage que je viens de citer eft intéreffant, mais le titre en eft fingulièrement prétentieux.

Delafoffe, en voulant donner du caractère à fes compofitions, finit par tomber dans la pefanteur ; défaut affez commun à cette époque. On ne peut cependant lui refufer d'avoir montré fouvent beaucoup de verve dans fes motifs de décorations.

Ses deffins, que l'on rencontre affez communément, font tracés d'une main très-habile & très-hardie. — Le talent de de La Londe eft plus fin & plus fpirituel, il peut être regardé comme un type complet du ftyle Louis XVI fous le rapport de la décoration intérieure & de l'ameublement. Je ne crois pas qu'il fe foit occupé d'architecture, il ne prend, dans fon œuvre, que le titre de décorateur & deffinateur. De La Londe vivait encore au commencement de ce fiècle, car il exifte de lui quelques fuites d'orfèvreries empreintes de tout le mauvais goût de l'époque & qui indique bien clairement un talent en décadence.

Quant à Salembier, je n'ai jamais eu le bonheur de rencontrer fon œuvre complète. Je ne connais de cet artifte que quelques fuites de frifes très-gracieufes, mais qui ne peuvent fuffir pour apprécier fon talent. Il exifte de lui des pièces portant la date de 1809, dont la gravure imite le crayon ; elles paraiffent avoir été deftinées à fervir de modèles pour fes élèves. — J'ignore l'époque précife de la mort de Salembier.

---

# BIBLIOGRAPHIE.

## DELAFOSSE.

### *Deffins.*

Il exifte à la Bibliothèque du Louvre un recueil de 56 deffins originaux de Jean-Charles Delafoffe.

Voici le détail des pièces contenues dans ce beau volume.

1. — SALON.

2. — CHAMBRE A COUCHER.

3. — GRAND SALON.

4. — CHAMBRE A COUCHER.

5. — GRAND SALON.

6. — SALLE D'UN TRONE POUR UN SOUVERAIN.

7. — SALON MILITAIRE.

8. — SALLE D'ASSEMBLEE POUR UN ARSENAL.

9. — DEUX FRISES AVEC RINCEAUX.

10. — CHAMBRE A COUCHER.

11. — QUATRE GAINES sur une feuille.

12. — QUATRE GUERIDONS sur une feuille.

13. — CHAMBRE A COUCHER.

14. — DEUX CHEMINEES ET UN PLAFOND CIRCULAIRE sur la même feuille.

15. — LIT AVEC DIVERS ATTRIBUTS RELATIFS AUX ARTS.

16. — LIT AVEC ATTRIBUTS DE GUERRE.

17. — BAIGNOIRE AYANT L'APPARENCE D'UN LIT DE REPOS.

18. — BAIN DE SIEGE. — ECRAN.

19. — CANAPE.

20. — CANAPE.

21. — CONSOLE AVEC PENDULE.

22. — CARTEL.

23. — CARTEL.

24. — FEUX.

25. — FEUX.

26. — FEUX.

27. — FEUX. — Ils sont tous décorés d'attributs variés.

28. — CHAR DE MARS.

29. — CHAR DE VENUS ET DE VULCAIN.

30. — CHAR D'APOLLON.

31. — AUTRE CHAR. — Ces deffins ont dû être faits pour l'Opéra.

32. — TROPHEE.

33. — TROPHEE AVEC PENDULE.

34. — PORTE COCHERE.

35. — CHEMINEES. — Deux motifs fur la même feuille.

36. — TROPHEE DE GEOMETRIE.

37. — TROPHEE DE PYROTECHNIE.

38. — TROPHEE D'AGRICULTURE.

39. — TROPHEE DE JUSTICE. — Ces divers trophées font en hauteur.

40. — TROPHEE DE GUERRE.

41. — TROPHEE RELIGIEUX.

42. — TROPHEE D'ART.

43. — TROPHEE DE SCIENCES NATURELLES.

44. — TROPHEE D'ART. — Ces divers trophées font en largeur.

45. — TROPHEE AVEC PENDULE.

46. — TROPHEE DE POESIE; en hauteur.

47. — SIEGE ROYAL.

SIEGE PAPAL.

MAITRE-AUTEL.

MAITRE-AUTEL.

UN LUTRIN ET DEUX CHAIRES A PRECHER fur une même feuille.

TROIS CHAIRES A PRECHER.

BUFFET D'ORGUE.

BUFFET D'ORGUE.

MAITRE-AUTEL.

DEUX FONTS BAPTISMAUX.

MAITRE-AUTEL.

MAITRE-AUTEL.

Tous ces deffins font faits à la plume & lavés à l'encre de chine avec infiniment d'efprit & d'adreffe de main. Dans quelques uns il y a des indications de couleur pour les étoffes, les glaces, &c. La plus grande partie de ces deffins font fignés *J.-Ch. Delafoffe, archit.*

*Recueils.*

NOUVELLE ICONOLOGIE HISTORIQUE OU ATTRIBUTS HIEROGLYPHIQUES, qui ont pour objet les quatre éléments, les quatre faifons, les quatre parties du monde & les différentes complexions de l'homme.

Ces mêmes attributs peignent auffi les diverfes nations, leurs religions, les époques chronologiques de l'hiftoire, tant ancienne que moderne; les vertus, gloires, renommées, les divers genres de poéfies, les paffions, les différents gouvernements, les arts & les talents.

Ces hiéroglyphiques font compofés & arrangés de manière qu'ils peuvent fervir à toutes fortes de décorations, puifqu'on eft le maître de les appliquer également à des fontaines, frontifpices, pyramides, cartouches, deffus de portes, bordures, médaillons, trophées, vafes, frifes, lutrins, tombeaux, pendules, &c., dédiée aux artiftes par Jean-Charles Delafoffe, architecte, décorateur & profeffeur en deffins.

A Paris, chez Jacques-François Chereau fils, graveur & marchand d'eftampes, rue Saint-Jacques près les Mathurins. M.DCC.LXXI.

Pour la plus grande facilité des artiftes, on a joint une table indicative des différentes décorations contenues dans ce livre, & l'on en a de plus formé 18 cahiers de chaque genre qui fe vendent chacun féparément. — Avec approbation & privilége du roi.

TABLE INDICATIVE DES DIFFERENTES PARTIES DE L'ICONOLOGIE HISTORIQUE qui peuvent convenir à un même genre de décoration, dont on a formé 24 cahiers de 6 feuilles chacun, qui fe vendent féparément :

| | |
|---|---|
| 6 Cheminées, 27, 51, 54, 55, 59, 61. | A |
| 6 Bordures, 73, 74, 75, 77, 78, 79. | B |
| 6 autres Bordures en Médaillons, 13, 14, 15, 15$^B$, 64, 76. | C |
| 6 Portes, 40, 44, 47, 52, 57, 60. | D |
| 6 Trophées des arts, 92, 98, 99, 100, 106, 107. | E |
| 6 Vafes en hauteur, 36, 44, 45, 46, 49, 50. | F |
| 5 Vafes en travers, 1 Cartouche, 33, 35, 37, 38, 39, 82. | G |
| 6 Médaillons ronds, 101, 102, 103, 104, 105, 108 | H |
| 6 Cartels & Ecuffons, 68, 69, 70, 72, 83, 87. | J |
| 6 Confoles, 31, 32, 34, 41, 42, 48. | K |
| 6 Tables grecques & Pieds de biche, 28, 29, 30, 53, 56, 58. | L |
| 6 Fontaines, 1, 2, 3, 4, 5, 11. | M |
| 6 Tombeaux, 16, 18, 19, 62, 63. | N |
| 6 Monuments divers, 8, 9, 25, 26, 65, 66. | O |
| 6 Pendules, 71, 84, 85, 86, 89, 95. | P |
| 6 Piédeftaux & Socles, 6, 20, 21, 22, 23, 24. | Q |
| 4 Deffus de portes, 2 Pendules, 80, 81, 88, 90, 90$^B$, 91. | R |
| 2 Fontaines, 1 Monument, 1 Cartouche. ⎫<br>2 Trophées, 7, 10, 12, 67, 96, 97. ⎭ | S |
| 12 Frifes, 2 à la feuille. | T |
| 6 Tombeaux antiques. | U |
| 6 Vafes antiques | V |
| 12 Cartels, &c., 2 à la feuille. | X |
| 12 Gaînes & Trépieds, 2 à la feuille. | Y |
| 12 Tables & Confoles, 2 à la feuille. | Z |

Les lettres alphabétiques indiquent le genre de décoration dont eft compofé le cahier ; & les chiffres qui fe fuivent font ceux que portent les planches du cahier fuivant l'ordre qu'elles occupent dans le volume d'Iconologie.

A Paris, chés Jacques-François Chereau fils, graveur & marchand d'eftampes, rue Saint-Jacques, près les Mathurins. Avec privilége du roi.

11ᵉ VOLUME DE L'OEUVRE DE J.-CH. DELAFOSSE. — Table indicative des 24 différens cahiers de décorations, fcultures, orfévreries & ornemens divers qui complettent l'œuvre de J.-Ch. Delafoffe & font fuite à fon *Iconologie hiftorique*.

| | |
|---|---|
| 19ᵉ Cahier. — Frifes | T |
| 20ᵉ Cahier. — Tombeaux antiques | U |
| 21ᵉ Cahier. — Vafes antiques | V |
| 22ᵉ Cahier. — Cartels | X |
| 23ᵉ Cahier. — Gaînes & Trépieds | Y |
| 24ᵉ Cahier. — Tables & Confoles | Z |
| 25ᵉ Cahier. — Feux & Chenets | AA |
| 26ᵉ Cahier. — Bras de cheminées & Girandoles | BB |
| 27ᵉ Cahier. — Flambeaux de tables & Chandeliers | CC |
| 28ᵉ Cahier. — Calices, Ciboires & Buirettes | DD |
| 29ᵉ Cahier. — Lutrins & Soleils | EE |
| 30ᵉ Cahier. — Chandeliers d'églife, Pieds de Croix | FF |
| 31ᵉ Cahier. — Lampes, Encenfoirs, Caffolettes | GG |
| 32ᵉ Cahier. — Chaires à Précher & Orgues | HH |
| 33ᵉ Cahier. — Poëles, Piédeftaux, Frifes | II |
| 34ᵉ Cahier. — Pendules, Feux & Tables | KK |
| 35ᵉ Cahier. — Vafes & Tombeaux | LL |
| 36ᵉ Cahier. — Plafonds, Cheminées, Rofaces | MM |
| 37ᵉ Cahier. — Trophées, Eglifes | NN |
| 38ᵉ Cahier. — Trophées de guerre | OO |
| 39ᵉ Cahier. — Trophées militaires | PP |
| 40ᵉ Cahier. — Trophées de Paftorales | QQ |
| 41ᵉ Cahier. — Trophées de Chaffe & Pêche | RR |
| 42ᵉ Cahier. — Trophées d'Amour & de Mufique | SS |

Les lettres alphabétiques indiquent le genre de décoration dont eft compofé le cahier.

Nota. — La table indicative des 18 premiers cahiers, formés de l'Iconologie, fe trouve au 1ᵉʳ volume. A Paris, chez Chereau, graveur, rue des Mathurins, aux *Deux Piliers d'or*. A. P. D. R., in-folio.

ORDRES DES COLONNES par Delafoſſe.

On lit au bas de chaque planche : *Deſſiné par J.-Ch. Delafoſſe, architecte & profeſſeur de deſſin, gravé par J.-Bte Lucien à l'imitation du lavis*, par les foins de J.-F. Chereau. 20 planches grand in-fol.

# DE LALONDE.

OEuvres diverſes de Lalonde, décorateur & deſſinateur, contenant un grand nombre de deſſins pour la décoration intérieure des appartements, à l'uſage de la peinture & de la ſculpture, en ornements des meubles du plus nouveau goût, des pièces d'orfévrerie & de ferrurerie, &c., &c.

Ce recueil, utile aux artiſtes & aux perſonnes qui veulent décorer avec goût, eſt diviſé en deux parties & ſe vend à Paris, chez Chereau, rue des Mathurins-Saint-Jacques, avec privilége du roy.

1re partie contenant ...... cahiers de ſix feuilles chacun :

1er Cahier. — Bordures.
2e Cahier. — Bordures & Cadres.
1er Cahier. — Bordures avec leurs profils.
2e Cahier. — Bordures & Cadres.
3e Cahier. — Pieds de meubles.
4e Cahier. — Bordures avec leurs profils.
5e Cahier. — Tables & Conſoles.
6e Cahier. — Petites Bordures.
7e Cahier. — Portes, Corniches & Entablements avec leurs profils.
8e Cahier. — Girandoles, Candélabres & Luſtres.
9e Cahier. — Trophées, Soffites & Vaſes.
10e Cahier. — Chambranles de cheminées.
11e Cahier. — Deſſus de portes & Cartels.
12e Cahier. — Cheminées avec leurs trumeaux.
13e Cahier. — Plafonds de diverſes formes.
14e Cahier. — Roſettes de plafonds.
15e Cahier. — Modillons & Roſaces.

16ᵉ Cahier. — Feux, Cartels de pendules, Baromètre, &c.

17ᵉ Cahier. — Bordures & Corniches d'appartements avec un retour au plafond.

18ᵉ Cahier. — Corniches & Moulures pour meubles & autres ufages.

19ᵉ Cahier. — Ouvrages d'orfévrerie.

20ᵉ Cahier. — Ouvrages d'orfévrerie.

21ᵉ Cahier. — Bijouterie.

22ᵉ Cahier. — Fragments d'architecture.

23ᵉ Cahier. — Palaftres ou Deffus de ferrures avec Ornements en bronze.

24ᵉ Cahier, 2ᵉ de Serrureries (Heurtoirs).

25ᵉ Cahier, 3ᵉ de Serrureries enrichies. — Entrées de ferrures à l'ufage des portes & des meubles.

26ᵉ Cahier, 4ᵉ de Serrureries enrichies. — Anneaux de clefs enrichis pour meubles précieux.

Tous ces cahiers font bien de 6 planches ainfi que l'indique le titre.

Chaque planche eft marquée d'une lettre en haut & à droite & d'un chiffre en bas & à droite. In-fol.

## IIᵉ PARTIE. — *Meubles*.

1ᵉʳ Cahier de meubles & d'ébénifterie deffinées par de Lalonde.

2ᵉ  
3ᵉ } Secrétaires, Commodes, Chiffonnière, Encoignures, Coffre  
4ᵉ } à bijoux, Bibliothèque, Buffet, Table, Toilettes. — 24 planches.

*Livre d'ameublement.*

1ᵉʳ Cahier du livre d'Ameublements deffinés par de Lalonde.

2ᵉ  
3ᵉ  
4ᵉ } Lits à la duchefe, à la polonaife, Lits de repos à la turque,  
5ᵉ } Fauteuils avec fculpture, Fauteuils en cabriole-écran, Bergère  
6ᵉ } à la turque-paravents, Confidents-Fauteuil en gondoles-fopha-  
7ᵉ } ottomane, Billard, Tables de jeux. Chaque meuble eft repré-  
8ᵉ } fenté dans tous les détails, profils, &c., qui font donnés à part.  
9ᵉ

NOUVEAU CAHIER DE PIEDS DE TABLES, avec ornements & trophées, compofé & deffiné par Lalonde.

PREMIER CAHIER D'ORFEVRERIES, deffiné par de Lalonde & gravé par Fay : Soupière ; — Coupe à café ; — Ecuelle avec deux gobellets ; — Porte-huilier. — 4 planches numérotées en haut & à droite.

DEUXIEME CAHIER, OUVRAGE UTILE A L'ORFEVRERIE, deffiné par de Lalonde : Grande Lampe d'églife d'une forme nouvelle tenue par trois chérubins ; — Moutardier ; — Salière double, ornée d'un vafe ; — Petite Lampe d'églife accrochée par trois têtes de béliers ; — Grand Pot à l'eau, orné dans le goût arabefque ; — Huilier à deux carafons, orné d'une caffolette antique, pofé fur un focle orné de blafons fur les deux faces.

. . . . . . . . . . . . . . . . . . . . . . . . . . . . . . . . . . . . . .
. . . . . . . . . . . . . . . . . . . . . . . . . . . . . . . . . . . . . .

Je n'ai jamais rencontré les troifième, quatrième & cinquième cahiers.

SIXIEME CAHIER, OUVRAGE UTILE A L'ART DE L'ORFEVRERIE : Soupière portée par des confoles fur un focle uni & couronné d'une branche de rofe & fa foucoupe à anfe ; — Soupière en forme de vafe ornée d'une frife à rinceaux & couronnée par des branches de lière. Sur fon couvercle eft un oifeau qui a foin de fes petits ; — Soupière richement ornée en forme de vafe antique couronnée par un Dauphin ; — Soupière dont la forme tient du moderne avec fon plat & cuillère.

Grilles d'hôtels, de jardins, &c. — 4 planches portant les lettres A. B. C. D.

II CAHIER DE L'OEUVRE : Différentes grilles pour les châteaux, les chœurs & les chapelles de communion, compofé & deffiné par Lalonde en 1789. A Paris, chez Jacques Chereau, rue Saint-Jacques, près la fontaine Saint-Severin, aux *Deux Colonnes*, n° 257. — De Saint-Morieu *direxit* n° 1. — La grille du Palais marchand terminé d'après le deffin de M. Antoine. — Je ne connais malheureufement que cette planche qui eft du bon temps de l'artifte.

CAHIER DE BERLINES DE PARADE ET VIS-A-VIS, avec les détails de fculpture pour les voitures. 4 planches.

QUATRIEME CAHIER DE DILIGENCES ORNEES ET DE DETAILS ET DE SCULPTURE POUR LES VOITURES. — 4 planches.

CAHIER DE CHAISES A PORTEUR, CHAISES DE POSTE, CABRIOLETS ET GONDOLES ORNEES. — 5 planches.

## SALEMBIER.

CAHIER D'ARABESQUES compofées & gravées par Salembier. A Paris, chez Chereau. Avec privilége. — 6 planches numérotées en bas & à droite. In-fol.

CAHIER DE FRISES, compofées & gravées par Salembier. A Paris, chez Chereau, rue des Mathurins. Avec privilége du roy. — 10 planches numérotées en bas & à droite. In-folio.
Planches faifant partie du catalogue des deffins de différents genres, gravés par l'Inftruction élémentaire de l'Ecole royale gratuite de deffin.

351. — ETUDE DE FRISE.

352. — FORME DE VASE EN FEUILLE.

360. — ENROULEMENT DE FEUILLES.

361. — FLEURON A CULOT IRREGULIER.

362. — TIGETTE DE FLEURS.

395. — RINCEAU EN FEUILLES D'EAU.

396. — CONTRE PARTIE DU N° 362.

397. — CONTRE PARTIE DU N° 361.

434. — ENSEMBLE DU N° 409 REPRESENTANT UN VASE AVEC TROPHEE DE MUSIQUE, par Bachelier.

435. — ENSEMBLE DU N° 390 QUI REPRESENTE TROIS VASES, par Bachelier.

436. — ENSEMBLE DU N° 429 QUI REPRESENTE UNE FRISE A CANNELURES ET FEUILLES DE REFENDS.

437. ENSEMBLE DU N° 405 QUI REPRESENTE UN TREPIED, par Bachelier.

442. — ENSEMBLE DU N° 360 indiqué ci-deſſus.

1ᵉʳ CAHIER D'ORNEMENTS deſſinés par Salembier & gravés par Juillet en 1777. A Paris, chez le Père & Avauler, rue Saint-Jacques, à *la Ville de Rouen.* — 6 planches numérotées en haut & à droite. Obl.

Ce cahier fait probablement partie d'une ſuite qui eſt indiquée dans le catalogue des planches poſſédées par Baſan, ſous le titre ſuivant : *Salembier, ſuite de 10 cahiers d'ornements, friſes, vaſes, tombeaux, tables, chandeliers, guéridons, boîtes de pendules, feux, &c., gravées, d'après Le Maître, par Petitot & Juliette.* — 56 feuilles in-fol.

PRINCIPES D'ORNEMENTS : 6 cahiers de quatre planches chacun.

Pièces diverſes dont la gravure imite le crayon :

L'ORIGINE DU CHAPITEAU CORINTHIEN. Cette planche porte la date de 1807.

LA PLANTE D'ACANTHE ET SA FLEUR. Avec la date de 1809. — In-fol., en hauteur.

Suite dont je ne connais que deux planches datées & numérotées.

FEUILLE D'ACANTHE. Elle porte le n° 2 en haut & à droite.

FEUILLE DE CHARDON, avec le n° 3 ; toutes deux font datées de 1807.

RECUEIL D'ORNEMENTS pour l'architecture depuis ces fragments jufqu'aux châpiteaux deffinés & gravés par Salembier, profeffeur. Paris, Bance. — 10 cahiers de 4 planches. Petit in-fol.

# G.-P. CAUVET.

## 1731 † 1788.

Gilles-Paul Cauvet appartient à cette remarquable école de sculpture d'ornements qui floriffait en France à la fin du xviiiᵉ fiècle & qui difparut complètement pendant la Révolution. On peut le regarder comme un des types les plus complets de ce ftyle Louis XVI, fi pur & fi gracieux, auquel la mode nous ramène de nos jours. Né à Aix en Provence, le 17 avril 1731, il devait étudier la jurifprudence, mais fon goût pour les arts l'emporta fur les défirs de fa famille, & il fe livra à l'étude de la fculpture d'ornements (1). Son talent le fit diftinguer par Monfieur, frère du Roy, qui fe l'attacha comme fculpteur. Cauvet lui dédia un ouvrage ayant pour titre : *Recueil d'ornements à l'ufage des jeunes artiftes qui fe deftinent à la décoration des bâtiments,* dédié à Monfieur par G.-P. Cauvet, fculp-

---

(1) Voici comment il eft défigné dans l'*Almanach hiftorique* « M. Cauvet, fculpteur en ornements, nous a prouvé par les deux bas-reliefs expofés au falon, jufqu'à quel point on pouvait dans cette partie intéreffante de la fculpture, porter le goût, les grâces & la propreté. » *Almanach hiftorique & raifonné des architectes, peintres, fculpteurs, graveurs, cizeleurs, &c.* — Année 1776, page 145.

teur de S. A. R. A Paris, chez l'auteur, rue de Sèves, près celle du Bacq. M.DCC.LXXVII.

Les planches ont été gravées, d'après fes deffins, dans la manière du crayon, par Mademoifelle Liottier, fa belle-fille (1).

De toutes les œuvres exécutées par cet artifte, il ne refterait, fuivant Emerie David, que quatre tables dont le corps & les pieds font en acier argenté & rehauffé d'or, & le deffus en bois pétrifié. Elles furent exécutées pour la reine Marie-Antoinette, passèrent au mufée Napoléon, & doivent décorer maintenant les appartements du château de Saint-Cloud (2).

Les deffins que j'ai vus de Cauvet, font exécutés au crayon rouge avec beaucoup de facilité.

Il mourut, à Paris, le 15 novembre 1788, eftimé & honoré de tous les artiftes de fon temps. Il était adjoint à profeffeur. Il poffédait une collection affez confidérable de tableaux, fculptures, deffins, volumes, eftampes, dont la vente fe fit le mercredi 11 mars 1789.

(1) *Almanach hiftorique*, 1776, p. 145.
(2) Thiery, dans fon *Guide des Amateurs & des Etrangers voyageurs à Paris*, indique, en décrivant le Palais-Royal, une œuvre de Cauvet :
« L'ordre dorique règne dans toute l'étendue de la façade extérieure
« de ce palais fur la rue Saint-Honoré, & forme terraffe au-devant de
« la cour, dans laquelle on entre par trois portes d'une belle menui-
« ferie, enrichies de bronze & d'ornements qui font honneur au génie
« & aux talents de M. Cauvet, habile fculpteur. »

# BIBLIOGRAPHIE.

RECUEIL D'ORNEMENTS à l'ufage des jeunes artiftes qui fe deftinent à la décoration des bâtiments, dédié à Monfieur, par G.-P. Cauvet, fculpteur de S. A. R. A Paris, chez l'auteur, rue de Sève, près celle du Bacq. M.DCC.LXXVII.

On lit fur une table qui fait partie du frontifpice : *Recueil d'ornements, dédié à Monfieur, en l'année 1777, par G.-P. Cauvet, d'Aix en Provence, fculpteur de Son Alteffe royale.*

Je n'ai jamais trouvé ce volume compofé de plus de 96 planches fur 68 feuilles. Cependant, dans le catalogue du cabinet de M. Cauvet, il eft indiqué ainfi : 113 planches compofant un volume de 72 feuilles. Grand in-folio.

Planches faifant partie du catalogue de deffins de différents genres, gravés pour l'Inftruction élémentaire de l'Ecole royale gratuite de deffin. Paris, 1783. — 403. — Culot.

J'ai trouvé les planches fuivantes qui font évidemment les copies d'une fuite que je n'ai pas encore rencontrée :

VASES ANTIQUES N° 377. — *G.-P. Cauvet del. Joh.-George Hertel exc. A. V.* — 4 pièces in-fol.

# DESCRIPTION DES PLANCHES.

STYLE RENAISSANCE.

## PHILIBERT DE LORME. — Pl. 23.

Cette cheminée eſt deſtinée, par de Lorme, à une grande ſalle royale ; je laiſſerai l'auteur expliquer comment il la comprenait : « *En tous les pieds droiɛts & mãteau iuſques aux friſes & corniches de marbre : voire le quadre qui eſt derrière la figure ovale & le reſte de quelque belle pierre, ainſi qu'on voudra : ou bien de marbre blanc avecques ſculpture pour les belles figures & petits enfants, fruiɛts, feuillages & autres ornements que vous pouvez faire en ce beau compartiment que vous voyez ci-après : eſtant fait de telle ſorte qu'il vous eſt facile d'y trouver trois façons d'ornements de cheminées différentes les unes des autres pour les faire ſéparément quand vous vouldrez, & encore les faire plus riches, ou moins que ceſte ci comme d'eſtre, ou pierre du pays auquel vous ſerez pour ceux qui n'auront la commodité de le faire de marbre.* » Livre IX de l'architeɛture, feuillet 263, édition 1567.

## JACQUES ANDROUET. — DU CERCEAU.

Pl. 24. — *Cheminée.*

Cette cheminée offre dans ſa partie ſupérieure un bel exemple de ces cartouches avec enroulement & bandes à plat qui abondent dans l'ornementation de l'école de Fontainebleau. Les deux amours qui l'accompagnent font bien pofés; on regrette feulement le motif des deux jambages, qui n'eft pas heureux.

Pl. 31. — *Deffeings des galeries du château de Madrid.*

Il eft difficile de réunir, fur une feule planche, une plus grande variété de motifs d'ornements. Du Cerceau s'eft furpaffé dans la gravure de cette planche, qui fe trouve dans le premier volume des *Baftiments de France.*

Pl. 32. — *Panneaux & Cartouche.*

Ces délicieux motifs de panneaux & cadres font partie de la fuite dite des cartouches que, dans fes notes, Mariette dit avoir été copiées par Androuet à Fontainebleau, d'après les peintures exécutées par le Roffo, Primatice & leurs élèves.

Pl. 39. — *Détails d'ordres.*

En outre des motifs d'ornements pour moulures, frifes, que préfente cette planche, elle offre l'avantage de montrer quelques exemples des proportions ufitées au $XVI^e$ fiècle.

Pl. 41. — *Meubles.*

Ce cabinet appartient à la fuite des meubles; par la forme de fon couronnement il femble difpofé à recevoir des ftatuettes ou des verreries.

Pl. 40. — *Chapiteaux.*

Ces chapiteaux compofites fi variés dans leurs détails proviennent d'une fuite fort rare que j'ai fignalée dans la bibliographie.

Pl. 42. — *Caryatides, Gaines, Miroirs.*

Le cadre reftreint qui m'eft affigné m'oblige, pour varier les exemples, à compofer une planche de pièces prifes dans diverfes fuites. Le charmant miroir du milieu, qui forme un motif d'architecture fi complet, appartient à une des fuites les plus rares de Du Cerceau. Les deux gaînes qui font à gauche font partie des meubles, & les deux caryatides font tirées de la fuite des Termes.

Pl. 43. — *Tables.*

Le même fyftème a été employé dans cette planche & la fuivante : J'ai pu ainfi réunir trois tables de forme différente & toutes variées dans leur ornementation ; elles fe trouvent dans la fuite des meubles.

Pl. 44. — *Serrurerie.*

Les différents exemples d'entrées de ferrures, écuffons de clefs, verrous, heurtoirs, fuffifent amplement pour donner une idée de la richeffe déployée à cette époque dans la ferrurerie.

On remarquera la ratiffoire pour fervir de heurtoir. C'eft un détail des mœurs du temps. Dans les intérieurs, au lieu de heurter, on râclait ou ratiffait ; cet ufage dura jufqu'à la fin du xvii$^e$ fiècle : Il eft facile de comprendre en regardant les fatyres dont le dos eft dentelé, qu'en faifant gliffer l'anneau fur ces inégalités, on devait produire un bruit plus ou moins fort.

---

STYLE LOUIS XIII.

## A. BOSSE. — Pl. 18.

On a cherché à raffembler, dans cette planche, les éléments d'un intérieur du temps de Louis XIII : Le fol eft carrelé, les murs font tendus de tapifferies, les fenêtres font vitrées à lozanges, & leur menuiferie eft divifée en trois parties ; celle du bas eft la feule qui ouvre. Quant à l'ameublement, il eft fort fimple & les formes en font très-ufuelles.

## J. BARBET. — Pl. 13, 14.

Ces deux cheminées font conçues dans le même parti quoique les détails diffèrent. Dans le bas, une cheminée avec fronton ; au milieu du tympan, un riche motif de décoration. Au deffus & en retraite, un corps d'architecture montant dans toute la hauteur de la pièce, il fe termine par un fronton brifé qui laiffe l'efpace d'un cartouche avec écuffon ; à droite & à gauche, font deux ftatuettes un peu en retraite. Ces cheminées peuvent être regardées comme des types très-purs du ftyle Louis XIII. Celle qui fe trouve fur la planche 14 a peut-être été exécutée dans une maifon royale ; elle porte dans le cartouche du haut les armes de France & de Navarre. Toutes deux font partie du livre d'architecture d'autels & cheminée de l'invention & deffin de J. Barbet. — Paris, 1633.

## PIERRE COLLOT. — Pl. 15, 16.

La planche 15 donne deux motifs de cheminées qui diffèrent de celles de Barbet ; Pierre Collot a orné fon corps d'architecture de deux caryatides qui foutiennent l'entablement : auffi ces deux cheminées, quoique d'une ornementation fort fobre, ont-elles beaucoup de grandeur.

Dans la planche 16, le motif d'enfemble eft le même que celui des planches 13 & 14. En général, les détails de Pierre Collot fe rapprochent du goût flamand de l'époque.

Ces deux planches portent les n[os] 1 & 11 dans la fuite publiée par P. Collot, fous le titre de *Pièces d'architecture*.....

## PIERRE COLLOT. — Pl. 21.

Ces deux motifs de portes en bois font tout à fait dans le ftyle de celles exécutées à Fontainebleau à cette époque. Elles appartiennent au recueil de pièces d'architecture.....

---

## DIDIER TORNER. — MATHURIN JOUSSE. — POMPEUS. — Pl. 19.

Sur cette planche fe trouvent raffemblées : deux entrées de ferrure de Didier Tovner & Pompeus, un heurtoir & deux clefs de Mathurin Jouffe.

---

STYLE DE TRANSITION. — LOUIS XIII, LOUIS XIV.

## J. MAROT. — Pl. 17.

Deux motifs de plafond fur la même feuille. Le premier eft une moitié de plafond circulaire où fe trouve le chiffre de la reine Anne d'Autriche.

Le fecond fe compofe d'un quart de plafond dont le milieu eft octogone régulier, mais la pièce étant probablement de forme longue, Jean Marot a rattrapé la différence en imaginant aux extrémités des motifs de caiffons fort riches : celui du milieu porte les armes de France & de Navarre.

## J. MAROT. — Pl. 20.

Trois motifs de balcon en fer tirés du recueil de ferrurcrie de Jean Marot.

---

## J. MAROT. — Pl. 22.

Porte à 1 ventail, furmontée d'un cartouche, fupporté par des enfants; afin de lui donner plus de grandeur, J. Marot l'a entourée d'un double chambranle. Ce genre de porte était très-ufité; l'exemple que j'ai donné fe trouve avec le n° 11 dans la fuite d'ornements ou placarts pour l'enrichiffement des chambres & alcôves.....

## J. LEPAUTRE. — Pl. 45

Plafond très-riche d'ornementation, de forme longue avec les angles arrondis; au milieu, un motif ovale encadre une peinture. L'imagination de J. Lepautre eft tellement riche, que ces compofitions me paraiffent n'avoir jamais pu s'exécuter même à fon époque. Cette planche porte le n° 10 dans une fuite éditée, fans titre, chez P. Mariette.

L'alcôve qui fe trouve fur cette planche eft du même auteur. Elle indique bien l'arrangement des ruelles au xvii$^e$ fiècle : On voit qu'elle eft féparée de la chambre par une baluftrade, qu'elle eft éclairée par des fenêtres, & la porte entr'ouverte, à droite, dans l'éloignement, indique une iffue qui lui eft particulière. C'était donc, à proprement parler, une chambre dans une chambre.

Sur le titre de la fuite où fe trouve cette planche, on lit : *Se vendent chez Leblond, rue Saint-Jacques, à la Cloche d'argent, avec privilége du Roy. I. Le Potre, inv. & fec.*

## J. LEPAUTRE. — Pl. 46.

Miroir avec table & guéridons portant flambeaux; tous ces objets font étudiés dans le ftyle Louis XIV le plus riche; l'ornementation en eft un peu lourde. Quant à la gravure, elle n'eft pas de la bonne époque du maître.

Cette planche eft tirée du livre de miroirs, tables & guéridons.....

STYLE LOUIS XIV.

## P. LEPAUTRE. — Pl. 52.

Cette planche réunit les principaux éléments de la décoration d'un falon du commencement du xvIII$^e$ fiècle : porte à deux ventaux, fenêtre avec arrière-vouffure, cadre de glace & cheminée, tout y eft réuni avec le foin & l'intelligence qui caractérifent le talent de P. Lepautre. La fuite d'où cette planche eft extraite n'a pas de titre.

## P. LEPAUTRE. — Pl. 53, 54.

Ces tables ont été faites pour les appartements du roi, à Verfailles; elles étaient deftinées à recevoir les bijoux du cabinet des médailles. Il exifte peu d'exemples auffi remarquables de l'ornementation de cette époque. La fuite entière fe compofe de fix planches, parmi lefquelles le choix eft difficile.

Il eft probable que l'on retrouverait, au Louvre, quelques-unes des coupes ou aiguières indiquées par Lepautre.

## J. LE MOYNE. — Pl. 50, 51.

Ces plafonds font heureufement combinés comme décoration & devaient avoir un grand effet. Il y a des parties réfervées à la peinture dont on juge mal par la gravure. Tous deux appartiennent à la fuite des plafonds dédiés par Le Moyne au duc d'Orléans.

## BERAIN. — Pl. 47.

Cette cheminée & le panneau qui l'accompagne donnent bien l'idée du talent de Berain. Il y a beaucoup à redire dans l'étude des formes architecturales de la cheminée, mais il eſt impoſſible de ne pas admirer l'ornementation du panneau; rien ne peut être plus fin ni plus gracieux. Les deux planches ſont tirées de la ſuite de cheminées dédiées à Jules Hardouin-Manſard.

## BERAIN. — Pl. 48.

Grande compoſition de ces arabeſques qui firent la réputation de Jean Berain, on les appelait alors des Berinades. Cette planche porte la lettre C dans l'œuvre de Berain.

## J. BERAIN. — A. LOIR. — Pl. 49.

Cette planche contient un beau guéridon d'Alexis Loir & divers motifs de ferrurerie de Hugues Briſville. Ils ſont extraits du livre de deſſins de guéridons de A. Loir, & de la ferrurerie de Briſville, publiée en 1663.

## D. MAROT. — Pl. 1, 2, 3, 4, 5, 6, 7, 8, 9, 10, 11, 12.

Pl. 1 — Miroir ſurmonté d'un cartouche avec couronne ducale que deux génies ſupportent d'une main, tandis que de l'autre ils tiennent les trompettes de la Renommée; le motif ſe termine par une tête de femme qui donne naiſſance à des rinceaux portant bras de lumière. Au bas, une charmante friſe dans la manière de Berain.

On lit ſur la glace du miroir: *Nouveau livre d'ornements pour l'utilité des ſculpteurs & orfèvres*, inventé & gravé, à la Haye, par D. Marot, architecte de Guillaume III, roy d'Angleterre.....

Pl. 2. — Grande cheminée, telle qu'on les conſtruiſait dans la première moitié du règne de Louis XIV; elle paraît avoir été gravée d'après un deſſin de D. Marot, lorſqu'il était encore en France, car ſur la plaque on voit le chiffre du roi.

Cette planche eft tirée de la fuite dont voici le titre : *Novæchemiæ quales plurimum in ufu funt apud Hollandos.*

Pl. 3. — Plafond avec perfpective peinte. C'eft une des plus belles pièces du maître, elle eft tirée d'une fuite de plafonds portant la date de 1708.

Pl. 4. — Autre exemple de plafond, tiré de la même fuite. Je croirais qu'à l'exception de la roface, toute la décoration eft peinte.

Pl. 5. — Table avec miroir, miroir, torchères, fragment de table ; tous ces détails font du meilleur ftyle. Cette pièce eft prife dans la fuite dont la pl. n° 1 forme le titre.

Pl. 6. — Doffiers de lit en galons. Ce genre de décoration était très en vogue parmi les tapiffiers de l'époque. Cette planche eft tirée d'une fuite dont voici le titre : *Nouveau livre dà Partements, inventée & gravée par D. Marot.*

Pl. 7. — Grande cheminée : elle appartient à la même fuite que celle de la pl. 2.

Pl. 8. — Décoration d'arabefques peintes pour panneaux.

Pl. 9. — Deffus de porte propres à peindre. Ces deux planches appartiennent *au fecond livre d'ornements, inventé par D. Marot.*

Pl. 10. — Tables en marquetterie.

Pl. 11. — Les n°ˢ 1, 2, 3 font de beaux motifs de corniches intérieures, ils font cependant un peu lourds. Au bas de la planche fe trouve un profil de moulures pour cadres.

Ces deux planches font partie de la fuite des miroirs déjà mentionnée.

Pl. 12. — Trois différents motifs de balcons tirés du *Nouveau livre de ferrurerie, inventé & gravé par D. Marot.*

## D. MAROT. — Pl. 33, 34, 35, 36, 37, 38.

Les planches 33 & 34 repréfentent des panneaux en hauteur, fur lefquels Daniel Marot s'eft plu à tracer ces riches inventions d'arabefques où il fe montre fans rival.

Dans la planche 34, le champ qui sépare les deux panneaux eft enrichi de fupports avec vafes.

Les planches 35, 36, 37, 38, ont été compofées pour le roi Guillaume & portent les armes d'Angleterre; elles repréfentent les quatre éléments. Ces compofitions devaient être probablement exécutées en tapifferie.

## A. C. BOULLE.

Les planches 25, 26, 27, 28, 29, 30 ont été gravées par Boulle, & chaque objet porte fon explication fur la planche même.

STYLE DE TRANSITION. — LOUIS XIV, LOUIS XV.

## R. DE COTTE. — Pl. 61, 62.

Galerie de l'hôtel de Touloufe. Cette décoration eft une des plus remarquables qui aient jamais été créées; je ne m'étendrai pas davantage fur une œuvre dont il eft facile d'apprécier l'exécution, puifqu'elle exifte encore à l'hôtel de la Banque de France. J'appellerai feulement l'attention fur ces formes élégantes qui caractérifent le paffage du ftyle Louis XIV au ftyle Louis XV. Ces planches font tirées de l'architecture françaife publiée par Jean Mariette.

STYLE LOUIS XV.

## J.-A. MEISSONNIER. — Pl. 55, 56.

Ce projet de falon dont les formes font fi bizarres, fi heurtées, eft un type complet du ftyle qui fut à la mode vers le milieu du XVIII$^e$ fiècle.

Mais la gravure ne permet pas de fe faire une idée exacte d'une décoration dans laquelle les perfpectives peintes devaient jouer un grand rôle. Cette planche porte les nos 84-85 dans l'œuvre du maître.

## J.-A. MEISSONNIER. — Pl. 57.

Quel que foit l'opinion que l'on puiffe avoir fur le ftyle de cette époque, il eft impoffible de ne pas admirer la décoration ferme & riche, à la fois, de ce fragment de falon ; le deffus de porte eft en peinture afin de fe relier avec les tons brillants de la portière en étoffe ; l'arrangement des bras de lumière dans le cadre de glace & le cul de lampe, tout eft intelligemment combiné. Le projet de porte pour l'appartement de M^me de Befenval eft numéroté 91 dans l'œuvre de Meiffonier.

## J.-A. MEISSONNIER. — Pl. 58.

Ce trumeau de glace, quoique de forme contournée, offre cependant encore de beaux détails. Il porte le n° 92 de l'œuvre.

## FRANÇOIS DE CUVILIES. — Pl. 59, 60.

Panneaux d'arabefques pour décoration de falon ; il eft curieux de les comparer avec ceux de Berain pour fe rendre compte de la marche des arts au XVIII^e fiècle. Il ne faut pas juger du talent de Cuvilliés par les exemples qui font offerts ici. Ces deux planches portent les n°s 4-5 du livre de panneaux à divers ufages, inventés par François de Cuvilliés.....

## LE ROUX. — Pl. 63.

Ce chambranle de cheminée eft très-heureufement combiné : Le

Roux ufe fobrement du mélange du cuivre doré & du marbre. L'ornementation, quoique appartenant au nouveau ftyle. eft bien éloignée de la bizarrerie de Meiffonnier & de fon école.

## HUQUIER. — Pl. 64.

Tous ces détails de ferrurerie font du meilleur goût; ils font deffinés par Huquier, artifte de talent, mais qui jufqu'ici n'avait jamais été cité parmi les ornemaniftes français. Ils appartiennent aux livres B. E, K, de fon recueil de ferrurerie.

STYLE LOUIS XVI.

## DE LALONDE. — Pl. 65, 66, 67.

Trumeaux de glace, plafonds. Ces planches, dont la gravure laiffe à défirer, appartiennent au ftyle Louis XVI le plus pur; les moindres détails en font étudiés avec ce foin minutieux qui caractérife l'époque. Dans l'une des glaces, de Lalonde a fimulé une perfpective, ce motif était fort utile. Ces planches font partie des 12$^e$ & 13$^e$ cahiers de l'œuvre de de Lalonde.

## DE LALONDE. — Pl. 69.

Confole, entrée de ferrure, flacon, corbeille. Ces divers objets, qui font d'un goût très-fin, font bien apprécier le talent de de Lalonde. Ils appartiennent à plufieurs cahiers de l'œuvre.

## SALEMBIER. — Pl. 71, 72.

Les frifes fe peignaient dans les corniches des appartements trop peu élevés pour fupporter des ornements en fculpture ; elles étaient toujours dans des tons très-doux. Les exemples donnés ici font, je crois, les plus gracieux que l'on connaiffe. Les planches portent les nᵒˢ 4-5 du cahier de frifes compofées & gravées par Salembier.

## DELAFOSSE. — Pl. 70.

Trophées, cartels. Il eft intéreffant de voir le même ftyle interprété par des artiftes différents ; Delafoffe eft auffi large dans fes motifs de décoration que de Lalonde eft fin & délicat dans les moindres détails. Les pendules en cartel fe fufpendaient fur les murs & fur les glaces : elles furent très à la mode à cette époque. Cette planche porte le nᵒ 5 dans la fuite des *Nouvelles pendules en cartel.*

## G.-P. CAUVET. — Pl. 68.

Porte. Tous les motifs de cette compofition font des types de l'ornementation de l'époque.

# ADDITIONS ET CORRECTIONS :

Au moment où je corrigeais cette feuille j'ai reçu de M. Lalanne l'indication fuivante que je crois devoir reproduire ici.

Mss Dupuy (Bibliothèque impériale) nᵒ 852. — Comptes de Henri III de 1576 à 1578.

*Architectes & ingénieurs pour Sa Majefté.*

Baptifte Porcel de Cremone . . . . . . . . . . 500 liv.

308

Dominique Porcel . . . . . . . . . . . . 400 liv.
Jehan-Baptifte Pelloye . . . . . . . . . . . 1,200
Stephano d'Urbin. . . . . . . . . . . . . 800
Jacques Androuet, dit le Cerceau, architecte . . . . 200
Jacques Beffon, ingénieur . . . . . . . . . . 600
Baptifte Androuet, dit Cerceau, architecte . . . . . 400

Même manufcrit. — Comptes de 1609.

F° 150. Jacques Androuet, s<sup>r</sup> du Cerceau . . . . . . 1,200 liv.

Plufieurs ventes qui ont eu lieu pendant l'impreffion du texte de cet ouvrage, entre autres celle de la collection Vivenel, m'ont mis à même de modifier quelques parties de la Bibliographie.

Mais ce travail fera mieux placé à la fin de la deuxième partie dont la première livraifon eft en vente; je me contenterai de rectifier quelques omiffions :

Page 15. — *Allégories*. — Ces pièces font des reproductions des gravures exécutées en Italie, par Jofeph Porta, dit Salviati, & autres graveurs italiens : il faut ajouter 32 pièces aux 10 déjà mentionnées, ainfi qu'une fuite de 8 philofophes grecs.

Il a été omis une fuite de *logis domeftiques :* elle fe compofe de 15 pièces fans titre ni texte; rangées par ordre alphabétique depuis A jufqu'à F.

# EN VENTE CHEZ RAPILLY

## LIBRAIRE ET MARCHAND D'ESTAMPES

quai Malaquais, 5.

---

*Agincourt* (Seroux d'). Hiſtoire de l'art par les monuments, depuis ſa décadence au quatrième ſiècle juſqu'à ſon renouvellement au ſeizième. Paris, 1823. 6 vol in-fol., cart., enrichis de 325 pl. gravées ſous les yeux de l'auteur. Edition originale. . . . . . 300
— Recueil de fragments de ſculpture en terre cuite, par le même. Paris, 1814. In-4 avec 38 pl. . . . . . . . . . . 12

*Architektoniſches Skizzen-buch*, ou Recueil de maiſons de campagne, d'ornements de jardins, de balcons, &c., qui ſe trouvent à Berlin, à Potſdam & autres lieux. Cette publication périodique comprend aujourd'hui 48 cahiers de format in-4. Prix de chaque cahier, compoſé de 6 pl. . . . . . . . . . . . . . 4 fr. 50

*Baudicour* (Proſper de) Le Peintre-Graveur français continué, ou Catalogue raiſonné des eſtampes gravées par les peintres & les deſſinateurs de l'école françaiſe nés dans le dix-huitième ſiècle; ouvrage faiſant ſuite au Peintre-Graveur français de M. Robert Dumeſnil. Paris, 1859-61. 2 vol. in-8. Chaque vol. . . . . . . . 6

*Beaumont* (Adalbert de) & E. *Collinot*, Recueil de deſſins pour l'art & l'induſtrie. 126 pl. in-fol. en portefeuille. Prix . . . . 126
    Les planches en couleur ſe vendent ſéparément. . . . 2
    Les planches en noir. . . . . . . . . . . . 1 fr. 25

*Belle* (Clément). Collection de têtes gravées à la manière du crayon, d'après les calques pris ſur les freſques de Raphaël qui décorent les ſalles du Vatican, à Rome. 15 pl. imprimées ſur demi-jéſus. 10
    Chaque feuille iſolée. . . . . . . . . . . . 75 c.

*Berty* (Adolphe). Les grands architectes français de la Renaiſſance. Paris, 1860, in-8°, br. . . . . . . . . . . . 5

*Bouchet* (Jules) Compofitions antiques. Paris, 1851. In-4 obl. avec
17 pl. . . . . . . . . . . . . . . . . 12
— Le Laurentin maifon de campagne de Pline le conful, reftituée
d'après fa lettre à Gallus. Paris, 1852. In-4 avec 7 pl. . . 10

*Burty* (Ph.). Catalogue de lithographies. OEuvres complètes de Géricault, Charlet, H. Vernet, &c., &c., de la collection Parguez.
Paris, 1861. In-8 br. . . . . . . . . . . . . 2
Lifte des prix, errata & additions au même catalogue. . . 1

*Cariftie* (Augufte), architecte. Plan & coupe d'une partie du Forum
Romain & des monuments fur la voie facrée indiquant les fouilles
qui ont été faites dans cette partie de Rome depuis l'an 1809 jufqu'en 1819. Paris, 1821. Gr. in-fol. max. titre, notice indicative
& 7 planches . . . . . . . . . . . . . . . . 12

*Catalogue* du cabinet de M. le comte Rigal, par F. L. Regnault-Delalande. Paris, 1817. In-8 de 564 p. avec la table des prix. . 10

*Catalogue* raifonné de la rare et précieufe collection d'eftampes réunie
par les foins de M. F. Debois, rédigé par P. Defer. Paris 1843.
In-8 avec prix. . . . . . . . . . . . . . . 6

*Chavignerie* (Emile Bellier de la). Recherches hiftoriques, biographiques & littéraires fur le peintre Lantara. Paris, 1852. In-8, fig.
broché . . . . . . . . . . . . . . . . . 3
— Biographie & Catalogue de l'œuvre du graveur Miger. Paris, 1856.
In-8, fig., broché. . . . . . . . . . . . . . 5

*Chenavard* (Aimé). Nouveau Recueil de décorations intérieures, contenant des deffins de tapifferies, tapis, meubles, bronzes, vafes &
autres objets d'ameublement, la plupart exécutés dans les manufactures royales. Paris, 1837. In-fol. de 42 pl. . . . . . 20
— Album de l'ornemanifte. Recueil d'ornements dans tous les genres
& dans tous les ftyles, contenant des deffins de meubles; vafes,
vitraux, tapis, panneaux de devanture, & des motifs dans le ftyle
renaiffance, gothique, chinois, perfan & arabe. Paris, 1845. Infol., avec 72 pl. . . . . . . . . . . . . . . 40

*Chenevard* (A. M.). Voyage en Grèce & dans le Levant fait en 1843 &
1844. Lyon, imprimerie de L. Perrin, 1858. In-fol., cart., avec

79 pl. On y a joint une relation détaillée du voyage, formant un
petit vol. broché. . . . . . . . . . . . . . . 80

Chenavard (A. M.) Recueil des compofitions exécutées ou projetées fur
les deffins de A. M. Chenavard, architecte, profeffeur à l'école
impériale des beaux-arts à Lyon. Lyon, imprimerie de Louis Perrin,
1860. 2 parties en 1 vol. in-fol., 51 pl. . . . . . . . . 50
— Vues d'Italie, de Sicile & d'Iftrie. Lyon, imprimerie de Louis Perrin, 1861. In-4 obl., avec 15 pl. . . . . . . . . . . 15
— Compofitions hiftoriques, efquiffes grecques & romaines. Lyon,
Imprimerie de Louis Perrin, 1862. In-4 obl. cart. . . . 30
Chacune des planches, au nombre de 40, eft accompagnée d'une
feuille de texte extrait des hiftoriens.

Chennevières (Ph. de). Portraits inédits d'artiftes français, lithographies
& gravures, par Frédéric Legrip. — Ce recueil fera compofé de 10
livraifons in-fol., de chacune fix pl. & fix notices. 4 liv. font en
vente : prix de chacune. . . . . . . . . . . . . 10

Chennevières & Montaiglon. Archives de l'art français, recueil de docu-
ments inédits relatifs à l'hiftoire des arts en France.
— Abecedario de P. J. Mariette & autres notes inédites de cet ama-
teur fur les arts & les artiftes.
Paris, 1851-60. 12 vol. in-8, brochés . . . . . . . 96
Chaque férie formée de fix volumes fe vend féparément . 48

Cluyfenaar. Bâtiments des ftations & maifons de garde du chemin de fer
de Dendre & Waes. Bruxelles & Paris, 1862. In-4, cart. avec
33 pl. . . . . . . . . . . . . . . . . . . 30
— Maifons de campagne, châteaux, fermes, maifons de jardinier,
garde-chaffe & d'ouvriers, &c., exécutés en Belgique. Bruxelles &
Paris, 1862. In-4, cart. avec 50 pl. . . . . . . . . . 40

Contant (Clément). Parallèle des principaux théâtres modernes de l'Europe & des machines théâtrales françaifes, allemandes & anglaifes.
Texte par J. de Filippi. Paris, 1861. 2 parties en 1 vol. in-fol.,
134 pl. en 2 portefeuilles. . . . . . . . . . . . 150

Decloux & Doury. Collection des plus belles compofitions de Jean le
Pautre. Paris, s. d. In-fol, cart. 100 pl. . . . . . . . . 60

*Decloux & Doury.* Histoire archéologique, descriptive & graphique de la Sainte-Chapelle. Paris, 1857. In-fol., avec 25 pl., dont 20 en chromolithographie & 5 gravures sur acier représentant une vue extérieure, deux coupes & deux plans. . . . . . . . . . 70

*Dedaux.* Chambre de Marie de Médicis au palais du Luxembourg, ou Recueil d'arabesques, peintures & ornements qui la décorent. Paris, 1838. In-fol., avec 35 pl. . . . . . . . . . . . . 30

*Defer* (P.). Catalogue général des ventes publiques de tableaux & estampes, depuis 1737 jusqu'à nos jours, contenant :
   1° Les prix des plus beaux tableaux, dessins, miniatures, estampes, ouvrages à figures & livres sur les arts ;
   2° Des notes biographiques formant un Dictionnaire des peintres & des graveurs les plus célèbres de toutes les écoles.

   L'ouvrage qui comprendra vingt-quatre livraisons sera divisé en deux parties & formera huit volumes. Chaque partie se composera de douze livraisons.

   Prix de chaque livraison . . . . . . . . . . . 5

   *En vente :* 1<sup>re</sup> partie. — *Estampes.* — 1<sup>re</sup> livraison.
            2<sup>e</sup> partie. — *Tableaux.* — 1<sup>re</sup> livraison.

   Cet ouvrage contiendra 3,000 noms d'artistes peintres & graveurs, l'indication de 30,000 tableaux & estampes, & la mention de plus de 2,000 volumes relatifs aux arts du dessin.

*Didron.* Annales archéologiques. Paris, 1844-61. 22 vol. in-4 Fig. br.

*Donaldson's* Architectura numismatica; or, architectural medals of classic antiquity. London, 1859, gr. in-8, cart., one hundred lithographs and woodcuts . . . . . . . . . . . . . 30

*Drugulin's* Allgemeiner Portrait-Katalog. Leipzig, 1860. In-8 cart.   10
   Ce catalogue donne la description de 24,000 portraits de personnages célèbres.

*Dupaix* (Capit.) Antiquités mexicaines : relation des trois expéditions ordonnées en 1805, 06 & 07, pour la recherche des antiquités du pays, notamment celles de Milta & de Palenque, accompagnée des dessins de Castanéda ; suivi d'un parallèle de ces monuments avec ceux de l'Egypte, de l'Indostan & du reste de l'Ancien Monde, par

Alex. Lenoir; d'une differtation fur l'origine de l'ancienne population des deux Amériques & fur les diverfes antiquités de ce continent, par Warden, avec un difcours préliminaire par Ch. Farcy, & des notes par MM. Baradère, de S. Prieft & autres. Paris, 1834, 2 vol. in-fol. d.-rel. avec 162 pl. coloriées fous 167 numéros.   250

*Dupleffis* (Georges). Le Livre des peintres & des graveurs, par Michel de Marolles. Nouvelle édition. Paris, 1855. In-12 br. . . .   3

— Le département des eftampes à la Bibliothèque Impériale, fon origine & fes développements fucceffifs. Paris. 1860. Gr. In-8.   2
(Extrait de la *Gazette des Beaux-Arts*.)

— Hiftoire de la gravure en France. Ouvrage couronné par l'Inftitut de France (Académie des beaux-arts). Paris, 1861. In-8 de viii-408 p. . . . . . . . . . . . . . . . .   8
Papier vélin . . . . . . . . . . . . . .   15

— Effai de bibliographie contenant l'indication des ouvrages relatifs à l'hiftoire de la gravure & des graveurs. Paris, 1862. In-8 de 48 p. . . . . . . . . . . . . . . . .   2

*Duffieux, Soulié*, &c. Mémoires inédits fur la vie & les ouvrages des membres de l'Académie royale de peinture & de fculpture. Paris, 1854, 2 vol. in-8. . . . . . . . . . . . .   15

*Etruria Pittrice* (L'), ovvero ftoria della pittura tofcana dedotta dai fuoi monumenti che fi efibifcono in ftampa dal fecolo X fino al prefente. Firenze, 1791-95. 2 vol. in-fol., bas, ornés de 122 pl., plus un portrait de peintre en tête de chaque notice. . . .   150

*Ferret*. Rudiments du deffin, étude fpéciale des angles (figures d'après Michel-Ange & Raphaël). Paris, 1853. In-4 avec 46 pl. . .   10

*Feuchère* (Léon). L'Art induftriel, recueil de difpofitions & de décorations intérieures, comprenant des modèles pour toutes les induftries d'ameublement & de luxe. Paris, s. d. In-fol., 85 pl.   . 72

*Finden, Burnet*, &c. The National Gallery; a Serie of twenty-nine plates from the beft pictures in that celebrated collection. London, 1846, In-fol., fig., dem.-rel. . . . . . . . . . . .   60

*Förfter* (Erneft) Monuments d'architecture de fculpture & de peinture de l'Allemagne depuis l'établiffement du chriftianifme jufqu'aux temps modernes. Texte traduit de l'Allemand. Paris, 1859-60. In-4, br. Prix des 4 premiers volumes parus . . . . . . . 150

*Gaucherel* (Léon). Exemples de décoration appliqués à l'architecture & à la peinture depuis l'antiquité jufqu'à nos jours. Paris, 1857. In 4 cart. avec 121 pl. . . . . . . . . . . . . . . 60

*Gérard* (OEuvre du baron François). 1789-1836. Portraits hiftoriques en pied, tableaux d'hiftoire & de genre, efquiffes peintes, tableaux ébauchés. Compofitions deffinées, fac-fimile. Portraits à mi-corps & portraits en bufte. Paris, 1852-57. 3 vol. in-fol. cart., ornées de 241 pl. . . . . . . . . . . . . . . . 170

*Ghiberti* (Lorenzo). Porte principale du baptiftère de Florence, repréfentant des fujets de l'Ancien Teftament. Paris s. *d.*, 12 pl. gr. in-fol, y compris la feuille du texte fervant d'explication. . 15

*Gilles*. Antiquités du Bofphore cimmérien, confervées au mufée impérial de l'Ermitage. Ouvrage publié par ordre de S. M. l'Empereur. Saint-Pétersbourg, 1854, 3 vol. in-fol. cart. ornés de 97 pl. plufieurs coloriées. . . . . . . . . . . . . . 400
Ouvrage d'un grand luxe.

*Girodet*. L'Enéide & les Géorgiques, fuite de compofitions deffinées au trait par Girodet, lithographiées par fes élèves. Paris, *s. d.* Gr. in-fol., dem.-rel., 84 pl., plus le portrait de Girodet. La table des planches fe trouve imprimée au verfo du titre . . . . . 30
En portefeuille . . . . . . . . . . . . . 24

*Gourlier, Biet, Grillon,* & *Tardieu*. Choix d'édifices publics projetés & conftruits en France depuis le commencement du dix-neuvième fiècle. Paris, 1825-1850. 3 vol. in-fol. ornés de 388 pl.

*Gruner* (Louis). Lo Scaffale di Bernardino Luini in Santa Maria delle Grazie at Milan. London, 1859-60. In-fol. cart., avec 31 pl. en partie coloriées . . . . . . . . . . . . . . 75
— Les Bas-Reliefs de la cathédrale d'Orvieto, gravés fur les deffins de Vincenzo Pontani, par D. Afcani, B. Bartoccini & L. Gruner. Leipzig, 1858. In-fol. oblong, avec 80 pl. . . . . . 125

*Lebas* & *Debret*. OEuvres de Jacques Barozzio di Vignole. Paris 1815. In-fol., 84 pl. publiées en 14 livraifons. . . . . . . 30

*Le Blanc.* Catalogue de l'œuvre de J. G. Wille graveur. Leipzig, 1847, In-8, br. . . . . . . . . . . . . . . . . 5
— Catalogue de l'œuvre de Robert Strange, graveur. Leipzig, 1848. In-8 br. . . . . . . . . . . . . . . . . 3

*Ledoux*, architecte de Louis XVI, auteur des *Barrières de Paris*. L'Architecture considérée sous le rapport de l'art. Paris, 1847. 2 vol. in-fol. cart., ornés de 300 pl. . . . . . . . . . 120

*Leroy* (A.) Collection des dessins originaux de grands maîtres, gravés en fac-simile par Alphonse Leroy, avec texte explicatif par MM. Reiset & Villot, conservateurs du musée impérial du Louvre. 32 dessins de Pérugin, Raphaël, J. Romain, fra Bartolomeo, Michel-Ange, Mantegna, Leonard de Vinci, Luini, André del Sarte, Corrége, Titien, P. Véronèse, Pouffin, C. Lorrain, Rubens, Rembrandt. Paris, 1860. In-fol. max., 30 pl. & texte dans un portefeuille. 90

*Les principaux* tableaux du musée royal à La Haye. 1826, 4 parties, en un vol. in-8° cart. avec 100 pl. gravées au trait. . . . . 15

*Levy & Capronnier.* Histoire de la peinture sur verre en Europe & particulièrement en Belgique. Bruxelles, 1860. In-4, avec 37 planches coloriées. . . . . . . . . . . . . . . . 135

*Luynes* (Le duc de). Recherches sur les monuments & l'histoire des Normands & de la maison de Souabe dans l'Italie méridionale, le texte par Huillard-Bréholles, dessins par Baltard. Paris 1844. In-fol., dem.-rel., avec 35 pl. . . . . . . . . . . . . . . 120
— Choix de dessins de Raphaël qui font partie de la collection Wicar, à Lille, reproduits en fac-simile par MM. Wacquez & Leroy, gravés par les soins de M. H. d'Albert, duc de Luynes, membre de l'Institut. Paris, 1858. Grand in-fol., 20 pl. avec texte . . . . 60

*Meaume* (Ed.) Recherches sur la vie & les ouvrages de Jacques Callot. Suite au Peintre-Graveur français de M. Robert Dumesnil. Nancy, 1860. 2 vol. in-8, brochés. . . . . . . . . . . 15

*Michel-Ange.* A Series of fac-similes of original Drawings, by M. Angelo Buonarotti, selected from the matchless collection formed by sir Thomas Lawrence. London, 1853. In-fol. d.-rel. avec 31 pl. 50

*Midart*, fac-simile des œuvres de Jean Bérain, dessinateur ordinaire de Louis XIV. Paris, vers 1859. In-fol. 70 pl. en portefeuille. . 70

*Muller* (Emile) Habitations ouvrières & agricoles, cités, bains, lavoirs, &c. Paris, 1855-56. Grand in-8 de texte avec atlas. In-fol. de 45 pl. . . . . . . . . . . . . . . . . . . . . 40

*Orengo* (Guſtave). Types de l'armée françaiſe, & de ſes cantinières, deſſins de Lalaiſſe & lithographies de Adam, Sorrieu, Blondeau & Fortuné. Paris, 1860. 29 planches coloriées, formant un album de 43 centimètres de haut ſur 32 de large, richement relié à l'anglaiſe avec incruſtations en or, feuilles montées ſur onglet, doré ſur tranches. . . . . . . . . . . . . . . . . 40

*Paſſavant* (J. D.) Galerie Leuchtenberg, gravée à l'eau-forte par Muxel. Francfort-ſur-le-Mein, 1851. In-4, dem.-rel. avec 262 pl. (en allemand). . . . . . . . . . . . . . . . . 55
— Raphaël d'Urbin & ſon père Giovanni Santi. Paris, 1860. 2 vol. in-8, br. . . . . . . . . . . . . . . . . 20
— Le Peintre-Graveur, contenant l'hiſtoire de la gravure ſur bois, ſur métal & au burin juſque vers la fin du ſeizième ſiècle; l'hiſtoire des nielles, avec complément de la partie deſcriptive de l'Eſſai ſur les nielles de Ducheſne aîné, & un catalogue ſupplémentaire aux eſtampes des quinzième & ſeizième ſiècles du Peintre-Graveur de Adam Bartſch. Leipzig, 1860. 6 vol. in-8, br. Trois vol. ſont en vente. Prix de chacun . . . . . . . . . . . . . 12

*Pfnor* (Rodolphe). Monographie du château de Heidelberg, deſſinée & gravée par R. Pfnor, accompagnée d'un texte hiſtorique & deſcriptif par Daniel Ramée. Paris, 1859. In-fol., avec 24 pl. . 50
— Monographie du château de Fontainebleau, deſſinée & gravée par Rodolphe Pfnor, accompagnée d'un texte hiſtorique & deſcriptif par Champollion-Figeac. L'ouvrage ſe compoſera de 75 liv. in-folio contenant chacune 2 pl. gravées. 71 liv. ſont en vente. Prix de chacune. . . . . . . . . . . . . . . . . 4

Plans des hôpitaux & hoſpices civils de la ville de Paris, levés par ordre du Conſeil général d'Adminiſtration de ces établiſſements. Paris, 1820, in-4, dem.-rel., de 29 pl. . . . . . . . . . 24

*Pugin's* (Auguſtus) Specimens of Gothic architecture; ſelected from various ancient edifices in England. London, 1821-1822. 2 vol. in-4 ornés de 114 pl. . . . . . . . . . . . . . . 50

317

*Pugin's* (Auguftus) Specimens of the architectural antiquities of Normandy. London, 1827. In-4, dem.-rel., avec 80 pl. . . . 50
— Examples of Gothic architecture; felected from various ancient edifices in England; accompanied by hiftorical and defcriptive accounts, by E. J. Willfon. London, 1838-40. 3 vol. in-4 cart., ornés de 224 pl. . . . . . . . . . . . . . . 100
— Ornamental timber gables. From exifting examples in England and France, of the 16th century. London, 1839. In-4, dem.-rel., avec 30 pl. . . . . . . . . . . . . . . . . 25

*Pugin's* (A. W.) Gothic furniture of the 15th century. London, 1835. In-4 cart., 25 pl. . . . . . . . . . . . . . 15
— Defigns for gold and filver ornaments, in the ftyle of the 15th and 16th centuries. London, 1836. In-4 cart., 28 pl. . . . . . 15
— Defigns for iron and Brass Work, in the ftyle of the 15th and 16th centuries, London. 1836. In-4 cart., 27 pl. . . . . . 15
— Details of ancient timber houfes of the 15th and 16th centuries, felected from thofe exifting at Rouen. Caen, Beauvais, Gifors, Abbeville, Strasbourg, &c. London, 1836. In-4 cart., 22 pl. . 15
— Floriated ornament : a feries of thirty-one defigns. London, 1849. In-4, dem.-rel. . . . . . . . . . . . . . . 50

— Gloffary of ecclefiaftical ornament. London, 1846. In-4, dem.-rel. avec 74 pl. coloriées. . . . . . . . . . . 130

*Raphaël.* A Series of fac fimiles of original drawings, by Raffaelle da Urbino, felected from the matchless collection formed by fir Thomas Lawrence. London, 1841, in-fol. dem.-rel. avec 31 pl. 50

*Robert-Dumefnil.* Le Peintre-Graveur français, ou Catalogue raifonné des eftampes gravées par les peintres & deffinateurs de l'école françaife. Paris, 1835-50. 8 vol. in-8. . . . . . . . 64

*Renouvier* (Jules). Hiftoire de l'origine & des progrès de la gravure dans les Pays-Bas & en Allemagne jufqu'à la fin du quinzième fiècle; mémoire couronné par l'Académie royale de Belgique, le 23 feptembre 1859. Bruxelles 1860. In-8 de 319 pages avec une planche de monogrammes . . . . . . . . . . . . 10
  Extrait du tome X des Mémoires couronnés & autres Mémoires publiés par l'Académie. Collection in-8.

Le chapitre fur les graveurs allemands, p. 194 à 263, ne fe trouve que dans ce volume, tiré à part à deux cents exemplaires.

Reifet (F.). Defcription abrégée des deffins de diverfes écoles appartenant à M. Frédéric Reifet. Paris, 1850. Br., in-8°, de 120 p.    2 50
— Etudes fur Niccolò dell' Abbate, Paris, 1859. Gr. in-8° de 32 pages avec 3 gravures . . . . . . . . . . . . 3
(Extrait de la Gazette des Beaux-Arts.)
— Un bronze de Michel-Ange. Paris, 1853. In-12, de 60 pages . 1

Salvage. Anatomie du Gladiateur combattant. 22 pl. in-folio (fans texte), imprimées en couleur & réunies dans un portefeuille. . . 20

Viollet-le-Duc. Entretiens fur l'architecture. Ce cours, dont la publication eft commencée, fe compofera de deux vol. grand in-8 de texte, illuftrés de gravures & de vignettes fur bois, accompagnés d'un bel atlas in-4 d'environ 40 planches gravées fur acier. Prix du premier vol. avec atlas de 18 planches . . . . . . . 40
Le fecond volume paraîtra par entretiens, dont le prix fera fixé lors de la mife en vente.

Weber (Hermann) Catalogue raifonné d'une belle & nombreufe collection de portraits gravés par & d'après Antoine Van-Dyck. Bonn, 1852, in-8 br. . . . . . . . . . . . . . . 2

Weigel's Handzeichnungen berühmter Meifter, &c. — Fac-fimile de deffins originaux de la collection Weigel. Leipzig, 1854-61. 12 liv. in-fol. max. avec 36 planches. . . . . . . . . . 180

Willemin. Monuments français inédits, pour fervir à l'hiftoire des arts depuis le fixième fiècle jufqu'au commencement du dix-feptième, avec texte par André Pottier. Paris, 1839. 2 vol. in-fol. divifés en 52 livraifons, avec 302 planches en partie coloriées.

# CATALOGUES

DES

PRINCIPALES VENTES

DE TABLEAUX, DESSINS, BRONZES ET ESTAMPES

*faites de 1785 à 1824 par Regnault-Delalande.*

1785    Catalogue d'une belle collection de tableaux, esquisses, dessins, pastels, gouaches, marbres, bronzes & autres objets de curiosité, provenant du cabinet de M. *Nourri*. 24 février. Avec prix . . . . . . . . . . . . . . . . . 5 fr.

1798    Catalogue raisonné d'un choix très-précieux d'estampes du cabinet du c<sup>en</sup>... *A*... (*Borduge*). 3 février. Avec prix. 3 fr.

1798    Catalogue raisonné d'un choix précieux de dessins & d'une nombreuse & riche collection d'estampes, livres à figures, tableaux, & autres objets, qui composaient le cabinet de feu *Pierre-François Basan* père. 1<sup>er</sup> décembre. Avec prix. 4 fr.

1801    Catalogue raisonné d'une précieuse collection d'estampes, du cabinet de feu *Charles de Valois*. 14 novembre. Avec prix. 4 fr.

1803    Catalogue d'une nombreuse collection d'estampes & de dessins de grands maîtres, après le décès de M<sup>me</sup> *Alibert*. 25 avril. Avec prix. . . . . . . . . . . . . . . 4 fr.

1805    Catalogue raisonné du cabinet de feu M. *Léoffroy de Saint-Yves*. 2 mai. Avec la table des prix . . . . . . . . 4 fr.

1808    Catalogue de tableaux, dessins, estampes, recueils, livres à figures, planches gravées, & divers objets de curiosité, qui composaient le cabinet de M. *Augustin de Saint-Aubin*, graveur. 4 avril. Avec prix. . . . . . . . . . 4 fr.

1809 Catalogue de tableaux, miniatures, gouaches, deffins, eftampes, livres à figures, bronzes, & autres objets de curiofité, qui compofaient le cabinet de feu M. *Belle*, peintre. 18 janvier. . . . . . . . . . . . . . . . . 2 fr.

1810 Catalogue raifonné d'eftampes, quelques recueils, livres à figures & fur les arts, tableaux & deffins, du cabinet de M. *Prevoft*, deffinateur & graveur. 8 janvier. Avec la table des prix . . . . . . . . . . . . . . . . 3 fr.

— Catalogue de tableaux, deffins, ftatues en bronze, vafes & coupes en albâtre, &c., après le décès de M. *Moitte*, ftatuaire. 7 juin . . . . . . . . . . . . . . . . . 1 fr.

1811 Catalogue raifonné d'objets d'arts du cabinet de feu M. *de Silveftre*. 28 février. XVI & 555 pages avec la table des prix . . . . . . . . . . . . . . . . 6 fr.

1812 Catalogue d'une collection précieufe d'eftampes de célèbres graveurs modernes, qui compofaient le cabinet de M. \*\*\* (Pillot, banquier). 5 mai. Avec prix. . . . . . 2 fr.

— Catalogue d'une collection précieufe d'eftampes de célèbres graveurs modernes, qui compofaient le cabinet M. J. L. (*Lizier.*) 9 juin . . . . . . . . . . . . . . 2 fr.

1814 Catalogue raifonné de gouaches & de deffins, du cabinet de M. *Bruun Neergaard*. 30 août. Avec la table des prix. . 2 fr.

1820 Catalogue d'une collection nombreufe d'eftampes anciennes & modernes, livres à figures, livres fur les arts, tableaux & deffins provenant du cabinet de M. le comte V..... P..... (*Vincent Potoski*). 9 février. Avec la table des prix. . . 3 fr.

— Catalogue de la précieufe collection d'eftampes, des tableaux, deffins, marbres, & autres objets curieux qui compofaient le cabinet de feu M. *Etienne Pallière*, peintre. 20 mars. Avec la table des prix . . . . . . . . . . . . . . . 3 fr.

1822 Catalogue raifonné des eftampes qui compofaient le cabinet de M. *Roffi* de Marfeille. 16 avril. Avec la table des prix . 3 fr.

— Catalogue d'un choix précieux d'eftampes de célèbres graveurs anciens & modernes, recueils, livres fur les arts, planches gravées & deffins, après le décès de M. *le ch<sup>er</sup> Bervic*, graveur. Avec la table des prix . . . . . . . . . . . 2 fr.

1823 Catalogue d'eftampes anciennes & modernes, vignettes, planches gravées, après le décès de M. *Jac.-P. Guiot*, graveur. 1<sup>er</sup> juillet . . . . . . . . . . . . 1 fr.

— Catalogue d'eftampes de graveurs célèbres, & d'objets curieux, qui compofaient le cabinet de feu M. *Defpereux*. 12 août. Avec prix. . . . . . . . . . . . . . . 1 fr.

— Notice de bonnes eftampes de l'école moderne provenant de M. M. 15 décembre. . . . . . . . . . . . 1 fr.

— Catalogue d'un choix de tableaux, de gouaches & de deffins d'habiles artiftes des écoles modernes d'Angleterre, de Suiffe & de France; du cabinet de M. *J.-F. d'Ofterwald*. 22 décembre . . . . . . . . . . . . . . 1 fr.

1824 Catalogue d'un choix précieux de tableaux & de deffins d'habiles maîtres de l'école moderne, & de bonnes eftampes anciennes & modernes d'Italie, d'Angleterre, de France, &c., du cabinet de M. D... 3 février. . . . . . . . . . 1 fr.

— Catalogue de tableaux, deffins, livres à figures, médailles, &c., qui compofaient le cabinet de feu M. *Gounod*, peintre. 23 février . . . . . . . . . . . . . . . 1 fr.

— Catalogue de bonnes eftampes en feuilles & en volumes, planches gravées, & quelques deffins, provenant de M. *** (Grabit, de Lyon). 7 avril. . . . . . . . . 1 fr.

1825 Catalogue de deffins, gouaches & aquarelles, des grands maîtres des trois écoles, encadrées & en feuilles; compofant le cabinet de feu M. *Regnault-Delalande*, peintre & graveur. 28 février . . . . . . . . . . . . . . . 1 fr.

# ESTAMPES.

L'Immaculée Conception de la Vierge, d'après Murillo, gravure en taille-douce par L. Maffard :
 Avec la lettre, papier blanc . . . . . . . . . . . 9
 —  — chine . . . . . . . . . . 12

Vierge aux Anges, d'après Rubens, gravure en taille-douce par L. Maffard :
 Avec la lettre, papier blanc . . . . . . . . . . . 5
 —  — chine . . . . . . . . . . 6
 Avant la lettre, papier blanc . . . . . . . . . . . 10
 —  — chine . . . . . . . . . . 12
 —  Epreuve d'artifte . . . . . . . . 24

Le Riche & le Pauvre, fujet compofé par V. Orfel & gravé par Danguin :
 Avec la lettre. — Epreuve fur blanc . . . . . . . 8
 —  — chine . . . . . . 10
 Lettre grife. — Epreuve fur chine . . . . . . . . 16
 Avant la lettre. — Epreuve fur chine . . . . . . . 20
 —  d'artifte . . . . . . . . 30
 —  de remarque . . . . . . . . 40

## ESTAMPES

## GRAVÉES PAR JACQUES BOUILLIARD.

Moïfe enfant, foulant aux pieds la couronne de Pharaon; grande pièce en largeur, d'après Nicolas Pouffin . . . . . . . . . 3

Polyphile préfenté à Eleuthérilide, fujet tiré d'un roman allégorique de Franç. Colonna; grande pièce en largeur, d'après Euftache Le Sueur . . . . . . . . . . . . . . . . . . . 3

Le portrait de Pie VII, vu à mi-corps, repréfenté dans une bordure ovale en hauteur, d'après V. Auger . . . . . . . . . 2

Le portrait de Napoléon, vu à mi-corps, repréfenté en manteau impérial dans une bordure ovale en hauteur. . . . . . . . 2

Le portrait de Marie-Joféphine-Louife de Savoie, comteffe de Provence, femme de Louis XVIII, roi de France, née le 2 feptembre 1753 & décédée le 13 novembre 1810, vue à mi-corps, repréfentée dans une bordure ovale en hauteur . . . . . . . . . . 2

Le portrait de Elifabeth-Philippine-Marie-Hélène de France, fœur du roi Louis XVI, née à Verfailles le 3 mai 1764 & morte à Paris le 10 mai 1794, vue à mi-corps, repréfentée dans une bordure ovale en hauteur . . . . . . . . . . . . . 2

Le portrait de François Bartolozzi, graveur, né à Florence le 25 feptembre 1728, repréfenté dans une bordure ovale en hauteur, d'après P. Violet. . . . . . . . . . . . . . 2

## DU MEME AUTEUR:

*Recueil d'eſtampes relatives à l'ornementation des appartements aux XVI<sup>e</sup>, XVII<sup>e</sup> & XVIII<sup>e</sup> ſiècles*, publiées ſous la direction & avec un texte explicatif par M. H. *Deſtailleur*, architecte du Gouvernement, gravées en fac-ſimilé par MM. *Pfnor, Carreſſe & Rieſter* d'après les compoſitions d'*Androuet du Cerceau, Lepautre, Bérain, Daniel Marot, Meiſſonnier, Lalonde, Salembier*, &c., tome premier compoſé de 72 planches in-folio avec texte imprimé par Louis Perrin; contenu dans un portefeuille, prix . . . . . . . . . . . . . . . . . . . . . . . . . . . 75 fr.

Le ſecond volume en cours d'exécution ſe compoſera comme le premier de 72 planches & ſera diviſé en 12 livraiſons de ſix planches chacune, le prix de la livraiſon eſt de . . 6 fr.

*Les deux premières ſont en vente.*

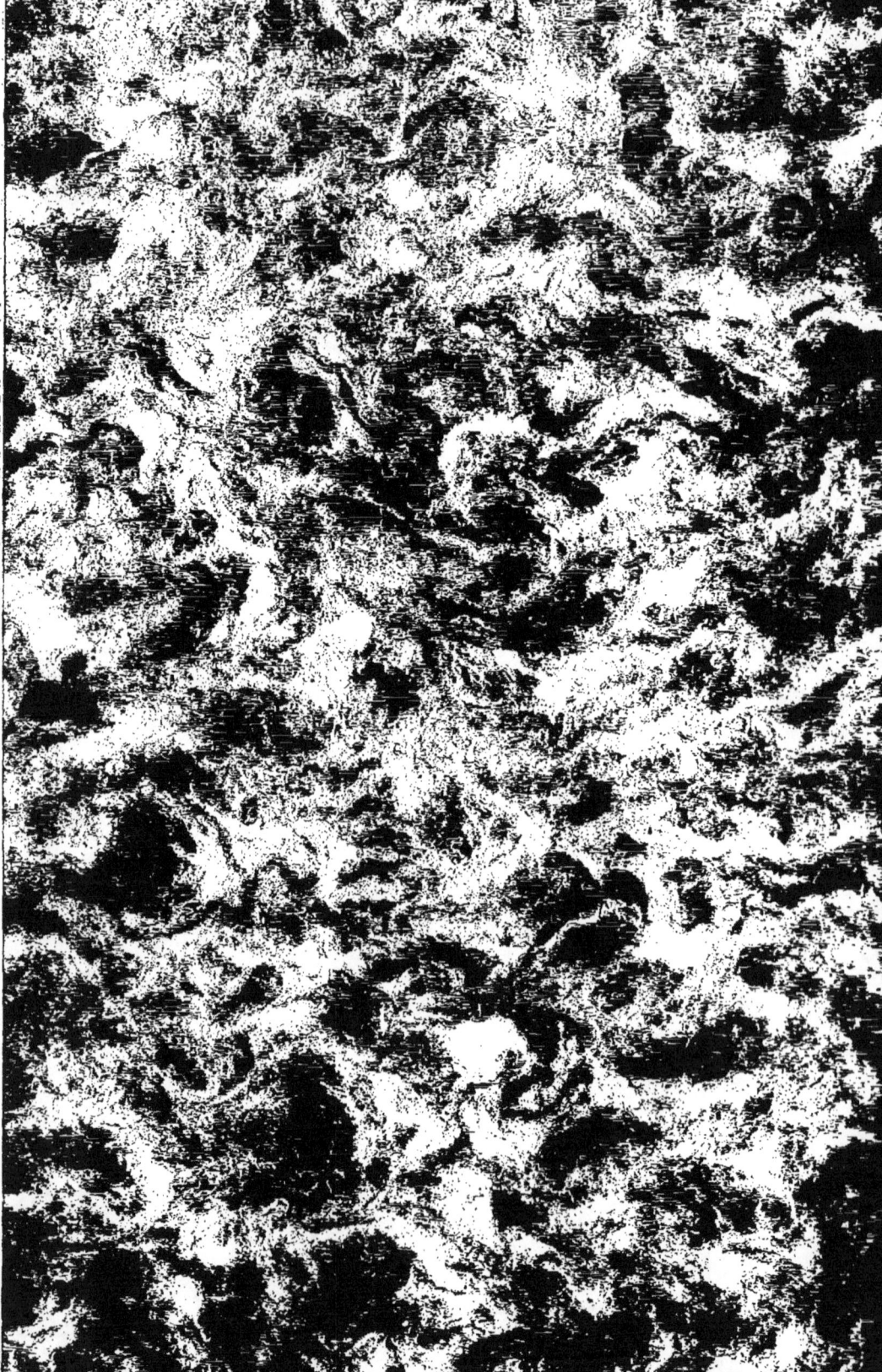

www.ingramcontent.com/pod-product-compliance
Lightning Source LLC
Chambersburg PA
CBHW050758170426
43202CB00013B/2473